中学生の学校適応

● 適応の支えの理解

岡田有司 著
Yuji Okada

ナカニシヤ出版

まえがき

　本書は中学生の学校適応に対して心理学的な視点からアプローチを試みたものである。周知のように中学校段階は様々な学校適応上の問題が生じやすい時期であり，生徒の学校適応に関する研究のニーズも高まりを見せている。こうしたニーズに呼応する形で，国内では1990年代半ば以降学校適応に焦点をあてた研究が増加し，一定の知見が蓄積されつつある。

　しかし，学校適応を扱った専門書を探してみると適応の支援の方法などについて書かれた本は多い一方で，「学校適応とは何なのか」「生徒はどのように学校に適応しており，どのように学校に適応していくのか」といった問いに対して真っ向から答えようとしたものはほとんどないのが実情である。研究論文が重要であることはいうまでもないが，論文という限られた紙面の中では学校適応の全体像を描き出すことは難しい。その意味で，これまでの自らの研究をまとめ，本という形で学校適応を問うことには一定の意義があると考えている。

　本書は基本的に学校適応の全体像を把握することを志向している。そのため，ある心理機能や特定の行動に注目し，それを緻密に掘り下げていくという研究に比べると，適応の詳細なメカニズムに迫れていないという物足りなさを感じるかもしれない。しかし，後に示していくように全体性に目を向けなければ捉えられない問題もある。本書ではそれにより「適応の支え」という視点にたどり着いた。

　また，本書は実証研究で得られた知見を基礎として生徒の学校適応の理解を試みているが，そこでは理論的な検討も加えたつもりである。上記のように学校適応に関する研究は増えてきたが，研究が本格化してからまだ日は浅く，学校適応の理論は発展途上にあるといえる。また，国外と国内では注目される適応上の問題に違いもあり，国内の文脈に即した理論を構築する必要もあるだろう。もちろん，本書で提示する理論的視点には課題もあろうが，学校適応研究における理論という問題に対して問題提起になればと思う。

　本書は多くの先行研究の海の中を何とか泳ぎきり，現時点で筆者が到達した

一つの学校適応論である。その良否は読者の判断にゆだねたいが，本書が多少なりともこの領域の研究の発展に寄与できたとすれば，望外の喜びである。

目　次

まえがき　*i*

序　章　中学生の学校適応を研究する意義 …………………………… 1
第 1 節　発達的・社会的な背景　2
第 2 節　中学生の学校適応を研究する必要性　3

第 1 章　学校適応を捉える枠組み―概念の整理 ………………………… 5
第 1 節　適応概念における心理学特有の問題　6
第 2 節　本書における適応の定義　8
第 3 節　適応研究における理論的視点の整理　10
第 4 節　本書における学校適応を捉える枠組み　15

第 2 章　学校適応研究における諸問題―研究の整理 …………………… 21
第 1 節　学校適応の測定上の問題　22
第 2 節　学校への適応状態に関する問題　26
第 3 節　学校への適応過程に関する問題　33

第 3 章　本書の目的と構成 ……………………………………………… 39
第 1 節　本書の目的　40
第 2 節　本書の構成　41

第 4 章　学校適応に関する探索的検討 ………………………………… 49
第 1 節　中学 1 年生の学校適応過程に関する探索的研究―半構造化面接による縦断的検討（研究 1）　50
第 2 節　本章のまとめ　63

第5章　学校適応を測定する尺度の構成と妥当性の検討 ……… 65
第1節　学校生活の諸領域に対する意識と学校への順応感・享受感
　　　　―順応することと享受することの違い（研究2）　66
第2節　学校への心理的適応尺度の構成（研究3）　76
第3節　環境要請への適合と学校適応―クラス集団における環境要
　　　　請と環境要請に関する自己評価のズレに注目して（研究4）
　　　　79
第4節　性別・学年による学校適応の違い（研究5）　90
第5節　本章のまとめ　93

第6章　学校への適応状態に関する検討 ……………………… 97
第1節　生徒関係的側面・教育指導的側面と学校適応―生徒のタイ
　　　　プによる適応の在り方の違い（研究6）　98
第2節　部活動への参加と学校適応―部活動のタイプ・積極性に注
　　　　目して（研究7）　109
第3節　学内相談室における活動と学校適応―軽度知的障がいの生
　　　　徒の事例から（研究8）　122
第4節　学校の周辺的な文脈と学校適応―生活空間への志向性に注
　　　　目して（研究9）　133
第5節　本章のまとめ　147

第7章　学校への適応過程に関する検討 ……………………… 149
第1節　学校生活の諸領域との関係の良さと諸領域に対する重要度
　　　　認知の相互関係―交差遅延効果モデルによる検討（研究
　　　　10）　150
第2節　学校適応がその後の学校生活の諸領域に与える影響（研究
　　　　11）　163
第3節　学校生活の諸領域と学校適応の循環的な関係―縦断データ
　　　　を用いたモデルの検討（研究12）　166
第4節　学校生活の諸領域における変化と学校適応―変化パターン

の違いに注目して（研究13）　177
    　　　第5節　本章のまとめ　182

第8章　「適応の支え」に基づく学校適応の理解 …………………… 185
    　　　第1節　本書における学校適応を捉える枠組みの意義　187
    　　　第2節　生徒による適応の在り方の違い　190
    　　　第3節　学校への適応過程　193
    　　　第4節　空間的・時間的広がりから捉えた学校適応　197

終　章　実践への示唆と今後の課題 ……………………………………… 201
    　　　第1節　実践への示唆　202
    　　　第2節　今後の課題　205

引用文献　207
付録　本書で新たに作成した尺度　217
あとがき　223
索　引　227

序章

中学生の学校適応を研究する意義

本章ではなぜ中学生の学校適応に焦点をあてる必要があるのかについて述べていく。まず中学生の発達的背景，社会的背景について概観し，その上で生徒の学校適応を研究する必要性について論じていく。

第1節　発達的・社会的な背景

中学生は児童期から青年期への移行期にあたり，生徒は多くの変化を経験することになる。ここでは，中学生が経験する発達的変化と社会的変化について述べていく。

中学生の発達的変化についてみると，まず身体的側面では第二次性徴が発現し，こうした身体の変化は生徒の心理状態にも影響を与える（上長，2007）。認知的側面では形式的操作期に入るとともに，自己意識にも変化が生じ，それまでの自己を否定することを通して自己を再構築していく時期（溝上，1999）であるとされる。対人的側面では，心理的離乳により親子関係に変化が生じたり（落合・佐藤，1996a），自律への欲求が高まり大人との葛藤状況を経験しやすくなるなど（Eccles, Midgley, Wigfield, Buchanan, Reuman, Flanagan, & Iver, 1993），親や大人との関係が変化する。一方，友人関係についても変化が生じ，児童期の遊び仲間という側面が強いギャングエイジから，同性・同世代の少人数の友人関係であるチャムグループが形成されるようになるとされる（保坂・岡村，1986；須藤，2003）。そして，こうした親密な友人の存在が上述の自己の再構築においても重要な役割を果たすことが指摘されている（竹内，1987）。このように，中学生は多くの発達的な変化を経験する中で学校生活を過ごしている。

一方，こうした発達的変化だけでなく，生徒は大きな学校環境の変化も経験することになる。小泉（1992）は小学校を卒業して中学校に進学することを，それまでの旧い環境を離れ新しい環境に入る事態，つまり環境移行（environmental transition）事態であると捉えており，こうした小学校から中学校への移行に注目した研究が行われている（小泉，1995・1997；都筑，2001・2008）。そして，都筑（2008）は小学校と中学校の違いとして，小学校では学級担任制がとられているが中学校では教科担任制がとられていること，

授業面では英語が教科として加わり，算数が数学へと変わること，定期テストが実施されるようになり，学業成績の評価も厳しくなることなどを挙げている。この他にも，中学生の多くは部活動に参加しておりそこでは上下関係が重視されること，校則や制服の着用といった事柄に表れているように小学校に比べ管理的な側面が強くなること，高校受験を意識するようになることといった変化が生じる。このように，中学生は様々な学校環境の変化にも対応していく必要がある。

　以上のように，中学生は1人1人の発達的変化と物理的環境の変化を同時に経験する（都筑，2001）ことになり，生徒はそれらの狭間で学校生活を送らなければならないという困難な状況にある。

第2節　中学生の学校適応を研究する必要性

　こうした二重の変化が生じる困難な状況において，中にはうまく対処できず適応上の問題を抱えてしまう生徒も存在する。実際に，平成23年度の文部科学省による「児童生徒の問題行動等生徒指導上の諸問題に関する調査」（文部科学省，2012）を見ると，不登校，暴力行為，いじめのいずれも小学6年生から中学1年生にかけて急増し，中学校段階の問題の発生率は小学校や高等学校と比べ高い状態にある。そして，こうした適応上の問題は中学生の時点だけでなく，その後の発達に対してもネガティブな影響を与える危険性がある。例えば，不登校に関しては不登校経験者の4分の1程度が20歳時点で就業も就学もできていない状態にあることが報告されている（森田，2003）。また，学校での反社会的な行動の多さは，犯罪行為や非行といったより深刻な問題へと移行するリスクを高めるだろう。

　このような事態に対応すべく，学校側でも対策が取られてきた。その代表的なものとしてスクールカウンセラーの導入が挙げられる。文部省が1995年にスクールカウンセラー活用調査研究委託事業を実施して以降，スクールカウンセラーの配置校は拡大していき，全国の中学校でスクールカウンセラーが配置されるようになっている。また，2008年からはスクールソーシャルワーカー活用事業も展開され，教育現場には心理や福祉の専門家が入るようになってき

ている。学校のこうした取り組みは，問題を抱えた生徒やその保護者を支援したり，教師の負担を軽減するという点で意義があるといえるが，一方で，現場の努力にもかかわらず，先の文部科学省の調査を見る限り生徒の適応上の問題は目立った減少が見られていないという現状もある。

　このように生徒の適応上の問題が容易には解決できないことを踏まえると，問題に対する事後的な対応だけでは限界があると考えられる。先行研究でも指摘されているように，問題が生じた後に対応する対症療法的なアプローチだけでなく，問題が深刻化する前に未然に防ぐ予防的なアプローチが重要になるだろう（石隈，1999；近藤，1994；森下，2004；竹中，1997）。そして，予防的なアプローチのためには，適応上の困難を抱えた生徒だけでなく，大きな問題を抱えることなく学校生活を過ごしている生徒にも目を向け，彼らの適応の在り方や適応のプロセスを明らかにする必要があるといえる。なぜうまくいっているのかを知ることで，生徒の適応を支援する際の手掛かりが得られるはずである。しかし，従来の学校適応研究には以降の章で述べていくような課題があり，生徒の学校適応に関する理解が十分に進んでいるとはいえない。以上のことから，本書では学校に登校できている生徒の学校適応について検討していく。これによって，適応の支援に関する基礎的な知見を提供することを目指す。

第 1 章

学校適応を捉える枠組み
―概念の整理

本章では，適応概念の整理を行う。具体的には本書における適応の定義を示し，先行研究における適応を捉える理論的視点について整理する。その上で，本書における学校適応を捉える枠組みを提示する[1]。

第1節　適応概念における心理学特有の問題

　適応という概念はもともと生物学で用いられ発展してきたが（亀田・村田 2000；北村，1965），心理学における適応概念と生物学における適応概念には違いがある。初めに両者の違いについて整理しておきたい。

　まず，用語について考えると，適応の意味を表す英語の表記でよく用いられるものには"adaptation"と"adjustment"がある。両者が類似の概念であることはこれまでも指摘されてきたが（北村，1965；戸川，1956），生物学ではadaptationが用いられることが多く（例えば，Buss, 1997；Maynard Smith, 1993），心理学においてはadaptationだけでなくadjustmentも広く用いられている（例えば，北村，1965；Symonds, 1946；戸川，1956）。adaptationとadjusmentの違いについて，戸川（1956）や北村（1965）は，adaptationを「順応」，adjustmentを「適応」と訳している。そして，戸川（1956）は，「順応が行動の遺伝された様式の発展と変化とを意味するのに対し，適応は個体の習慣の発展と変化を意味する」（p.11）と述べている。また，北村（1965）は，順応は環境の条件に適合するように主体の側を変化させることで，これには進化の過程における変化も含まれるのに対し，適応は主体が環境の条件に対してある変容の過程を経て調和的な関係に達することを表す概念だとしている。一方，Buss（1997）は，パーソナリティ心理学においてadaptationやadjustmentは中心的な概念であり，これらの概念は一般的に日常生活の様々な要請に対処できることという意味で用いられてきたと述べている。ただし，adaptationについては進化生物学においても中心的な概念であり，そこでの定義は心理学とは異なり，生存や生殖における問題に対して進化の過程で対応できるようになることに重点が置かれていると指摘している。

1）本章は岡田（2010a）の一部を基に加筆修正したものである。

このように，心理学と生物学では適応を表す用語や適応が意味するものに違いがあるといえるが，これはどの水準から適応を捉えるのかが異なるためと考えられる。上記の指摘を踏まえると，生物学においては系統発生的な水準での適応に重点が置かれ，心理学においては個体発生的な水準での適応に重点が置かれる傾向にあるといえよう（根ヶ山，1999；戸川，1956）。つまり，生物学では進化の過程における生存と生殖という観点で適応を捉えており（Lazarus & Folkman, 1984），心理学においてはある環境における主体と環境の関係という観点で適応を捉えていると考えられる。心理学の中でも進化的な側面を重視する進化心理学などでは生物学的な意味でのadaptationを適応とすることもあるが，本書では個体発生レベルの主体と環境の関係に関心があるため，生物学における適応と心理学における適応の混同を避けるためにもadaptationではなくadjustmentとして適応を用いる。

　次に，生物学における適応の指標について考えてみよう。Maynard Smith（1986）は生物の特徴を大きく次の2つの側面から捉えている。1つは「エネルギーが通過することによって保たれる複雑な構造」（訳書，p.23）という側面であり，もう1つは「遺伝の仕組みを持つことで生存のための適応を進化によって獲得する個体集団である」（訳書，p.23）という側面である。この視点に基づけば，生物はある環境の中で恒常性（homeostasis）を維持できることが，また，遺伝子を後の世代に伝え子孫を繁栄させられることが適応的であると考えられる。そして，生物学ではこうした生物の適応の指標として，ある個体が子孫を残しその子孫が繁殖できるようになるまで生きのびる確率である「適応度」（fitness）や，遺伝子の伝達を中心に考え個体だけでなく血縁者の繁殖も考慮した適応度である「包括適応度」（inclusive fitness；Hamilton, 1964）が用いられてきた。

　上記のように，生物にとって生存や生殖が本質的な側面であることを踏まえれば，こうした指標によって生物の適応を捉えることは妥当だといえよう。もちろん人間も生物であるからこうした適応の指標は適用されるが，個体発生の水準に関心のある心理学においてはこれらの適応の指標は適当とはいえないだろう。また，いかに子孫や遺伝子を残せたのかといったことは外的に観察が可能な事柄であるが，人間の場合にはこうした外的な指標のみから適応を捉える

だけでは十分ではない。Lewin（1951）によれば人間の行動はある時点での心理的な場に依存しており，心理的な場には時間的展望の概念で説明されるように過去や未来に対する見解も含まれている。すなわち，人間は多くの生物と異なり「いま，ここ」のみを生きているわけではなく，過去の経験や未来への予期などを意識しながら行動しているのである。そのため，目の前の外的環境からの要請に対処するよりも心理的な場の中で重視されることがあれば，一見適応的に見えない行動をとることもあり得る。逆に，環境からの要請への対処を優先し表面的には適応的な行動をとっているものの，内的な意識のレベルでは不満を抱えているということもあるだろう。このように，人間の場合は行動といった外的な指標のみから内的な意識の状態を知ることはできず，行動レベルで適応的であることと意識レベルで適応的であることとは必ずしも一致しない。北村（1965）は心的主体である人間において外的環境と内的環境を区分することの重要性を指摘しているが，心理学では生物学とは異なり外的な指標だけでなく，意識といった内的な指標からも適応が捉えられる必要があるといえよう。

第2節　本書における適応の定義

『心理学辞典』（有斐閣，1999）によると，適応は一般に「生物が環境に合うように自らの身体や行動を変容させること，またはその状態をさす」（根ヶ山，1999）と定義されている。しかし，上述のように，心理学における適応は行動レベルだけでなく，意識レベルからも捉えられる必要がある。また，Allport（1937）が「適応は，植物や動物でもできるような単なる反応的順応と考えられてはならない。人の適応は，環境への多くの自発的な創造的行為を含んでいる」（訳書，p.41）と指摘するように，心理学における適応では個人が環境に合わせるという側面だけでなく，環境側を変化させたりコントロールするという側面も重視されている。このように，適応概念には様々な側面があり，どこに重点を置くかは研究者によって異なることから，必ずしも統一的な見解が得られているとはいえない状況にある（北村，1965；根ヶ山，1999）。そして，こうした中で心理学の広範な領域において適応の概念が用いられているため，

そこには混乱も生じている。ただし，適応に関して言及した多くの文献では主体と環境の関係という視点が共通して見出されることから（例えば，Allport, 1937；Baltes, Lindenberger, & Staudinger, 1998；北村，1965；近藤，1994；Lazarus & Folkman, 1984；Lerner, Freund, De Stefanis, & Habermas, 2001；Symonds, 1946；戸川，1956；Wapner & Demick, 1998），この点については見解が一致していると考えられる。従って，本書では適応の概念を一度広義に捉え「主体と環境との調和的関係」と定義する。

ここで，適応の定義に関連する重要な問題として，適応の状態と過程に関する議論がある。この問題に関して戸川（1956）は，「……適応問題の中核は，実は適応状態にあるのではなくて適応をもち来す機制にある」（p.18）と述べており，北村（1965）はこの指摘を踏まえ，適応を「適応とは，主体として個人が，その欲求を満足させながら環境の諸条件のあるものに，調和的関係を持つ反応をするように，多少とも自分を変容させる過程である」（p.11）と定義している。また，Wapner & Demick（1998）では「個人と環境の間に望ましい関係を構築すること」（p.776）というように適応が定義されている。この他にも，Baltes et al.（1998）やLerner et al.（2001）では，個人の発達や適応における主体と環境の調整過程の重要性が示されている。このように，先行研究ではある時点における適応の状態というよりも，主体と環境の関係がどのように変化していくのかという適応の過程が重視されている。主体と環境が常に変化し続けていることを踏まえれば，実際の人間の適応を説明するためには適応の過程が解明されなければならないことは明らかであり，本書においてもそのことに変わりはない。

ただし，適応の全容を明らかにするためには，過程という時間的な広がりと同時に空間的な広がりからも適応が捉えられる必要があるだろう。Lewin（1951）は場の理論において「我々は心理学において"事態の単位"を扱っているのであり，そしてそれは場の次元と時間の次元とに関して特定の広がりを持つものと考えなければならない」（訳書，p.64）と述べている。ここでの「事態」とは心理学的な場，つまり生活空間（life space）を意味しており，生活空間には境界があり一定の時間間隔を通してその状態が記述される。こうした視点はBronfenbrenner & Morris（1998）やWapner & Demick（1998）の理

論的視点においても見られ，そこでは個人の発達が空間的・時間的広がりの中で捉えられている。これらのことを踏まえると，適応の問題にアプローチする際には次のような2つの問いを立てることが有益だと考えられる。1つは，ある時点での空間的な広がりを持つ場において個人がどのように適応しているのかという，適応の在り方や状態に関する問いである。もう1つは，そうした適応の在り方が時間的な広がりの中でどのように変容していくのかという，適応の過程に関する問いである。この2つの問いに答えることで，空間的・時間的広がりの中から適応の問題を明らかにできるといえるだろう。以上のことから，本書では適応の空間的側面である「適応状態」と，適応の時間的側面である「適応過程」の両側面から適応概念を捉えていく。

第3節　適応研究における理論的視点の整理

　上述のように，心理学において適応概念は広く用いられており，そこには様々な理論的視点が存在する。そこで，ここでは本書における学校適応を捉える枠組みを導くため，主に児童や青年に関する先行研究における適応を捉える理論的視点を整理していく。これらの理論的視点は，大きく以下の3つの観点から整理できると考えられる。

1．個人の内的環境における適応という視点

　適応に関する先行研究を概観すると，そこでは個人の内的環境における適応に注目した研究がなされている。こうした内的環境における適応に関する理論的視点としてはまず，クライアント中心療法の提唱者であるRogers（1959）の理想自己（ideal self）と現実自己（actual self）のズレに関する理論的視点が挙げられる。Rogersの理論について，村瀬（1978）はクライアント中心療法において生じる変化を「1つの過程として今，ここに実感として存在しつつある自分に気づき，それを受容しながら動いていくこと」（p.230）とまとめている。また，溝上（1999）は，クライアント中心療法においては，理想自己に現実自己が近づくことではなく，現実自己に対する知覚の変化が重要であり，その結果として現実自己と理想自己のズレが縮まるのだと指摘している。これ

らの指摘に基づけば、Rogersの理論では現実の自己に対する見方を変え、自己を受け入れる過程で現実自己と理想自己が一致していくことが適応的であると考えられる。

　また、こうした自己のズレに注目した理論としてはHiggins（1987）の自己乖離（self discrepancy）理論も挙げられる。Higgins（1987）の理論では、自分がこうありたいという意味での理想自己の他に、自分はこうあるべきだという当為自己（ought self）が設定され、それらと現実自己とのズレが問題とされる。その際に、これら3つの自己の領域には自分の視点から捉えられたものと、重要な他者の視点から捉えられたものが存在するため、合計6つの自己の領域が存在する。そして、理想自己や当為自己と現実自己のズレが否定的な感情につながるとされる。そのため、こうしたズレの小さいことが適応的ということになるだろう。

　上記のように、RogersとHigginsの理論的視点には違いもあるが、両者とも現実自己と理想自己や当為自己とのズレを問題にしている点では共通しており、これらの理論的視点に基づけば自己概念におけるズレの小さいこと、もしくはズレが小さくなっていくことが適応につながると考えられる。こうした現実自己と理想自己のズレに注目した実証的な研究は数多くなされており（例えば、遠藤, 1992；松岡, 2006；松岡・加藤・神戸・澤本・菅野・詫間・野瀬・森, 2006；水間, 1998；Moretti & Higgins, 1990）、山田（2004）は理想自己に関する研究は主として自己概念のズレをベースに適応の指標との関連を扱っていると指摘している。そして、これらの研究の適応の指標としてはRosenberg（1965）の自尊感情尺度が広く用いられており、水間（2002）は自尊感情を社会や環境への外的適応ならぬ自分自身に対する内的適応を捉える上で重要な概念であるとしている。以上のように、ここで示した理論的視点では自己概念におけるズレが問題とされていること、ズレに注目した研究では内的適応に関する指標が広く用いられていることから、こうした研究では個人の内的環境における適応に重点が置かれていると考えられる。

2．個人の外的環境に対する適応という視点

　上述した個人の内的環境への適応に注目した研究の他に、先行研究では個人

の外的環境に対する適応に注目した研究もなされてきた。適応のこうした側面に関する理論としてはまず，Lazarus & Folkman（1984）のストレス理論が挙げられるだろう。これまでに，この理論的視点に基づく研究は数多くなされてきた（例えば，DuBois, Burk-Braxton, Tevendale, Swenson, & Hardesty, 2002；藤野，1996；飯田・石隈，2006；神藤，1998；三浦，2006；三浦・坂野，1996；長根，1991；岡田，2002；岡安・嶋田・坂野，1993；嶋田・三浦・坂野・上里，1996；Wenz-Gross, Siperstein, Untch, & Widaman, 1997）。Lazarus & Folkman（1984）によれば，「心理的ストレスとは人間と環境との間の特定な関係であり，その関係とは，その人の原動力（resources）に負担をかけたり，資源を超えたり，幸福を脅かしたりすると評価されるもの」（訳書，p.22）だとされる。心理的ストレスにおいては，人間と環境との間の特定の相互作用がどの程度重大で脅威になると評価されるか（一次的評価），それに対しどの程度対処できると評価されるか（二次的評価）という認知的評価（cognitive appraisal）が重視され，人間と環境の相互作用の中でもたらされる要求と，それによって生じる感情を処理するために対処（coping）がなされる。そして，こうした認知的評価と対処のプロセスが適応の結果に影響するとされる。以上のことから，この理論的視点では個人の認知と行動のプロセスに重点が置かれているといえ，個人にストレスフルだと認知された状況に対してうまく対処できることが適応的ということになると考えられる。

　また，Crick & Dodge（1994）は社会的適応に関する社会的情報処理モデルを提唱しており，このモデルに基づく研究が蓄積されている（例えば，Dodge, Lansford, Burks, Bates, Pettit, Fontaine, & Price, 2003；久木山，2005a；坂井・山崎，2004；渡部，2008；吉澤・吉田，2007）。このモデルでは，生物学的な制約のある能力と過去の経験の蓄積を前提として，子どもはある社会的状況における手掛かり（cue）を受け取るとされ，手掛かりは①手掛かりの符号化，②手掛かりの解釈，③目的の明確化，④可能な反応の仕方へのアクセスもしくは新たな反応の構成，⑤反応の決定，⑥反応の表出，というプロセスで処理され行動が表出される。そして，Crick & Dodge（1994）はこうした社会的情報処理が社会的適応をもたらすだけでなく，社会的適応が社会的情報処理の在り方に影響を与えるという循環的な関係があることを想定している。つまり，偏っ

た社会的状況の符号化や解釈を行ったり、不適切な反応をしてしまったりすることで子どもは適応上の困難を抱え、そのことが更なる社会的情報処理の歪みを生じさせることになるといえる。これらのことを踏まえると、この理論的視点も個人の認知と行動のプロセスに注目しており、個人がある状況を適切に認知し行動できることが適応的ということになると考えられる。

この他に、ソーシャル・スキルに関する研究（例えば、Jones, Hobbs, & Hockenbury, 1982；粕谷・河村, 2004；河村, 2003；菊池, 1988；久木山, 2005b；谷村・渡辺, 2008；山岸, 1998）やライフ・スキルに関する研究（例えば、Darden, Ginter, & Gazda, 1996；飯田・石隈, 2002・2006；島本・石井, 2006）も数多くなされている。これらの概念の定義を見てみると、ソーシャル・スキルは「対人場面において適切かつ効果的に反応するために用いられる言語的・非言語的な対人行動と、そのような対人行動の発現を可能にする認知過程との両方を含む概念」（相川, 1996）と定義され、ライフ・スキルは「日常生活で生じる様々な問題や要求に対して、建設的かつ効果的に対処するために必要な能力」（World Health Organization, 1994）と定義されている。こうした定義を踏まえると、ソーシャル・スキルやライフ・スキルに焦点をあてた研究では、ある具体的な状況や問題に対して個人が適切で効果的な対処を行えることが適応的ということになるだろう。

以上述べてきたように、これらの理論的視点は個人の内的環境における適応に注目するというよりは、個人がある状況をどのように認知しそれに対してどう行動するのかに注目しているといえ、個人の外的環境に対する適応という側面に重点を置いていると考えられる。

3．システムにおける個人の適応という視点

これまで述べてきた理論的視点は自己概念におけるズレに注目したり、状況の認知と行動のプロセスに注目するというように、個人の意識や行動に重点が置かれていると考えられる。こうした視点の他に、先行研究では個人が所属するシステムを重視し、あるシステムにおける個人の適応を捉えるといった理論的視点も存在する。適応のこうした側面に関する理論的視点としてはまずソシオメトリー（Moreno, 1953）が挙げられ、この視点に基づく多くの研究がなさ

れている（例えば，樋口・鎌原・大塚，1983；Hymel, Rubin, Rowden, & LeMare, 1990；狩野・田崎，1990；Kupersmidt & Coie, 1990；前田，1995・1998；Newcomb, Bukowski, & Pattee, 1993；Wentzel, 2003a）。Morenoのソシオメトリーでは集団成員間における「好き－嫌い」という感情の流れが想定され，こうした感情的交流による一種の緊張のシステムが集団と捉えられており，成員間の感情的交流の状態を知ることが，個々人の集団内での適応のメカニズムの解明につながるとされる（狩野・田崎，1990）。そして，狩野・田崎（1990）は今日の社会心理学ではソシオメトリーは集団成員間の感情的交流を明らかにする技法として用いられることが多いと述べている。こうした研究ではソシオメトリックテストにより，集団のメンバーからどのように評価されているかというソシオメトリック地位が示され，ソシオメトリック地位は社会的適応の重要な指標であることが指摘されている（樋口・鎌原・大塚，1983；前田，1998）。このように，ソシオメトリーに基づく研究はあるシステムにおいて個人がどのように評価されているかに注目しており，集団内で個人がポジティブな感情をもたれていることが適応的であると考えられる。

　また，システムと個人の適合（fit）という理論的視点での研究もなされており（例えば，飯田，2002；近藤，1994；Lerner, 1983；Lerner, Lerner, & Zabski, 1985；根本，1987；大久保・加藤，2005），こうした研究では環境システムと個人の適合に注目して適応を捉えている。例えば，Lerner（1983）は適合の良さ（goodness of fit）モデルの検証をしており，文脈における要請特性と個人の気質が適合している場合，適合していない場合よりも適応が良いことを示している。また，近藤（1994）は「子どもの情緒的問題を，子ども個人の欠陥に由来すると考えるのではなく，子どもがもつ行動様式と，子どもが所属する社会体系（system）（あるいはその代表者）が要求し期待する行動様式との間の"不適合"（mismatch）のあらわれ」（p.95）として捉えており，あるシステムで不適応であったとしても，別のシステムでは適応的である可能性のあることを指摘している。これらのことを踏まえると，この理論的視点ではシステムと個人の適合に注目しており，両者が適合していることが適応的ということになるだろう。

　以上述べてきたように，こうした理論的視点は個人の意識や行動に焦点をあ

てるというよりは，システムの中の個人もしくはシステムと個人の関係に注目しており，システムにおける個人の適応に重点が置かれていると考えられる。

本節では適応を捉える様々な理論的視点について概観し，それらが，①個人の内的環境における適応，②個人の外的環境に対する適応，③システムにおける個人の適応，のいずれかの側面に重点を置いているものとして整理してきた。もちろん，これらの適応の側面は完全に切り離せるものではなく，相互に関連していると考えられることから，ここで示した理論的視点も純粋に1つの側面のみを扱っているわけではないといえる。しかし，上述してきたようにそれぞれの理論的視点における構成概念を検討してみると，どの側面に重点を置いているのかが異なっており，それらはこうした3つの観点から整理することができると考えられる。

第4節　本書における学校適応を捉える枠組み

これまで，①個人の内的環境における適応，②個人の外的環境に対する適応，③システムにおける個人の適応，という3つの観点から適応を捉える理論的視点について整理してきた。しかし，本書ではこうした理論的視点の問題点を検討することが目的ではない。ここでの目的は，以下で述べるような学校適応を巡る混乱を回避するために，本書における学校適応を捉える枠組みを示すことにある。

従来の学校適応に関する研究では上述した適応の諸側面の違いについて十分に注意が払われてこなかったか，あるいはそうした違いが明確にされずに適応概念が用いられてきたために，混乱が生じていると考えられる。例えば，石本・久川・齊藤・上長・則定・日潟・森口（2009）は友人に対して距離をとりつつも同調的な態度をとるという過剰適応状態にある生徒は学校適応が良くないことを指摘している。一方，石津・安保（2008）では過剰適応が適応的に作用する場合と非適応的に作用する場合のあることが示され，過剰適応傾向のある子どもでも学校適応感を感じている可能性のあることが指摘されている。また，奥野・小林（2007）は自己と他者の協調的関係を重視する生徒はまじめで周り

にあわせて生活しており，教師の目からは一見適応しているように見えるが，主張をあまりしない場合にはストレスをためている可能性があり，こうした生徒の一部は学校不適応に陥るリスクがあることを指摘している。これらの指摘を見ると，自分を抑え周囲にあわせることがある視点では学校不適応とされる一方で，別の視点では適応的とされるというように混乱が生じているといえよう。また，一般的には不適応とみなされる反社会的行動について見ると，こうした行動は教師からすれば不適応であっても，生徒から見れば適応的な行動である場合もあるという議論がなされており（加藤・大久保，2005・2006），ここでもその捉え方を巡って異なる立場が存在する。

このように，学校適応に関する先行研究では同じ問題に注目していてもそれがある視点からは適応的だとされる一方，別の視点からは適応的でないとされるというように混乱が生じているといえる。そして，その背景には上述したように適応の諸側面を明確に区分した上で問題が捉えられてこなかったことがあると考えられる。そこで，以下ではこれまでの理論的視点の整理を踏まえ，①個人の内的環境における適応，②個人の外的環境に対する適応，③システムにおける個人の適応，という3つの観点と，「主体と環境との調和的関係」という本書の適応の定義に基づきながら，本書における学校適応を捉える枠組みについて説明していく。

1. 生徒の内的欲求と行動の調和

まず，生徒の内的環境における適応について述べていく。この適応の側面に関して，生徒は学校環境からの要請に対処する必要がある一方で，自分の内的な欲求も満たす必要がある。適応において外的環境からの要請に応えることのみが強調されれば，そこでは環境にあわせるだけの受動的な人間が想定されることになるが，人間には内的欲求を満たすために環境を変えていくという能動的な面もある。もし，ある生徒が外的環境からの要請や期待に応えるのみで，自分の内的な欲求が満たされなければ過剰適応に陥ってしまうといえよう（石津・安保，2008；石津・安保・大野，2007）。伊藤（1993）は，人間の発達には他者や社会規範にそった生き方を志向し社会適応や文化適応を終局点とする社会志向性と，自分独自の基準や個性を生かした生き方を重視し自己実現を終

局点とする個人志向性の2つの側面があるとし，両者には対立や葛藤が生じつつも発達の過程で統合的な方向へ変化していくと指摘している。このことを踏まえると，外的な要請に対処することと内的な欲求を満たすことは必ずしも一致せず葛藤が生じることもあるが，生徒は自らの内的環境において折り合いをつけ，両者を統合していく必要があると考えられる。このように，生徒の学校適応を捉える際には外的要請に対してなされる行動と内的欲求が調和的な関係にあるかという視点が必要だといえる。そして，行動と内的欲求にズレがない場合には生徒の欲求は充足され，そこにズレがある場合には生徒は欲求不満に陥ると考えられることから，本書ではこうした適応の側面を「欲求充足」と位置づける。

2．認知された外的環境からの要請と行動の調和

次に，生徒の外的環境に対する適応について述べていく。上述のように，生徒は学校環境からの要請に対処していく必要がある。ただし，そうした環境からの要請は全ての生徒に同じように認知されているわけではなく，Lazarus & Folkman（1984）やCrick & Dodge（1994）の理論的視点に従えば生徒によって認知される要請は異なり，生徒はそれに基づいて行動しているといえる。そして，認知された環境要請に対して生徒が適切な行動をとれていないと認識している場合，そのことは生徒にネガティブな感情を生じさせると考えられる。例えば，高坂（2008）は，中学生は知的能力を重視しやすく，学業成績の悪いことが劣等感につながることを示している。また，石津（2007）も勉強や成績を重要だと認知しているにもかかわらずその領域でうまく振る舞えない場合，抑うつ・不安傾向が高くなることを明らかにしている。このように，学校生活の中で重要とされている（と生徒が思っている）ことに対してうまく対処できなければ，生徒は不全感を抱えてしまうといえよう。そのため，生徒の学校適応を捉える際には，認知された環境要請と生徒の行動が調和的な関係にあるかという視点が必要だと考えられる。そこで，本書では認知した環境要請に対処できているかについての生徒の意識を「要請対処」として位置づける。

3. 学校システムと生徒の間の調和

　最後に，学校システムにおける生徒の適応について述べていく。学校システムに関して，近藤（1994）は学級集団に関する考察の中で「学級を構成する教師と子どもの価値観と行動様式は，その学級独自の規範や価値の体系を生みだし，その集団独自の『要請特性』（demand quality）となって，個々の成員に，その要請特性に沿った行動の再編成を迫る」（p.49）と指摘している。この視点に基づくと，学校システムにはそのメンバーである教師や生徒に由来する独自の要請特性が存在しており，もし生徒に要請に応えるだけの能力が不足していたり，要請に即した行動がとれない場合，その生徒は周囲から問題視されると考えられる。また，Goffman（1963）は状況適合性という概念を提示し，全ての集まりはある程度それにふさわしい行為を定めており，「全ての状況にあてはまる行為の規則は，『状況にふさわしい』行為をせよということである」（訳書，p.12）と指摘している。このことを踏まえると，そもそも学校システムにおける要請特性と生徒に認知された学校環境からの要請にズレがあった場合，生徒はその状況にふさわしい行動をとることができず，生徒と学校システムの間に軋轢を生むことになるだろう。このように，何らかの理由で学校システムにおける要請特性と生徒の間に離齬が生じた場合，そのことは周囲から問題視されることになり，こうした問題は典型的には周囲からの孤立といった非社会的な問題や，周囲に被害を与える反社会的な問題として現れると考えられる。以上のことから，生徒の学校適応を捉える際には，学校システムと生徒が調和的な関係にあるかという視点が必要だといえる。そして，本書では非社会的な問題を「孤立傾向」，反社会的な問題を「反社会的傾向」として捉えていく。

　これまで，本書における適応の定義と先行研究の理論的視点の整理に基づき，①生徒の内的欲求と行動の調和，②認知された外的環境からの要請と行動の調和，③学校システムと生徒の間の調和，という側面から学校適応を捉えなおしてきた。そして，いずれかの側面においてズレが生じた場合，学校生活において適応上の問題が生じることが示され，こうした問題は「欲求充足」「要請対処」「孤立傾向」「反社会的傾向」の４つの概念から捉えられることを述べてきた。ここで，「欲求充足」については生徒の内的欲求と行動の調和であり，「要請対

処」については生徒が認知した環境要請と行動の調和であることから，欲求を充足できているかどうか，要請に対処できているかどうかを評価するのは生徒自身である。そのため，「欲求充足」と「要請対処」については意識レベルでの適応の指標であるといえ，本書ではこれらを心理的適応と位置づける。一方，「孤立傾向」「反社会的傾向」については学校システムと生徒の間の調和であり，孤立しているのか，反社会的行動をとっているのかは生徒の意識の問題ではなく実際の行動によって評価される必要がある。そのため，「孤立傾向」「反社会的傾向」は行動レベルでの適応の指標であり，本書ではこれらを社会的適応と位置づける。上述の学校適応の諸側面を整理したものが図1-4-1であり，本書では心理的適応（「欲求充足」と「要請対処」）と社会的適応（「孤立傾向」と「反社会的傾向」）の両側面から包括的に学校適応を捉えていく。

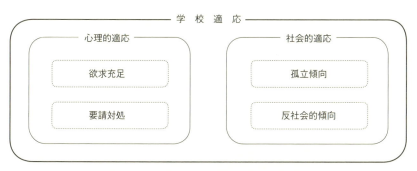

図1-4-1　本書における学校適応を捉える枠組み

第 2 章

学校適応研究における諸問題
―研究の整理

22　第2章　学校適応研究における諸問題

　本章では，学校適応研究の整理を行う。具体的には学校適応に関する先行研究における問題点について示し，それに対する本書のアプローチについて明確にすることで，本書の研究目的につなげることを目的とする。

第1節　学校適応の測定上の問題[2]

　学校適応研究における問題点としてまず挙げられるのが，学校適応の測定上の問題である。この問題について，国内の学校適応研究においてはスクール・モラール・テスト（school morale test；大西・松山，1967）に典型的に見られるように，学校生活の様々な領域に関して生徒に尋ねた尺度が学校適応の指標として広く用いられてきた（例えば，浅川・尾崎・古川，2003；石津，2007；狩野・田崎，1990；河村・田上，1997；小泉，1995；近藤，1994；松山・倉智，1969）。松山・倉智（1969）によると，スクール・モラールは「学校の集団生活ないし諸活動に対する帰属度，満足度，依存度などを要因とする児童・生徒の個人的，主観的な心理状態」と定義され，学校への適応の程度を示すものとも考えられる概念であるとされている。そして，これらの尺度では友人や教師との関係，学業や部活動への意欲など，学校生活における様々な領域に対する生徒の意識が尋ねられており，それらを総合したものとして学校適応が捉えられている（大久保，2005）。こうした捉え方は，諸領域の総体としての「学校」に対して下位の領域について尋ね，それらを総合することから，下位領域加算モデルということができ，以下のように図示できるだろう（図2-1-1）。

　こうした学校適応の捉え方には次のような問題があると考えられる。第1に，下位領域加算モデルでは研究者にあらかじめ設定されたいくつかの領域を総合することで学校適応が測定されるが，学校生活はそれらの領域のみから構成さ

図2-1-1　学校適応の測定における下位領域加算モデル

2）本節は岡田（2006b・2010a・2012a）の一部を基に加筆修正したものである。

れているわけではない。例えば，ある生徒にとっては研究者が研究に含めなかった休み時間や学内相談室で過ごす時間が学校生活を送る上で重要である可能性もある。つまり，実際の生徒の学校生活には多様な領域が存在しており，諸領域を総合したものとして学校適応を捉える場合，論理的には学校生活を構成する全ての領域を取り上げる必要があると考えられる。この問題に関して，嶋田 (1997) は子どものストレス反応を考える際に子どもの感じ得る全てのストレッサーを網羅してそれを測定することの不毛さについて指摘しているが，このことと同様に学校適応を捉える際にも全ての領域を網羅しようとすることは現実的ではないと考えられる。

　第2に，想定された学校生活の諸領域が生徒の学校適応に同じように寄与しているとは限らず，諸領域に対する意識を単純に総合したものとして学校適応を捉えることには問題があると考えられる（石津，2007；大久保，2005）。個人のレベルではないが，大久保 (2005) はそれぞれの学校で生徒の学校適応に影響を与える領域に違いがあることを示しており，学校によっては教師との関係や学業が学校適応にあまり影響していなかった。この知見を踏まえると，生徒の学校適応に対して影響度の強い領域とそうでない領域があり，何が重要な領域かは生徒によっても異なると考えられる。そして，影響度の低い領域に対する意識も含めて学校適応を捉えることには問題があるといえるだろう。

　第3に，下位領域加算モデルでは学校について尋ねるのではなく，学校生活の「下位領域」について尋ねることで「学校」への適応が測定されている。学校生活全体について尋ねることと，学校生活を構成しているそれぞれの領域について尋ねることでは，尋ねられている概念の抽象度の水準が異なるという問題がある。この問題について，Bateson (1972) はRussell (1919) の論理階型理論に基づき「クラス」と「メンバー」の違いについて述べており，そこではクラスとそれを構成するメンバーでは論理的な抽象度が異なるため，両者は明確に区分される必要のあることが指摘されている。こうした概念の抽象度の問題については自己意識に関する心理学などで議論がなされており，例えば溝上 (1999) では自己像には抽象度の異なる階層性のあることが指摘されている。本書の場合であれば，学校生活における諸領域がメンバーであり，学校はそれらを含むクラスということになるが，上述の視点を踏まえると学校と学校生活

の諸領域では論理的な階層が異なっており，論理階型が低次の下位領域について尋ねそれらを総合したとしても，論理階型が高次の学校に対する適応を直接測定したことにはならないと考えられる。

　最後に，本書では第1章において学校適応が心理的適応・社会的適応の両側面から捉えられる必要があることを述べたが，スクール・モラール・テストのような尺度では学校生活の諸領域に対する意識について尋ねていることから，行動レベルでの社会的な適応の測定が考慮されているとは言い難い。また，上記のように諸領域を総合したものとして学校適応を捉えているため，学校生活の諸領域と学校適応がどのような関係にあるのかや，第1章第4節で提示した学校適応の諸側面間の関係について検討することはできないといえる。

　このように，国内では多くの研究で学校生活の様々な領域に関して尋ねた尺度が学校適応の指標として用いられてきたが，諸領域に対する意識を総合したものとして学校適応を捉えることには問題があると考えられる。

　これまで国内の研究について述べてきたが，国外の研究では学校適応はどのように捉えられているのだろうか。この問題に関して，Birch & Ladd（1996）は学校適応が伝統的に子どもの学業面に基づいて定義されてきたと指摘している。実際に，国外の学校適応研究では学校適応の指標として学業達成を含めたものが多くなされている（例えば，Berndt & Keefe, 1995；Ladd & Burgess, 2001；Wentzel, 2002・2003a；Wenz-Gross et al., 1997）。

　これに対し，Birch & Ladd（1996）は学業面に限定して学校適応を捉えるのではなく，学校環境への認識（学校享受 "school liking" など），学校生活における感情（孤独感 "school loneliness" など），学校生活への関与（学校回避 "school avoidance" など），学校での成績（task-related behaviour, academic readinessなど）といった，より広い側面から学校適応を捉えており，こうした側面から学校適応を測定した研究がなされている（Ladd & Burgess, 2001）。また，Wentzel（2003b）は，生徒が学校で適応的であるためには自分自身や教師・他生徒が重視している目標を達成する必要があるが，目標は周囲から認められるようなやり方で達成されねばならず，そのことが健全な自己概念や学業達成といったポジティブな結果につながると指摘している。こうした視点に基づき，Wentzel（2002・2003a）では向社会的行動，逸脱的行動，学業達成

から学校適応が測定されている。Perry & Weinstein (1998) では社会的機能，行動的機能，学業的機能から学校適応が捉えられているが，この捉え方もWentzelの視点に近いといえる。この他にも，Berndt & Keefe (1996) は学校適応を学校への態度，逸脱的行動，学業達成から捉えており，これらの側面から学校適応を測定した研究がなされている (Berndt & Keefe, 1995)。

以上のように，研究者によって学校適応の捉え方には違いもあるが，国外の研究においては学校生活の諸領域への意識を総合したものとして学校適応を捉えるのではなく，学校生活全般における意識や行動，そして学業達成に重点が置かれ学校適応が測定されることが多いといえる。上述のように，学校とそれを構成する学校生活の諸領域では抽象度の水準が異なることを踏まえれば，学校生活全般における意識や行動について測定することは直接的に学校への適応を測定しているといえよう。一方で，国外の研究においてはBirch & Ladd (1996) で指摘されているように学業達成が学校適応の1側面とされているが，先の視点に基づけば学業は学校生活を構成する領域の1つとみなすことができ，学校生活全般における意識や行動と学業達成を同一水準で捉えることには問題が残ると考えられる。

これまで，国内外の研究における学校適応の測定上の問題について概観してきたが，そこには学校と学校生活を構成する下位領域の抽象度の水準の違いに関する問題が存在していることが示された。こうした問題を回避するためには，学校と学校生活の諸領域の水準を明確に区分し，学校全体への適応を説明するものとして学校生活の諸領域を位置づけることが必要だと考えられる。こうした捉え方は，階層モデルということができ，図2-1-2のように図示できるだろう。

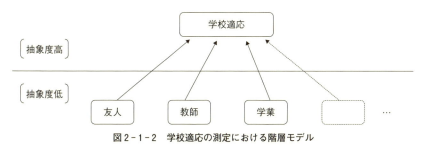

図2-1-2　学校適応の測定における階層モデル

このモデルでは，抽象度の高い「学校」の水準と学校生活を構成する相対的に抽象度の低い「下位領域」の水準が区分され，双方について測定されることになるため上述の抽象度の水準の問題は生じない。また，直接的に学校への適応について測定しているため，下位領域加算モデルのように学校適応を測定するために学校生活の全ての領域を網羅する必要はない。更に，それぞれの領域が学校適応にどのように寄与しているのかを検討することが可能になるといえる。このように，階層モデルに基づき学校適応を捉えることで，これまで述べてきた学校適応の測定上の問題を回避できると考えられる。こうした直接的に学校への適応を測定した研究は，学業という側面をのぞけばこれまで国外で行われており，国内においても近年行われるようになってきている（古市・玉木，1994；三島，2006；永作・新井，2005；大久保，2005；酒井・菅原・眞榮城・菅原・北村，2002）。しかし，先行研究では心理的適応・社会的適応のどちらか一方に注目している研究も多く，また，両側面に注目していても，第1章第4節で提示した枠組みのように，要請対処と欲求充足から心理的適応を，孤立傾向と反社会的傾向から社会的適応を捉え，包括的に学校適応について検討した研究はなされていない。以上のことから，本書では，学校生活の諸領域に対する意識を学校適応の指標とするのではなく，学校適応を説明するものとして位置づける。そして，第1章第4節で示した学校適応を捉える枠組みに基づき心理的・社会的両側面から包括的に学校適応を測定していく。

● 第2節　学校への適応状態に関する問題

　本書では第1章において適応にはその空間的側面である「適応状態」と，時間的側面である「適応過程」があることを述べた。そこで，ここではまず学校への適応状態に注目し，先行研究における問題点について論じていく。この問題に関して，本書では学校生活の諸領域を学校適応を説明するものとして位置づけたが，上述のように先行研究では学校生活の諸領域に対する意識を総合したものとして学校適応を捉えるという研究もなされている。こうした下位領域加算モデルで学校適応を捉えた場合，学校生活で適応的であるためには全ての領域で良好な状態にある必要がある。しかし，現実を考えると当然のことなが

ら全ての領域でうまくいっている生徒は多くないし，学校生活を過ごす上で重要な領域も生徒によって異なるといえる。つまり，生徒によって学校への適応の在り方は異なるといえ，生徒の適応状態を捉える際にはこうした適応様式の違いについて考慮することが重要だと考えられる。

この適応の在り方の違いを捉える上で有益な理論的視点として，Baltesら（Baltes, 1987, 1997；Baltes et al., 1998）の補償を伴う選択的最適化モデル（selective optimization with compensation model；以下SOCモデル）が挙げられる。SOCモデルはサクセスフル・エイジングに関する研究の文脈から生まれたものであるが（堀，2009），成人期や高齢期に限らず個人の生涯発達全般に対して適用可能な抽象度の高い理論枠組みであり，青年期を扱う研究においてもその有用性が示されている（Lerner et al., 2001）。

SOCモデルでは発達のプロセスにおける本質的な機能として選択(selection)，最適化（optimization），補償（compensation）が挙げられ，人は能動的か受動的かにかかわらずある活動の場を選択し（選択），そこでポジティブな状態に至るように振る舞うが（最適化），もしそれまでのやり方でうまくいかなくなった場合は別のやり方でポジティブな状態に近づけようとする（補償）とされる。Baltesらは生涯発達を選択的適応の連続であると捉えており，選択・最適化・補償の3つの機能によって獲得（gain）を最大化し喪失（loss）を最小化することがサクセスフルな発達であるとしている（Baltes et al., 1998）。SOCモデルは一般性が高いがゆえに個別の文脈に合わせて特殊化される必要があるとされているが（Baltes et al., 1998），SOCモデルを学校適応の研究の文脈にあてはめると以下のようになるだろう。

まず，選択に関しては生徒は学校生活を過ごすことを選択しているということになる。ただ，Baltesらも指摘するように，選択は必ずしも意識的かつ能動的になされるとは限らない（Baltes et al., 1998）。むしろ，中学生の場合は自ら学校に行くことを選択したという意識を持っていないことの方が多いだろう。次に，学校生活での最適化とは，本書の場合は学校生活を適応的に過ごそうとすること，ということになる。生徒は自分が身を置く学校においてはうまく振る舞いたいと望むものと考えられる。ただし，最適化に至る唯一の方法があるわけではなく，学校に適応するために用いられる方法は生徒によって様々

だといえる。最後に補償についてだが，これは何らかの理由でこれまでの方法で学校に適応することが難しくなった場合に，別のやり方で学校に適応しようとすること，ということになろう。サクセスフル・エイジングの研究文脈においては老化などによりある機能が衰え，それによって生じた喪失を何らかの手段で補うという意味での補償がイメージされやすいと考えられる。ただし，Baltesらが述べているように，喪失はこうした生物学的な制約のみから生じるわけではない（Baltes et al., 1998）。環境の側に変化が生じることで個人がうまく振る舞えなくなることや，ある領域に多くのリソースが割かれることで別の領域にリソースが配分できなくなること，ある領域で学習が起こった結果別の領域での学習に負の影響が生じるといったことによっても，喪失は生じ得る。中学生の場合であれば，環境移行によって環境に変化が生じたり，ある領域における要求水準が高まったりすることなどでそれまでは適応的であった学校生活が脅かされるといったことが考えられるだろう。

以上のように，SOCモデルの視点から生徒の学校適応を捉えなおすと，生徒は中学校生活を選択している点では共通しているが，喪失の調整も含みながらどのように学校生活を最適化し適応しているのかは異なるといえる。そこで，本書ではこうした生徒による適応の在り方の違いに注目し，学校への適応状態について明らかにしていく。

この問題に関して，学校生活には様々な領域が存在しており，先行研究では友人関係（例えば，Berndt & Keefe, 1995；Graham & Juvonen, 2002；Ladd & Troop-Gordon, 2003；酒井ら，2002），教師との関係（例えば，飯田，2002；河村・國分，1996；中井・庄司，2008；Wentzel, 2002），学級集団（例えば，狩野・田崎，1990；Kupersmidt & Coie, 1990；前田1995・1998；Wentzel, 2003a），学業（例えば，神藤，1998），進路（例えば，永作・新井，2005；佐藤，2001），部活動（例えば，Darling, Caldwell, & Smith, 2005；Mahoney & Cairns, 1997；角谷・無藤，2001；山口・岡本・中山，2004；吉村，1997）など，それぞれの領域が学校適応とどのように関係しているのかについて検討がなされてきた。このように，ある領域に注目し学校適応との関係について検討することは重要であるが，一方で，生徒による適応様式の違いについて検討するためには，様々な領域を含みこんだ研究が必要だと考えられる。しかし，これまでの研究では適応を説明する際

に単一の要因が取り上げられることが多いことが指摘されており（Ladd & Burgess, 2001），複数の領域を考慮した総合的な研究は十分に蓄積されていないといえる。そこで，本書ではある領域に焦点を絞るのではなく，様々な領域を含みこみながら諸領域と学校適応の関係について検討する。なお，本書では友人関係や教師との関係，学業のように全ての生徒が経験する領域を学校生活における「一般的な領域」，部活動のように全ての生徒が経験するわけではない領域を学校生活における「特殊な領域」として区分して捉えていく。

また，Bronfenbrenner（1979）の生態学的視点を踏まえると，生徒の学校への適応状態は学校生活だけでなく学校生活の周辺的な文脈からも影響を受けているといえる。この視点に従えば，学校はそれのみで存在しているのではなく，学校以外の生活空間との関係の中で存在しており，学校を中心と考えれば学校生活は「マイクロシステム」として，学校と生徒がコミットする学校以外の生活空間との関係は「メゾシステム」として位置づけることができる。なお，Bronfenbrenner（1979）では他にエクソシステム，マクロシステムが想定されているが，本書では生徒が直接的に関与しているマイクロシステムとメゾシステムのレベルに焦点をあてる。このように，学校がそれ以外の生活空間からも影響を受けていることを踏まえれば，学校への適応状態について検討する際には，マイクロシステムである学校生活に注目するとともに，メゾシステムであるそれ以外の生活空間との関係についても考慮する必要があると考えられる。そのため，本書では学校の周辺的な文脈についても視野に入れ生徒の適応状態の違いについて検討していく。

以上のように，本書ではBronfenbrenner（1979）の視点を踏まえマイクロシステムとメゾシステムの水準から学校への適応状態の違いについて検討していくが，こうした問題意識はCole（1996；訳書, p.185）にならえば図2-2-1のように整理できるだろう。この図で示されているように，学校には学校生活における一般的な領域と特殊な領域が存在しており，こうした領域が学校適応に影響を与えているといえる。一方で，生徒は家や学校／家以外の場にもコミットしており，こうした周辺的な文脈からも学校生活は影響を受けている。このように，本書では空間的広がりの中で学校への適応状態について明らかにしていく。以下では，学校生活における一般的な領域，学校生活における特殊な領

30　第2章　学校適応研究における諸問題

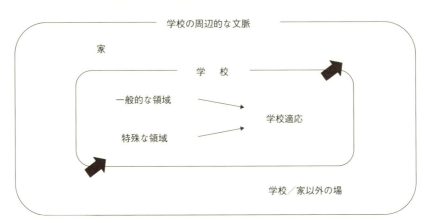

図2-2-1　学校を中心としたマイクロシステムとメゾシステムの同心円図

域，学校の周辺的な文脈と学校適応の関係について検討する際の具体的な視点について述べていく。

　まず，全ての生徒が経験する学校生活における一般的な領域に関して，先行研究では学校生活の諸領域において生徒が良好な状態にあるかについては検討されてきたが，そうした領域を生徒がどの程度重要視しているのかという重要度認知については注目されてこなかった。しかし，生徒によってそれぞれの領域が学校生活において持つ重みは異なり，学校への適応を理解する上で生徒が各領域をどの程度重視しているのか（石津，2007）を知ることは重要だといえる。そのため，本書では生徒と諸領域との関係の良さだけでなく，諸領域に対する重要度認知についても考慮しながら学校適応にアプローチしていく。次に，学校生活には様々な領域が存在しているが，どのようにすればこうした領域を含みこんだ上で諸領域と学校適応との関係を検討できるのかについて考えていく。この問題に関して，近藤（1994）は学校には生徒側における価値観や欲求という側面と，教育目標などに基づき教師が生徒を方向づけたり指導する側面があることを指摘している。また，同様に根本（1987）は学級の特徴を，子ども側の様々な欲求・能力・傾性である個人的属性の側面と，教育的要請や管理的要請からなる公的組織的側面の2側面から捉えている。この他にも，友人関係などの社会的側面と学業的側面を区分して学校への適応を捉えるという視点

が存在する（大対・大竹・松見，2007；Wentzel, 2003b）。これらの研究を踏まえると，学校生活には様々な領域が存在するが，それらは生徒同士の関係や相互作用である水平的な横の軸と，教育や指導により生徒を導いていく垂直的な縦の軸の大きく2つから捉えられる可能性がある。なお，本書では便宜的に前者を生徒関係的側面，後者を教育指導的側面と呼称する。もし，こうした2つの側面から学校生活の様々な領域を整理することができるのであれば，これら2つの側面に基づく分析を行うことで，様々な領域を含みこんだ上で学校適応との関係を明らかにできると考えられる。以上のことから，本書では諸領域に対する重要度認知についても考慮するとともに，学校生活における一般的な領域が上記の2つの軸から捉えられるのかについて検討する。その上で，学校適応との関係について分析することで，生徒による適応状態の違いについて明らかにしていく。

次に，全ての生徒が経験するわけではない学校生活における特殊な領域についてだが，こうした領域としてはまず部活動が挙げられよう。中学校では多くの生徒が部活動に参加しており（88.50％；ベネッセ教育研究所，1998），部活動への参加が学業達成や（Darling et al., 2005；Eccles & Barber, 1999；山口ら，2004），教師への態度（山口ら，2004）といった学校生活の諸領域にポジティブな影響を与えるだけでなく，学校適応の良さにもつながることが示されている（Darling et al., 2005；Eccles & Barber, 1999；Mahoney & Cairns, 1997；角谷・無藤，2001；山口ら，2004；吉村，1997）。また，クラスで欲求が満たされない一部の中学生にとって，部活動がそれを補う場になり得ることも指摘されている（角谷・無藤，2001）。これらのことを踏まえると，部活動への参加状況によって生徒の学校への適応の在り方は異なってくると考えられる。しかし，先行研究においては運動部と文化部の違いや，部活動に積極的に参加しているかどうかという問題については十分に考慮されてこなかった。そのため，本書ではこうした問題を考慮した上で，部活動に参加している生徒と参加していない生徒の適応状態がどのように異なるのかについて検討していく。部活動以外の学校生活における特殊な領域としては学内相談室も挙げられる。文部省が1995年に，スクールカウンセラー活用調査研究委託事業を開始して以降，多くの学校で学内に相談室が設置されるようになった。相談室では個別的な相

談やカウンセリングだけでなく，休み時間等に生徒が相談室を訪れ自由に過ごす自由来室活動（半田，2003）がなされることもあり，クラスでうまくいかない生徒の居場所となることが示唆されている（瀬戸，2006）。相談室に来室する生徒は学校生活の中で何らかの困難を抱えているケースが少なくないが，こうした生徒にとっては相談室での活動が学校への適応において重要な役割を担っている可能性がある。そこで，本書ではクラスにおいて困難を抱えている生徒に注目し，相談室が学校適応を支える領域として機能し得るのかについて検討を行う。

　最後に，学校の周辺的な文脈についてだが，生徒は学校だけでなく家や学校／家以外の場にも関与しており，まず学校生活がこうした学校の周辺的な文脈の中でどのように位置づけられているかを視野に入れることが重要だと考えられる。森田（1991）はHirschi（1969）のボンド理論を援用し，何が生徒を学校社会につなぎとめているのかという問いを立てることが重要だと指摘しており，生徒と学校社会との社会的絆が強ければ，生徒は学校生活に強く引き付けられ，登校行動が確保されるとしている。この視点に基づけば，生活全体の中で生徒が学校に引き付けられているほど学校への適応も促されると予想される。そして，このように複数の生活空間の関係を考慮しながら学校適応にアプローチする際には，居場所の概念に注目することが有益だと考えられる。こうした問題意識での研究は少ないが，杉本・庄司（2006a）は居場所環境という概念を用い複数の生活空間を含みこみながら居場所と学校適応の関係について検討している。杉本・庄司（2006b）によれば居場所は「いつも生活している中で，特にいたいと感じる場所」と定義されており，居場所に対する最も基本的な精神状態は「いたい」という感情であると指摘されている。この指摘に従えば，生徒がある生活空間をどの程度志向しているのかという観点から居場所を捉えることが可能だと考えられる。そして，それぞれの生活空間に対する志向性を関連づけながら学校適応との関係を検討することで，学校の周辺的な文脈も含みながら生徒の適応状態の違いを明らかにできるといえる。次に，メゾシステムの概念を踏まえると，学校への志向性は学校以外の生活空間における過ごし方からも影響を受けるものといえる。例えば，学校以外の生活空間における活動に生徒が傾倒することで，生徒と学校の結びつきが弱まるというケー

スもあるだろう。この問題を検討する際に，本書では学校からそれ以外の生活空間に移行する時間帯であり，自由裁量で過ごし方を決められる余地のある時間である放課後に注目する。こうした選択の可能性のある時間帯を誰とどう過ごすかには生徒の意思が反映されているといえ，このことはそれぞれの生活空間に対する志向性と密接な関係にあると考えられる。以上のことから，本書では生活空間への志向性という観点から学校の周辺的な文脈も含みながら学校適応の在り方の違いについて検討するとともに，放課後の過ごし方が学校やそれ以外の生活空間への志向性にどのような影響を与えているのかについて明らかにしていく。

第3節　学校への適応過程に関する問題

　これまで学校適応の空間的側面である適応の状態について述べてきたが，ここでは時間的側面である適応の過程に注目し，学校への適応過程に関する先行研究の問題点について論じていく。適応の定義の箇所においても述べたように，常に変化しつつある生徒の学校適応を説明するためには学校への適応状態だけでなく，適応の過程が明らかにされる必要がある。しかし，先行研究ではある時点での適応状態について検討した研究は多くなされているが，研究上の制約などから適応過程を明らかにするような縦断研究は横断研究に比べ少なく（小泉，1997），十分な蓄積がなされていない。そのため，本書では縦断データを用いて学校への適応過程について検討を行っていく。そして，本書では第2章第1節において学校生活における様々な領域を学校適応を説明するものとして位置づけたが，それに基づき時間的広がりの中で学校生活の諸領域と学校適応の関係について明らかにしていく。両者の関係を時間的な広がりの中で捉えなおすと図2-3-1のように図示できるだろう。ここで示されているように，t-1, t, t+1それぞれの時点での学校生活の諸領域はその時点での学校適応を規定している。また，tの時点における学校生活の諸領域と学校適応は，先行するt-1の時点における学校生活の諸領域と学校適応から影響を受けており，更に，後続のt+1の時点におけるそれらに影響を与えている。以下では，こうした枠組みで学校への適応過程を捉える際に重要な視点について述べていく。

時間軸にそって生徒の学校適応を考えてみると，生徒は小学校から中学校へと環境移行を経験し，新たな環境との関係を作りなおさなければならない。この環境移行の問題に関して，Wapner & Demick（1992, 1998）は人間の発達を人間 - 環境システムの相互交流として捉え，システムは発達するにつれ未分化な状態から分化し階層的に統合された状態へと移行するとしている。そして，新奇な環境に移行する際には何らかの比較的安定した準拠点が必要で，人はそれを基礎にして環境との関係を体制化していくというアンカーポイント（anchor point）という概念を提示している。この視点に基づけば，生徒は当初は新たな学校生活に混乱しているが，学校生活の中でうまく振る舞える領域を見出し，それをアンカーポイントとすることで学校生活を体制化していくといえるだろう。そして，初めのうちはその領域を中心とした学校生活を過ごし

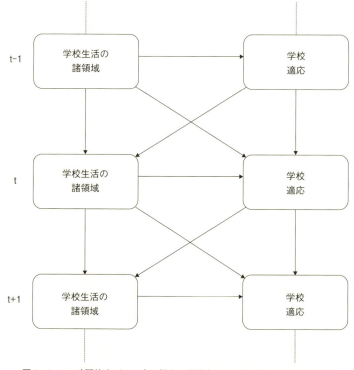

図2-3-1　時間的広がりの中で捉えた学校生活の諸領域と学校適応の関係

ているが，生徒は徐々に自らの学校生活を拡張させ，アンカーポイントとなっている領域以外の領域においても，うまく振る舞える術を身につけていくと考えられる。

　先述した森田（1991）の指摘を思い出すと，こうした領域が増えていくことで生徒と学校社会との絆が強化され，生徒は学校生活により適応的になっていくと考えられる。Hirschi（1969）は社会との絆の要素として愛着，コミットメント，巻き込み，規範観念の4つを挙げているが，学校生活の諸領域の中にこれらの絆の要素を見出すとすれば以下のようになるだろう。まず，愛着は他者との情緒的な結びつきであり，これには友人やクラスメイト，教師などの学校内の対人関係があてはまる。コミットメントについて，Hirschi（1969）は社会の枠組みにそった行為目標に同調することとしており，その例として教育上や職業上のキャリアを挙げている。このことを踏まえると，学校生活においては進路に関する活動領域がコミットメントに対応すると考えられる。巻き込みについては日常的な諸活動に時間やエネルギーを費やすことであり，学校では学業や部活動などがこれに該当しよう。最後の規範観念には校則などの学内で共有されているルールがあてはまるだろう。もちろん，学校生活のそれぞれの領域は複数の絆の要素に関わっており，両者が厳密に一対一の対応関係にあるわけではないが，上記のように学校生活には学校と生徒の絆となる様々な領域が存在している。そして，一般的にある絆の要素が強くなれば別の絆の要素も強くなるとされているように（Hirschi, 1969），学校生活を過ごす中である領域でうまく振る舞えるようになることは学校生活の他の領域にもポジティブな影響を与えると考えられる。こうして，生徒と学校生活との絆が太くなっていき，適応が促されるといえるだろう。

　ただし，全ての生徒がこのように順調に学校に適応していけるわけではない。生徒によってうまく振る舞える領域が異なることを考えれば，全ての領域でうまくいく生徒の方が珍しいだろう。上述したBaltesら（Baltes, 1987, 1997；Baltes et al., 1998）のSOCモデルを踏まえると，生徒は自分なりのやり方で学校生活を最適化しようとしているといえよう。そして，3年間の中学校生活を過ごす過程では，それまではうまく振る舞えていた領域で困難が生じ，学校適応が危機にさらされるという事態も生じ得る。その場合には，学校への適応を

維持するためにその領域に関わって生じた喪失を別の領域で補う必要性が出てくるだろう。

　以上のことから，本書ではまず生徒が何を基礎として学校に適応していくのか，そして，どのようにして学校への適応が促されるのかという問題に注目する。同時に，学校生活を過ごす中で困難が生じた場合に生徒がどのように学校適応を維持しようとするのかについても検討する。以下では，これらの問題を検討する際の具体的な課題について述べていく。

　まず，生徒の学校への適応過程について検討する前に確認すべきこととして，これまでの学校適応研究では第2章第2節でも述べたように学校生活の様々な領域を考慮した研究は少なく，当然のことながらこうした視点での縦断研究もほとんどなされていない。このことを踏まえると，まずは生徒がどのように学校に適応していくのかを諸領域を含みこみながら探索的に検討し，その知見に基づいて量的な縦断研究を行うことが重要だと考えられる。ここで，生徒は小学校から中学校に移行する際に大きな環境の変化を経験することになるが，発達的変化も同時に経験する中学生にとって，こうした環境移行事態に対応することは容易でないことが指摘されている（小泉，1997；都筑，2001）。実際に，序章でも述べたように不登校やいじめ，校内暴力といった適応上の問題は中学1年生において急激に増加している。こうしたことを考慮すると，生徒の適応過程について探索的な知見を得る際には，新奇な環境に適応していく必要があるとともに困難を抱えやすい中学1年生に注目することが有益だと考えられる。そこで，本書ではまず中学1年生の適応過程について質的な縦断研究を通して探索的に記述する。

　次に，生徒が学校生活の中で何を基礎として学校に適応していくのかについてだが，生徒は自分がうまく振る舞える領域を基礎にすると考えられ，そうした領域は学校生活の中でも重視されていると予想される。前節では生徒と学校生活の諸領域との関係の良さとともに，諸領域に対する重要度認知についても注目すると述べたが，これらの概念を踏まえた上で適応の基礎となる領域についてもう少し掘り下げて考えてみると，次のような疑問が生じる。それは，生徒はその領域を重視していたためにうまく振る舞えるようになるのか，あるいは意図していたわけではないがうまく振る舞えた領域を重視するようになるの

かという問いである。生徒によってどの領域が学校適応の基礎となるかは異なるといえるが，この問いに答えることで，こうした違いがどの領域を重視するのかという重要度認知に起因するのか，あるいはある領域における対処能力に起因するのかを明らかにできるといえる。以上のことから，本書では学校生活の諸領域との関係の良さと諸領域に対する重要度認知の相互の関係を縦断データに基づき検討していく。

　それではある領域が適応の基礎となった後，どのように生徒がうまく振る舞える領域は拡大し，学校への適応が促されるのだろうか。この問題について図2-3-1に基づくと次のように考えられる。まず，うまく振る舞える領域があることはその時点における学校への適応を高めるといえるが，一方である時点での学校への適応状態が良いことがその後の諸領域に対してポジティブに作用するという関係もあり得る。Crick & Dodge（1994）の社会的情報処理モデルでは社会的情報処理の在り方（ある社会的状況をどのように受け止め反応するか）が社会的適応につながるとともに，社会的適応が社会的情報処理の在り方に影響を与えるという循環的な関係が指摘されているが，学校生活の諸領域と学校適応に関しても同様の循環的な関係があると予想される。しかし，学校生活の諸領域が学校適応に与える影響について検討した研究に対し，学校適応がその後の学校生活の諸領域に与える影響に注目した研究は少ない。そこで，本書では初めにこの問題について検討した上で，図2-3-1のモデルに基づき学校生活の諸領域と学校適応の循環的な関係について明らかにしていく。

　最後に，何らかの理由でそれまで順調であった領域においてうまく振る舞えなくなった場合に，生徒がどのように学校適応を維持しようとするのかについてだが，生徒はその領域によって生じた学校適応に関わる喪失を別の領域で補おうとすると考えられる。そして，学校生活全体を考えた場合に，ある領域において困難が生じたとしても別の領域でうまく振る舞えるようになったとすれば，前者で生じた喪失を後者が補うことで学校への適応が維持される可能性があるだろう。そこで，本書では学校生活の様々な領域を考慮した上で，生徒と諸領域との関係の良さの変動に注目しながらこの問題について検討していく。

第 3 章

本書の目的と構成

第 3 章　本書の目的と構成

本章ではこれまでの文献研究に基づき本書における目的を明確にするとともに，本書の構成について示していく。

第 1 節　本書の目的

本書ではこれまで，中学生の学校適応に注目し，学校適応の概念の整理と，学校適応研究の整理を行ってきた。そこからは，従来の研究においては学校適応の様々な側面について検討がなされてきた一方で，それら適応の諸側面を包括的に捉える枠組みが不在であるために混乱が生じていること，またこのことに関連して従来の学校適応の測定方法には問題があり，学校への適応状態や適応過程に関して明らかにされていない課題のあることが示された。

以上の知見に基づき，本書の目的を次のように設定する。本書ではまず，心理的適応における要請対処と欲求充足を区分するとともに，社会的適応における孤立傾向と反社会的傾向を区分し，心理的適応・社会的適応の両側面から包括的に学校適応を捉える。その上で，学校適応の空間的側面である適応状態について検討し「生徒がどのように学校に適応しているのか」を明らかにするとともに，学校適応の時間的側面である適応過程について検討し「生徒がどのように学校に適応していくのか」を明らかにしていく。このように，包括的に学校適応を捉えた上で適応状態と適応過程を明らかにすることによって，学校適応研究における混乱を乗り越え，空間的・時間的広がりの中で中学生の学校適応を理解することが可能になると考えられる。

以上の目的を検討するため，本書では具体的に以下の 4 つの課題を設定する。

第 1 の課題は，心理的適応・社会的適応の双方から包括的に学校適応を測定する尺度を構成することである。構成した尺度については信頼性・妥当性についても確認し，この尺度を用いて以降の課題について検討していく。

第 2 の課題は，学校適応の空間的側面である学校への適応状態に焦点をあて，学校生活の様々な領域を含みこみながら生徒による適応状態の違いについて明らかにすることである。その際に，学校生活の中だけでなく学校の周辺的な文脈も視野に入れ，空間的な広がりの中でこの問題について検討していく。

第 3 の課題は，学校適応の時間的側面である学校への適応過程に焦点をあて，

学校生活の諸領域と学校適応の関係を時間的広がりの中から明らかにすることである。そのために，生徒が何を適応の基礎としどのように学校生活に適応していくのか，そして，学校生活において困難が生じた場合にどのように学校適応を維持しようとするのかについて検討していく。

第4の課題は，学校への適応状態と適応過程に関する研究に基づき，学校適応が空間的・時間的広がりの中からどのように理解されるのかについてモデル化し，総合的に検討することである。

第2節 本書の構成

本書ではまず序章において，発達的・社会的背景の中で適応上の困難を抱える生徒が存在しており，こうした適応上の問題に予防的な視点からアプローチするためには，登校している生徒の学校適応を明らかにする必要性のあることが述べられた。

第1章では，適応概念の整理が行われた。第1節では心理学と生物学における適応概念の違いが明確にされた。第2節では適応の定義を行い，本書では適応を「主体と環境との調和的関係」と定義し，適応概念には空間的側面である適応状態と，時間的側面である適応過程の両側面があることを述べた。第3節では適応に関する理論的視点が概観され，それらは①個人の内的環境における適応，②個人の外的環境に対する適応，③システムにおける個人の適応，の3つに大きく整理できることが示された。第4節では理論的視点の整理に基づき，心理的適応における要請対処と欲求充足を区分するとともに，社会的適応における孤立傾向と反社会的傾向を区分し，心理的適応と社会的適応の両側面から包括的に学校適応を捉える枠組みが提示された。

第2章では，学校適応研究の整理が行われた。第1節では学校適応の測定上の問題について示され，本書では学校と学校生活の下位領域の水準を区分し，学校生活の諸領域を学校適応を説明するものとして位置づけた。その上で，心理的適応・社会的適応の両側面から包括的に学校適応を捉え検討していくことが述べられた。第2節においては，学校への適応状態に関する問題について述べ，生徒による適応状態の違いについて検討する必要のあることが示された。

その際に，学校生活における一般的な領域，特殊な領域だけでなく，学校の周辺的な文脈についても考慮する必要のあることが指摘され，本書ではこうした空間的な広がりの中で学校への適応状態について検討していくことが述べられた。第3節では，学校への適応過程に関する問題について述べ，時間的な広がりの中で学校生活の諸領域と学校適応の関係が明らかにされる必要のあることが示された。そして，生徒が何を適応の基礎としどのように学校生活に適応していくのか，学校生活において困難が生じた場合にどのように学校適応を維持しようとするのかについて検討していくことが述べられた。

第3章では，第1節において第1章と第2章における検討に基づき本書における目的と4つの研究課題を設定し，第2節において本書の構成を提示した。

第4章では，学校生活の諸領域を学校適応を説明するものとして位置づけ，様々な領域を含みこんだ上で学校適応との関係を検討した研究が横断研究・縦断研究ともに少ないことから，生徒の学校適応について探索的に縦断的な質的調査を行う。そして，以降の章では第4章で得られた探索的知見を踏まえ，量的に実証的な研究を行う。

第5章では，本書における学校適応を捉える枠組みに即した学校適応を測定するための尺度を構成し，学校適応の概念の妥当性について検討する。具体的には，本書では学校適応を心理的適応と社会的適応に区分し，心理的適応を要請対処と欲求充足の2側面から捉え，社会的適応を孤立傾向と反社会的傾向の2側面から捉えているが，これらの側面を測定するために必要な尺度の作成を行う。学校適応の概念の妥当性については，学校適応における上述の4つの側面が区分可能かどうか，これらの側面にどのような差異があるのかについて明らかにすることで検討する。前者については，因子分析により因子的妥当性を検討する。そして，因子的妥当性が確認された上で，それぞれの側面と関連する要因の違い，性別・学年による違いを明らかにすることで，各側面の差異について検討する。

第6章では，学校適応の空間的側面である学校への適応状態に焦点をあて，学校生活の様々な領域を含みこみながら生徒による適応状態の違いについて明らかにする。そのためにまず，全ての生徒が経験する学校生活における一般的な領域に注目する。そして，一般的な領域が生徒関係的側面，教育指導的側面

という2つの軸から捉えられるのかを検討した上で，それぞれの側面で良好な状態にあるか否かがどのような適応状態の違いをもたらすのかについて明らかにする。次に，全ての生徒が経験するわけではない部活動や学内相談室での活動といった学校生活における特殊な領域についても注目し，こうした活動が学校適応にどのような影響を与えるのかについて検討する。更に，学校内だけでなく学校の周辺的な文脈も視野に入れ，そこでの活動や周辺的な文脈の中で学校がどのように位置づけられるかが，学校への適応の在り方にどのように関係するのかについても明らかにする。

第7章では，学校適応の時間的側面である学校への適応過程に焦点をあて，学校生活の諸領域と学校適応の関係を時間的広がりの中から明らかにする。はじめに，生徒がどのような領域を学校適応の基礎とするのかについて知見を得るために，生徒と学校生活の諸領域との関係の良さと諸領域に対する重要度認知の相互の関係を縦断データに基づき検討していく。次に，学校への適応がどのように促されるのかを明らかにするため，ある時点での学校適応がその後の学校生活の諸領域にどのような影響を与えるのかを検討した上で，学校生活の諸領域と学校適応の循環的な関係について分析していく。更に，学校生活において困難が生じた場合に生徒がどのように学校適応を維持しようとするのかについて，学校生活の様々な領域を考慮した上で，生徒と諸領域との関係の良さの変動に注目しながらこの問題について検討する。

第8章では，文献研究（序章・第1章・第2章）・実証研究（第4章・第5章・第6章・第7章）から得られた知見に基づき，本書で設定した課題に照らして学校適応が空間的・時間的広がりの中からどのように理解できるのかについて総合的に検討する。

終章では，本書の知見が教育実践にどのような示唆をもたらすのかについて考察するとともに，本書で扱えなかった問題や今後の課題について述べる。

以上の本書の構成を図示したものが図3-2-1である。

第3章 本書の目的と構成

```
序章　中学生の学校適応を研究する意義
　第1節：発達的・社会的な背景
　第2節：中学生の学校適応を研究する必要性
```

```
第1章　学校適応を捉える枠組み―概念の整理
　第1節：適応概念における心理学特有の問題
　第2節：本書における適応の定義
　第3節：適応研究における理論的視点の整理
　第4節：本書における学校適応を捉える枠組み
```

```
第2章　学校適応研究における諸問題―研究の整理
　第1節：学校適応の測定上の問題
　第2節：学校への適応状態に関する問題
　第3節：学校への適応過程に関する問題
```

```
第3章　本書の目的と構成
　第1節：本書の目的
　第2節：本書の構成
```

```
第4章　学校適応に関する探索的検討
　第1節：中学1年生の学校適応過程に関する探索的研究（研究1）
　第2節：本章のまとめ
```

```
第5章　学校適応を測定する尺度の構成と妥当性の検討
　第1節：学校生活の諸領域に対する意識と学校への順応感・享受感（研究2）
　第2節：学校への心理的適応尺度の構成（研究3）
　第3節：環境要請への適合と学校適応（研究4）
　第4節：性別・学年による学校適応の違い（研究5）
　第5節：本章のまとめ
```

```
第6章　学校への適応状態に関する検討
　第1節：生徒関係的側面・教育指導的側面と学校適応（研究6）
　第2節：部活動への参加と学校適応（研究7）
　第3節：学内相談室における活動と学校適応（研究8）
　第4節：学校の周辺的な文脈と学校適応（研究9）
　第5節：本章のまとめ
```

```
第7章　学校への適応過程に関する検討
　第1節：学校生活の諸領域との関係の良さと諸領域に対する重要度認知の相互関係（研究10）
　第2節：学校適応がその後の学校生活の諸領域に与える影響（研究11）
　第3節：学校生活の諸領域と学校適応の循環的な関係（研究12）
　第4節：学校生活の諸領域における変化と学校適応（研究13）
　第5節：本章のまとめ
```

```
┌─────────────────────────────────────────────┐
│ 第8章 「適応の支え」に基づく学校適応の理解  │
│ 第1節：本書における学校適応を捉える枠組みの意 │
│        義                                    │
│ 第2節：生徒による適応の在り方の違い          │
│ 第3節：学校への適応過程                      │
│ 第4節：空間的・時間的広がりから捉えた学校適応│
└─────────────────────────────────────────────┘
┌─────────────────────────────────────────────┐
│ 終章 実践への示唆と今後の課題                │
│ 第1節：実践への示唆                          │
│ 第2節：今後の課題                            │
└─────────────────────────────────────────────┘
```

図3-2-1　本書の構成

　実証研究部分（研究1〜研究13）に該当する第4章〜第7章における大きな目的と，各節の具体的な目的については以下に示すとおりである。

第4章　文献研究から得られた視点に基づき学校適応に関する探索的な検討を行う。
　第1節：中学1年生の学校への適応過程について縦断的な面接調査を行うことで，学校適応概念の妥当性，学校への適応状態，学校への適応過程に関する量的研究につなげるための探索的な知見を得る（研究1）。
　第2節：第4章のまとめを行う。

第5章　本書における学校適応を測定する尺度の構成および妥当性の検討を行う。
　第1節：研究1で得られた探索的知見に基づき，心理的適応の2つの側面を区分するための予備的な尺度を構成する。そして，学校生活の諸領域に対する意識が学校への順応感・享受感とどのような関係にあるのかを明らかにすることで，両者の違いについて検討する（研究2）。
　第2節：要請対処・欲求充足の概念に基づく学校への心理的適応尺度を作成し因子的妥当性を検討するとともに，研究2で作成された予備的な尺度との基準関連妥当性について検討する（研究3）。
　第3節：心理的適応の2側面，社会的適応の2側面から学校適応が捉えられ

るのかについて因子的妥当性を検討する。そして，学校における環境要請と環境要請に関する自己評価のズレが学校適応のこれらの側面とどのような関係にあるのかを明らかにすることで，各側面の違いについて検討する（研究4）。

第4節：性別・学年による学校適応の違いについて明らかにする（研究5）。

第5節：第5章のまとめを行う。

第6章　学校適応の空間的側面である学校への適応状態について検討し，生徒による適応状態の違いについて明らかにする。

第1節：学校生活における様々な領域を生徒関係的側面と教育指導的側面に分けて捉えられるのかについて検討する。そして，これら2側面においてうまく振る舞えているかどうかによって生徒をタイプ分けし，学校への適応の在り方がどのように異なるのかを明らかにする（研究6）。

第2節：課外活動である部活動が学校適応にどのような影響を与えているのかを検討するため，部活動のタイプ，部活動への積極性に注目しながら，部活動への参加が学校生活の諸領域や学校適応に与える影響について明らかにする（研究7）。

第3節：生徒の学校適応において学内相談室がどのような役割を担っているのかを明らかにするため，クラスで困難を抱えやすい通常学級に在籍する軽度知的障がいの生徒の事例を基に検討する（研究8）。

第4節：学校の周辺的な文脈と学校適応の関係について検討するため，学校やそれ以外の生活空間に対する志向性の違いによって学校適応がどのように異なるのかを明らかにするとともに，放課後の過ごし方が生活空間への志向性にどのような影響を与えているのかを分析する（研究9）。

第5節：第6章のまとめを行う。

第7章　学校適応の時間的側面である学校への適応過程について検討し，学校生活の諸領域と学校適応の関係を時間的広がりの中から明らかにする。

第1節：学校生活の諸領域との関係の良さと諸領域に対する重要度認知の相互の関係を明らかにするため，交差遅延効果モデルによる検討を行う（研

究10)。
第2節：ある時点での学校適応がその後の学校生活の諸領域にどのような影響を与えているのかについて分析する（研究11）。
第3節：学校生活の諸領域を生徒関係的側面と教育指導的側面の2側面から捉えた上で，これらの側面と学校適応の循環的な関係について明らかにする（研究12）。
第4節：生徒関係的側面，教育指導的側面でのポジティブ・ネガティブな変化が，学校適応のポジティブ・ネガティブな変化とどのような関係にあるのかについて検討する（研究13）。
第5節：第7章のまとめを行う。

第 4 章

学校適応に関する探索的検討

第 1 節　中学 1 年生の学校適応過程に関する探索的研究
―半構造化面接による縦断的検討（研究 1）[3]

目　的

　研究 1 では，中学 1 年生の学校への適応過程について縦断的な面接調査を行うことで，学校適応概念の妥当性，学校への適応状態，学校への適応過程に関する量的研究につなげるための探索的な知見を得ることが目的である。そのために，具体的には以下のことについて検討を行う。

　序章や第 2 章で述べたように，中学 1 年生は新たな学校環境への適応を迫られることから適応上の問題を抱えやすいといえる。この時期の学校への適応過程を質的に縦断的に記述することで，学校適応に関する探索的な知見を丁寧に取り上げられると考えられることから，研究 1 では中学 1 年生を対象に半構造化面接による調査を行う。

　次に，第 2 章第 1 節で示したように，生徒の学校適応は学校生活の諸領域を総合したものとしては捉えられないと考えられるため，研究 1 では学校生活の諸領域に対する意識と学校への適応を区分しながら研究を行う。その際に，第 2 章第 2 節で述べたように学校生活の諸領域に関してはそれぞれの領域と良い関係にあるかどうかだけでなく，その領域をどの程度重視しているのかという視点も重要だといえることから，諸領域に対する重要度認知も含めて検討を行う。

　また，研究 1 では面接調査により生徒の学校生活に対する意識について尋ねるため，学校適応については意識レベルでの適応の側面である心理的適応に注目する。そして，第 1 章第 4 節では心理的適応を要請対処と欲求充足の 2 側面から捉えたが，学校環境からの要請に応えられていると認識している生徒は学校生活に馴染んでいると感じ，学校で欲求を満たせている生徒は学校生活を楽しいと感じていると考えられる。そこで，研究 1 では前者を学校への順応感，

　3）本節は岡田（2006a）を基に加筆修正したものである。なお，本書への所収にあたって用いる概念等の見直しを行っている。

後者を学校への享受感とし，学校生活の諸領域に対する意識の変化が順応感・享受感の変化とどのように関係しているのかを示すことで両者の違いについて探索的に検討する。

方　　法

調査協力者・時期

　埼玉県内の公立中学校計3校に通う中学1年生の生徒（男女各5名）。協力者は，中学1年生の子どもを持つ母親数名を介して，紹介してもらった。なお，協力者は問題なく学校に通っている生徒であり，全員部活動に所属していた。2002年6月，8月，10月の計3回にわたって面接調査が行われた。

調査手続き

　半構造化面接を行い，以下のことについて生徒に尋ねた。面接は保護者に了解を得た上で，協力者の自宅で行われた。その際，家族がいると話しづらい可能性もあることを考慮し，居間や協力者の部屋など調査者と協力者のみの状況で面接を行った。面接時間は1回につき60〜90分程度であった。また，初回面接時には面接の前に世間話などをしてラポールの形成に努めた。発話は保護者と協力者の合意を得た上でテープレコーダーに録音した。

　①**学校生活の諸領域との関係の良さ**　学校生活の諸領域については先行研究（浅川・森井・古川・上地，2002；河村，1999；松山・倉智，1969；三浦・福田・坂野，1995）も参考にしながら「友人」「クラス」「先輩」「教師」「学業」「部活動」「学校行事」「校則」の8つの領域を取り上げた。そして，これらの領域に対してどのような評価をしているのか，領域に対する評価がどのように変化したのかについて尋ねていった。具体的には，例えば「友人」の場合，面接1回目では最近の友人に関するエピソードなどを自由に話してもらい，その後で「友人」についてどのような評価をしているのかを聞き，そうした評価をした理由についても尋ねた。そして，面接2回目・3回目では，前回面接時点からその領域に対する評価が上がったのか下がったのか，あるいは変わらなかったのかについても質問し，その理由について尋ねていった。具体的には「こ

の前の面接の時と比べて〜についての評価は変わりましたか？」と尋ねた。ただし、「校則」については評価が上がる・下がるという観点で捉えることが適当ではないと考えられたため除外した。

②学校生活の諸領域に対する重要度認知　上述の8つの領域が学校生活の中でどの程度重要だと認知されているのかを知るため、各面接時点で重要度順位をつけてもらった。「あなたの学校生活で重要だと思う順に順位をつけてください」というように質問し、「友人」「クラス」「先輩」「教師」「学業」「部活動」「学校行事」「校則」の8領域に対して、1〜8位まで重要だと思う順に、用意した用紙に順位を記入してもらった。

③学校への順応感・享受感　順応感と享受感については、学校全体についてどのような印象をもっているのか、どのように感じているのかを尋ね、その後でどれくらい順応感・享受感を感じられているのかを3回の面接時点ごとに評価してもらった。具体的には、順応感については「あなたは今中学校にどれくらい自分が馴染んでいると思いますか」、享受感については「あなたは今中学校にどれくらい満足していますか」と質問し、その理由についても尋ねた。そして、学校生活の諸領域との関係の良さと同様、2回目・3回目の面接では前回面接時よりも評価が上がったのか下がったのか、変わらなかったのかについても質問し、その理由について尋ねていった。順応感については「この前の面接の時よりもあなたは学校に馴染んでいると思いますか」と質問し、享受感については「この前の面接の時よりもあなたは学校に満足していると思いますか」と質問していった。

分析手続き

　学校生活の諸領域に対する重要度認知以外の分析では、まず録音した発話を逐語記録に起こして一次データとした。そして、学校生活の諸領域との関係の良さや学校への順応感・享受感がどのように変化したのか、どのような理由でそうした変化が生じたのかを検討するために、プロトコルデータに基づき分析を行った。なお、以下で示すプロトコルデータに関して、文脈のわかりづらい発話については、括弧（　）を用いて適切な言葉を補った。

結果と考察

学校生活の諸領域に対する重要度認知

本研究では，3回の面接時点ごとに8つの学校生活の領域に対して，生徒が重要だと思う順に1～8位まで順位をつけてもらった。面接1回目・2回目・3回目時点での重要度順位の中央値を表4-1-1に示した。それぞれの面接時点で何が重要視されているのかを検討するためFriedmanの検定を行い，有意差が検出された場合はScheffé法による多重比較を行った。その結果，面接1回目（$\chi^2(7)$=28.57, $p<.001$），2回目（$\chi^2(7)$=49.93, $p<.001$），3回目（$\chi^2(7)$=48.07, $p<.001$）とも有意差が見られた。多重比較の結果，面接1回目では，「学校行事」＞「友人」（$p<.05$），「校則」＞「友人」（$p<.01$）となった。面接2回目では，「学校行事」＞「友人」（$p<.01$）・「部活動」（$p<.05$），「校則」＞「友人」「部活動」（$p<.01$）となった。面接3回目では，「学校行事」＞「友人」（$p<.01$），「校則」＞「友人」（$p<.01$）・「部活動」「学業」「先輩」（$p<.05$）となった。以上のことから，生徒は学校生活の中で相対的に「友人」や「部活動」といった領域を重要視しているのに対し，「学校行事」や「校則」といった領域については重要視していないことが示された。

表4-1-1 学校生活の諸領域に対する重要度順位の中央値

	友人	部活動	学業	先輩	クラス	教師	学校行事	校則
1回目	1	4	3.5	5	3.5	5	6	7.5
2回目	1	2.5	3	4	4.5	5.5	7	8
3回目	1	3	3.5	3	5.5	5	7	8

学校生活の諸領域との関係の良さの変化

次に，それぞれの領域に対する評価がポジティブ・ネガティブに変化した背景には，どのような理由があるのかについて，プロトコルデータに基づき検討する。面接1回目から2回目にかけて，また面接2回目から3回目にかけてその領域に対する評価が良くなった場合には「p」，評価が悪くなった場合には「n」，評価が変わらなかった場合には「s」と表記した。それぞれの領域に対す

表4-1-2 学校生活の諸領域に対する評価の変化

		友人	クラス	先輩	教師	学業	部活動	学校行事
1回目→2回目	p	5	7	6	4	6	4	2
	n	4	2	3	4	4	5	5
	s	1	1	1	2	0	1	3
2回目→3回目	p	5	3	5	2	0	7	3
	n	0	2	1	4	7	2	5
	s	5	5	4	4	3	1	2
合計	p	10	10	11	6	6	11	5
	n	4	4	4	8	11	7	10
	s	6	6	5	6	3	2	5

る評価の変化を集計したものが表4-1-2である。全体的に,「友人」「クラス」「先輩」「部活動」においてはnよりもpの方が多くなっており,評価が良くなりやすい傾向にあった。一方,「教師」「学業」「学校行事」についてはpよりもnの方が多く,評価が下がりやすいことが示唆された。特に,学業に関しては2回目から3回目の面接にかけて評価が良くなった(p)とした者はいなかった。

「友人」についてポジティブに評価した理由としては,「仲が良くなった」「友達が増えてきた」というものが多く見られた。「友人」に対するネガティブな評価は男子のみに見られ,その理由としては「からかってくるようになった」「嫌がらせをしてくるようになった」「仲良くなったら悪口を言うようになってきた」などが挙げられた。

「クラス」についてポジティブに評価した理由としては,「他の小学校の人と仲良くなれた」「お互い慣れてきた」「みんなのことがわかってきた」などが挙げられた。一方,ネガティブな評価の理由としては,「クラスがうるさくなって怒られるようになった」「女子(男子)がうざい」「嫌な人がでてきた」が挙げられた。

「先輩」についてポジティブに評価した理由としては,「話しやすくなった」「人柄がわかってきた」「慣れてきた」などが挙げられた。ネガティブに評価した理由としては,「前より怖くなった」「うるさくなってきた」が挙げられた。

「教師」に対してポジティブに評価した理由としては,「嫌いな先生が減った」「前より怒らなくなった」「慣れてきた」「気軽に話せるようになった」などが

挙げられた。ネガティブに評価した理由としては、「うるさくなってきた」「全体的に怖くなってきた」「どんな人かわかってきて嫌な先生が増えた」などが挙げられた。

「学業」に関してポジティブに評価した理由としては、「テストの結果が上がった」「やる気が出てきた」などが挙げられた。ネガティブな評価の理由としては、「難しくなってきた」「わからなくなってきた」「テストの結果が下がった」「集中するのに疲れた」「先生が嫌になってきた」などが挙げられた。

「部活動」に対してポジティブに評価した理由としては、「練習が楽しくなってきた」「先輩や友達とよく話すようになってきた」などが挙げられた。ネガティブに評価した理由としては、「練習が厳しくなってきた」「先輩がうるさい」「同じ練習の繰り返し」「休みがなくて疲れてきた」が挙げられた。

「学校行事」に対してポジティブに評価した理由としては、「職業体験や体育祭が楽しかったから」「前よりも行事が増えた」が挙げられた。ネガティブに評価した理由としては、「体育祭や文化祭がつまらなかった」「話が長い」「行事自体が少ない」などが挙げられた。

対人関係に関する領域である「友人」「クラス」「先輩」「教師」について見てみると、他者への認識が深まり、関係が構築されていく過程が共通して見られ、それがポジティブな評価へと結びついていることがわかる。しかしその反面、互いの認識が深まることで相手の嫌な側面が見えてくることや、関係が近づくことでネガティブな経験をすることにより、評価が下がってしまう場合もあることが示された。次に、「学業」「部活動」について見てみると、活動の中にやりがいや楽しさを見出すことで動機づけが高まり、ポジティブな評価がなされると考えられる。しかし、そうしたものを見つけられない場合、活動内容の複雑化・高度化、活動自体への疲れ、先輩・教師などの目上の存在に対する不満によって、評価が下がってしまうことがわかった。最後に「学校行事」について見てみると、同じ行事でもその生徒がどのような経験をしたのかによって評価は異なること、また、行事の頻度自体が評価に影響していることも示された。

学校への順応感と享受感の変化

　ここでは，生徒の「順応感」「享受感」の変化と，変化した理由について検討する。面接1回目から2回目にかけて，また面接2回目から3回目にかけて「順応感」や「享受感」が上昇した場合は「P」，低下した場合は「N」，変化しなかった場合は「S」と表記した。「順応感」「享受感」の変化を集計したものが表4-1-3である。この表から，「順応感」は上昇しているにもかかわらず，「享受感」は低下しているという生徒の存在が明らかになった。また，面接2回目→3回目では，前回よりも「順応感」が上がった生徒が8名だったのに対し，「享受感」については上がった生徒は1人もいなかった。そこで，以下では各生徒のプロトコルデータに基づき，「順応感」と「享受感」にどのような違いがあるのかを分析していく。調査では，面接1回目においては「順応感」「享受感」について「あなたは今中学校にどれくらい自分が馴染んでいると思いますか」（順応感），「あなたは今中学校にどれくらい満足していますか」（享受感）というように尋ねている。そのため，1回目の発話には，ある程度順応（享受）できているとした生徒の場合，ポジティブな理由が述べられ，あまり順応（享受）できていないとした生徒の場合，ネガティブな理由が述べられている。また，面接2回目・3回目については前回面接時と比べ，「順応感」「享受感」がどのように変化したのか（P，N，S）が表記されており，その理由が示されている。

　「順応感」の変化とその理由について表4-1-4と表4-1-5に示した。まず，男子1について見ると，面接1回目・2回目の時点では学校環境からの要請の変化に十分に対応できておらず，小学校の日常から抜け出せていないが，3回目時点では中学校での生活の仕方を身につけ，「順応感」が上昇していた。

表4-1-3　学校への順応感・享受感の変化

		男子1	男子2	男子3	男子4	男子5	女子1	女子2	女子3	女子4	女子5	P（計）	N（計）	S（計）
順応感	1回目→2回目	S	P	N	N	P	N	P	P	P	P	6	3	1
	2回目→3回目	P	P	P	P	P	P	P	P	N	S	8	1	1
享受感	1回目→2回目	P	P	N	S	N	P	S	N	N	S	3	4	3
	2回目→3回目	S	S	S	S	N	S	N	N	N	N	0	5	5

第1節　中学1年生の学校適応過程に関する探索的研究　57

表4-1-4　男子における順応感の変化とその理由

男子1
1回目：なんとなくは慣れてるんだけどやっぱり気に入らない点があったりする。 2回目（S）：なんか小学校の自由から抜けてないみたいな。なんかやんなきゃいけないんだけど遊びたいみたいな。 3回目（P）：時間とか色々。…（中略）…こういうのはこうすればいいんだってのがわかってきたとか。
男子2
1回目：あまり先生とかしゃべった事がないんであんまり馴染めないし。 2回目（P）：馴染めてると思う。 3回目（P）：だいぶ慣れてきてるんで多分馴染んでると思うんですけど。…（中略）…全ては慣れですからね。
男子3
1回目：大体馴染んでるからー，もう慣れてきたし。 2回目（N）：そうでもなかった先生とかも最近うるさくなってきたから。…（中略）…最近先輩がうるさい。…（中略）…慣れてきたのはいいんだけど，（クラスが）うるさすぎる時があるから。 3回目（P）：自分的にはもう満点ですね。楽しい事が多い。
男子4
1回目：もう少し真面目になって，あと先輩とかももうすこし仲良くなりたい。 2回目（N）：えーやっぱり嫌な友達がでてきたから。…（中略）…（先輩が）しつこくなってきた。…（中略）…部活の練習が厳しいっていうの。ほとんど休みがない。 3回目（P）：慣れてるっていうのがある。うーんまあその学校の決まり。いやな部分もあるけど。…（中略）…あとはまあ部活・クラスとか。
男子5
1回目：まだ知らない先輩とかけっこうおおいんで。…（中略）…全然先生の名前が覚えられない，あったことのないような先生も。…（中略）…（部活は）すごい厳しくてまだあんまりついていけるような感じじゃあないからあんまり馴染めてない。 2回目（P）：かなり馴染んでる。普通に生活して。 3回目（P）：いろんなこと経験してまあこんなもんかみたいな感じなんで，馴染んでるかなーって。

また，男子2・5を見ると，面接1回目の時点では未知の他者の存在（男子2・5）や部活動の厳しさ（男子5）から，学校生活に馴染めていないが，3回目の時点では男子1と同様，経験が蓄積されることで，中学校での学校生活が日常化され，「順応感」が上昇していた。女子2・3についても，面接1回目の時点では学校生活（女子2）や周囲の人間（女子3）に対する知識の不足から，馴染めていないと感じているが，面接2回目・3回目と時間が経つにつれ，学校生活に対する知識や人間関係が広がることで，「順応感」が上昇していた。一方で，男子3・4や女子1の場合は，面接2回目の時点で一時的に「順応感」が低下していた。理由を見ると，対人的な側面でネガティブな出来事を経験す

表4-1-5　女子における順応感の変化とその理由

女子1
1回目：まだ中学生活に慣れてない。たまに朝私服に着替えちゃう。癖で。まちがえちゃう，まだ自覚してないみたいな。…（中略）…（クラスの人と）あんまり…しゃべったことない。
2回目（N）：（クラスで）なんかグループでまとまっててあんまりしゃべりにくいし。…（中略）…（部活では）その怖い人がバスケ部にいる。その人たちに気を使わなきゃいけないから。…（中略）…数学はむずいし，英語はわからないし。
3回目（P）：今の方が馴染んでる感じがするけど，勉強がやばい。…（中略）…何か部活に慣れてきたとか。

女子2
1回目：何か色々わからない事とかあるし，まだいってない教室とかもあるし。図書室とかいった事なくて。
2回目（P）：何か色々とわかってきたから。まあ性格とか。うーん，先輩の教室とか校舎とかはいっちゃいけないとか。
3回目（P）：クラスがよくわかってきた。…（中略）…あと，ああいう先生なんだっていうのがわかってきた。

女子3
1回目：先輩とかにまだ馴染んでないし，あと，先生とかともあんまり話してない。
2回目（P）：うーんでも結構馴染んじゃったかも。…（中略）…友達もあれば先生もあるし，うーん。うん，なんか普通に話したり，みんなそう。
3回目（P）：先輩に。なんだろう，なんか数人の先輩は敬語使わなくていいよみたいな。社宅の先輩もいるし。普通にあだ名でよんでる。

女子4
1回目：部活には慣れてるっぽいけど，学校全体でいうと少ない。（原因は）友達関係と先生
2回目（P）：やっぱり友達関係が一番かなー。…（中略）…あと学校に行くのが遠いんですよ。最近体力ついてきたかなーとか思って。
3回目（N）：自分が学校嫌いなところ。友達はいいんだけど，他のものが全部嫌だ。

女子5
1回目：馴染んでるっていうか，まだあんまり馴染めないけど。…（中略）…もうこの環境はうるさくて嫌だしー，あとは先輩とかそういうところかなー。
2回目（P）：うーん，前よりは馴染んだかもしれない。なんかもう慣れてきた。あの学校のやる気のなさに。
3回目（S）：あんま変わんないような気がする。学校に行く自体がだるい。…（中略）…勉強しにいくのがだるくて，これから朝起きて6時まで学校にいて7時頃に帰ってくるって思うのが嫌だ。

るようになったこと（男子3・4，女子1），部活動（男子4）や学業（女子1）で困難が生じたことが挙げられていた。しかし，3回目の時点では，男子3の場合はそうした問題が見られなくなり，男子4・女子1では，解決されない問題もあるが，問題が改善されたりそれに慣れることで「順応感」が上昇していた。最後に，女子4・5であるが，上述の生徒と同様，面接2回目の時点では人間関係の広がり（女子4）や，学校生活が日常化されること（女子4・5）で「順応感」は上昇していたが，3回目の時点では異なっていた。女子4を見

ると，3回目の時点では友人関係以外の側面に嫌気がさし「順応感」が低下していた。また，女子5の場合，「順応感」は変化していないが，発話を見ると学校へ行くことにだるさを感じていた。

　以上のことから，生徒は面接1回目の時点では，まだ十分に他者との相互作用がなされておらず，学校環境の変化にも戸惑いを感じることがあるといえよう。そして，人間関係の広がりや学校生活に関する知識の増加に伴って，「慣れ」という言葉に表れているように，学校の中でどのように振る舞えばよいのかを学習していくと考えられる。このように，環境移行によって当初は非日常であった中学校生活が日常化される過程で「順応感」も高まることが示された。しかし，人間関係が深まり様々な経験が蓄積されていく過程で，ネガティブな出来事も経験することになり，それが「順応感」を下げてしまう場合もあった。また，女子4・5のように，学校生活が日常化されることで一時的に「順応感」が高まるものの，その生活を受け入れきれず，学校嫌いに陥ってしまう危険性も示唆された。

　次に，「享受感」の変化とその理由について検討する（表4-1-6，表4-1-7）。まず，男子1を見ると，面接1回目の時点では小学校とは異なり規則が厳しくなることに不満を感じており，2回目の時点では「享受感」は上昇しているものの，依然として自由でないことへの不満が残っていた。そして，3回目の時点では，「享受感」自体は変化していないが学校に行くことに対する気力が低下していた。女子4・5でも面接1回目の時点で規則・上下関係の厳しさに不満を感じており，その他に以前の友人関係の喪失も不満の原因となっていた。2回目の時点になると，女子4では不満を感じる要素が増えて「享受感」が低下し，女子5では1回目の不満が継続しつまらなさを感じていた。そして，3回目の時点では，学校に対する疲れやだるさを訴え，ともに「享受感」が下がっていた。男子5の場合，面接1回目の時点では人間関係の広がりに「享受感」を感じているが，2回目の時点では規則に対する反感や疲れを感じるようになり，3回目の時点では女子4・5と同じように，学校生活に対する疲れを訴え「享受感」が低下していた。また，女子2・3について見ると，1回目の時点で規則・上下関係・勉強の厳しさに対する不満が挙げられており，女子2は2回目の時点では不満が一時的におさまっているが，女子3ではそれ

表4-1-6 男子における享受感の変化とその理由

男子1
1回目：もっと自由なイメージがあった，規則が厳しい。
2回目（P）：学校自体としてはいいと思うけどあんまり自由性がない。
3回目（S）：やっぱめんどくさい。つまらない。生活っていうか学校行く自体が。…（中略）…なんか中学校っていうのはこういうもんなんだなーって思ったけどやっぱりちょっと嫌です。
男子2
1回目：あー別にあんまり不満がないしー，大変なのはわかるんですけど面白いんで。
2回目（P）：やっぱいい友達と嫌な友達がはっきりしてきて，それでまあ新たないい友達と付き合っていこうと。小学校と比べて中学校は結構楽しいんで。
3回目（S）：まあ不満はないですね別に中学校には。小学校とは明らかに違うんですけど，まあだいぶ慣れてきたんで不満はない。…（中略）…校則もちゃんと守ってれば何にもいわれないし。
男子3
1回目：すっかり変ったからー，先輩たちは中学校はきついって言ってたけどー，思ったよりかは…（中略）…きついけどーその分小学校より面白い。
2回目（N）：だいたいどんな人かわかってきたから，からかってきたりする友達もいるし。
3回目（S）：行くと友達が結構，友達と話すのが楽しいから結構楽しいですね。
男子4
1回目：時間割，遊ぶ時間がなくなる。
2回目（S）：授業時間が多い。
3回目（S）：授業の長さと休み時間で外で遊ぶ時間が少ない
男子5
1回目：友達が作れたり，遊んだりできる。…（中略）…普段は会わない先輩とかと話できたり。
2回目（N）：最初は制服とかいろんな校則とか守るのは当然かなとか思ってたけど，今はもうそんなのめんどくさくなってそんなのやってられないみたいな。遠いし学校，自転車もダメだし，疲れる。
3回目（N）：小学校の方がぜんぜん疲れないし，勉強も楽だし，部活もないし，遊べるし。…（中略）…まあ小学校に戻りたいって感じですね。もう疲れに行くみたいな感じ。

が継続していた。そして，3回目の時点では校則や上下関係（女子2）・教師（女子3）に対する反感が強まり，「享受感」は低下していた。一方，男子4や女子1では管理的なものに対する反感は見られず，面接3回目の時点で「享受感」は低下していないが，授業時間の増加（男子4）や勉強（女子1）など学業面に対する不満が継続していることがわかった。最後に，男子2・3について見ると，1回目の時点では共に小学校より厳しくなったことを認識しつつも，中学校生活に面白さを見出していた。そして，男子3は友人関係上の問題から2回目の時点では「享受感」が低下しているが，3回目の時点では「享受感」は変わらないものの，問題が解決され楽しさを感じていた。また，男子2も同様

表4-1-7 女子における享受感の変化とその理由

女子1
1回目：勉強を毎日やらないと中間とか期末とかがやばいからー。
2回目（N）：勉強嫌だしー部活は疲れるしー。
3回目（S）：勉強は嫌になって，部活が楽しくなったから同じくらい。
女子2
1回目：うーん，なんか小学校の時とは違って決まりが多い。…（中略）…あとは先輩とか勉強とかクラスのまとまりとか。
2回目（P）：まああんまり堅苦しくないみたいな。…（中略）…まあそんな勉強がいきなりずんて難しくなるわけでもないし。
3回目（N）：意外とちょっとの事も校則がある。…（中略）…上下関係とかちゃんと挨拶しなきゃいけないとか。スクバ（スクールバッグ）とか変えると2年生に目をつけられる。
女子3
1回目：小学校の時は先輩とか，上下関係がなかった。先輩が怖い。ボタンとかスカートとか，先輩に目つけられるし。…（中略）…小学校の時よりも勉強たくさんしなきゃいけないから。小学校の時より休み時間が短くなった。
2回目（S）：勉強ばっかりっていうのがいやだ。休み時間は短いし。学校の校則も。
3回目（N）：勉強・先生・校則。…（中略）…先生もうるさくなったし。いっぱい，いろいろ。
女子4
1回目：仲のいい友達が減っちゃったのとー，規則が嫌だ。先生とかにもすぐ言われる。
2回目（N）：いっぱいあるけど，先輩・先生・朝会・一学年の男子・校則。…（中略）…中学校は厳しい，難しい。
3回目（N）：もうなんか休みの日でも疲れが取れない。前のときは行事とかもなかったし，疲れもまだなかったけど2学期はいってからもう最大級に疲れて疲れて。今のほうが色んなものに追われてるって感じ，勉強でも部活でも行事でも。
女子5
1回目：学校はねー，なんか小学校に比べて，あんまりいきいきしてない。校則とか，なんか先輩だとか色々うるさい。…（中略）…友達はねーはっきりいってあんまし，あんまし満足いかない。そう，もう分かれちゃった。ポンポンポンて。
2回目（S）：相変わらずいやだ。学校自体がなんか暗い。行事もないし，先輩ともしゃべんないし。…（中略）…何かつまらないっていうか，小学校は学校に行ってやる気がなんかでたんですけど，中学校は面白くないなーほんとに。
3回目（N）：勉強。なんかもうだるい。あと帰りの部活とかもめんどっちーし。なんかテンションが落ちてきてる。

に友人関係の問題を経験するが，それを補う友人関係により「享受感」が上昇し，3回目の時点では校則も気にならず，不満もないとしていた。

以上のことから，生徒は規則・教師・上下関係・授業時間の増加・部活動の練習といった，学校環境からの要請の激化や，以前の友人関係の喪失に対して不満を感じていることがわかった。ただし，友人関係については後の面接時点ではそれが不満の理由としては語られなくなっている反面，要請の激化については学業や部活動の厳しさに対する不満が継続しており，特に規則・教師・上

下関係といった管理的な側面に対しては，反感が強まる場合のあることが示された。そして，このことが学校生活自体への疲れや無気力につながり，「享受感」の低下に結びつく危険性のあることが示唆された。一方で，男子2・3のように要請の激化を受け入れ，小学校とは異なる面白さを見出すことができれば学校生活に満足することができると考えられる。

　研究1では，学校環境からの要請に応え学校生活に順応することと，学校環境で内的な欲求を満たし学校生活を享受することの2側面を区分し，学校生活の諸領域に対する意識の変化，学校への順応感・享受感の変化およびそれらの関係について検討してきた。そこからは，生徒は1学期の時点では，他者との相互作用の不足や，新たな生活様式への戸惑いなどから，学校環境の変化に十分に順応できていないことが示された。そして，学校生活に順応できていない理由として挙げられた学校生活の領域は生徒によって異なっていたが，他者理解の深まりや関係の構築，学校生活に関する知識や経験の増加などによって，都筑（2001）が指摘しているように生徒は次第に学校生活に慣れていったといえる。Wapner & Demick（1992, 1998）の視点からこのことを捉えなおすと，生徒と学校環境の関係は当初は未分化な状態にあるが，その中で自分がうまく振る舞える領域をアンカーポイントとし，学校生活の他の領域においてもうまく振る舞う術を身につけていくことで，生徒と学校環境の関係がより発達した状態へ移行したのだと考えられる。このように，当初は非日常であった学校生活が日常化される過程で，生徒は環境からの要請に対応できるようになり，順応感が高まることが示唆された。

　しかし，こうした順応感の上昇が必ずしも享受感の上昇につながっているわけではなかった。そして，享受感が低下する理由を見ると，環境移行に伴う学校環境からの要請の激化に不満を示す生徒や，校則・教師・上下関係といった管理的な領域に対する反抗心の高まりを示す生徒のいることが明らかになった。こうした環境からの要請は，生徒がコントロールすることが難しく，自分をそれに合わせる必要がある。一方，こうした領域に比べある程度自らの意志で選択や変更が可能な友人関係については時間が経つにつれ不満の原因としては挙げられなくなっていった。三浦・坂野（1996）は，コントロール可能性の認知的評価が中学生の心理的ストレス過程に大きな役割を果たしていると指摘

しているが，このことを踏まえると，生徒はコントロール不能な環境要請と内的な欲求の折り合いをつけることができず，それが続くことで疲れや反感が生じ不満が増大してしまうと考えられる。また，重要度認知の分析では友人に対する重要度認知は高い一方で，管理的な領域である校則については重要度認知が低くなっていたが，このことを考慮すると，享受感にネガティブな影響を与えやすい領域とそうでない領域では重要度認知に違いのある可能性があるだろう。

第2節　本章のまとめ

　第4章では，文献研究から得られた視点に基づき，生徒の学校適応過程について質的に検討することで，以降の研究のための探索的な知見を得ることが目的であった。中学1年生を対象とした面接調査による縦断的検討（研究1）によって，以下の知見が得られた。
　第1に，学校環境からの要請に応え順応することと，内的欲求を満たしその環境を享受することの違いが示された。そのため，以降の章ではこれら2側面を区分して測定できる尺度を作成し，両側面から学校への心理的適応について検討していく。
　第2に，順応感・享受感が上昇・低下した理由として挙げられた領域は生徒によって異なっていたことから，学校生活の様々な領域が学校適応に同じように寄与しているとはいえず，学校適応を学校生活の諸領域を単純に総合したものとして捉えることには問題のあることが確認された。そこで，以降の章では生徒による適応の在り方の違いも考慮しながら，学校生活の諸領域が学校適応に与える影響について明らかにしていく。
　第3に，学校適応とポジティブ，ネガティブに関係する領域では領域に対する重要度認知が異なる可能性のあることが示唆された。そのため，以降の章では学校生活の諸領域に対する重要度認知についても考慮しながら生徒の学校適応について検討していく。
　第4に，学校生活の諸領域には友人関係のように生徒がある程度コントロール可能な領域と，校則や教師，上下関係のように生徒によるコントロールが難

しい管理的な領域のあることが示された。そのため，以降の章では学校生活の諸領域がどのような側面に区分できるのかについて検討し，それらの側面から学校生活の様々な領域を含みこみながら，諸領域と学校適応との関係について分析していく。

　第5に，生徒によってうまく振る舞える領域とそうでない領域は異なっていたが，人間関係が深まったり学校生活に関する知識や経験が蓄積されることで，当初はうまく振る舞えなかった領域においてもうまく振る舞う術を身につけ，学校適応が高まることが示唆された。同時に，学校生活を過ごす中でネガティブな経験をすることで学校適応が低下するケースもあることが示された。そこで，以降の章ではどのような領域を適応の基礎としどのように学校への適応が促されるのか，そして，ある領域で困難が生じた場合にどのように学校に再適応するのかについて，縦断データに基づき検討していく。

第5章

学校適応を測定する尺度の構成と妥当性の検討

第1節　学校生活の諸領域に対する意識と学校への順応感・享受感
――順応することと享受することの違い（研究2）[4]

目　　的

　研究2では，研究1で得られた探索的知見に基づき，心理的適応の2つの側面を区分するための予備的な尺度を構成する。そして，学校生活の諸領域に対する意識がこれらの側面とどのような関係にあるのかを明らかにすることで，両者の違いについて検討することが目的である。そのために，具体的には以下のことについて検討を行う。

　まず，本書では学校生活の諸領域を学校適応を説明するものとして位置づけた。そのため，学校生活の様々な領域について全般的に尋ねることのできる尺度を作成する。

　次に，研究1からは学校への順応感と享受感には違いのあることが示された。この知見を踏まえ，心理的適応の2つの側面を区分するための予備的な尺度として，先行研究の尺度も用いながら順応感と享受感を測定する尺度を構成する。そして，学校生活の諸領域に対する意識が順応感・享受感にどのように影響しているのかを明らかにすることで両者の違いについて検討する。

　更に，研究1からは諸領域に対する重要度認知についても注目することの必要性が示唆された。そのため，ここでは学校生活の諸領域との関係の良さと諸領域に対する重要度認知にどのような関係があるのかを分析し，重要度認知も考慮しながら学校生活の諸領域と学校への順応感・享受感との関係について考察する。

　4）本節は岡田（2006b）の一部と岡田（2008）を基に再分析および加筆修正したものである。なお，本書への所収にあたって尺度名や因子の命名について見直しを行っている。

方　　法

調査協力者・時期
　東京都内・愛知県内の公立中学校計2校の生徒443名を対象に質問紙調査を実施した。回答に不備のあったものと，部活動に所属していないものを除き，最終的に407名を分析対象とした（1年男子65名，女子64名；2年男子74名，女子68名；3年男子78名，女子58名）。調査は2004年8〜9月に行われ，クラスごとに担任が質問紙を配布し回収した。

質問紙の構成
　①**学校生活の諸領域との関係の良さ**　学校生活の諸領域について全般的に尋ねることのできる尺度を作成するため，河村（1999），浅川ら（2003）の質問項目を参考に，「友人」「学業」「教師」「クラス」「進路」「部活動」「他学年」「校則」の8つの領域に関する項目を作成した（各6項目，計48項目）。項目作成の際，中学生に不適切，あるいは理解の難しい表現がないか中学校教師3名に質問項目をチェックしてもらった。なお，本調査は8〜9月に実施されたが，3年生の場合は1学期中に部活動を引退している可能性もあるため，3年生については「部活動を引退した人は引退する前のことを思い出して答えてください」というように教示した。また，「他学年」に関しては，1年生の場合は先輩について，2年生は先輩・後輩について，3年生は後輩について回答を求めた。回答は「とてもあてはまる〜まったくあてはまらない」の4件法で求めた。
　②**学校生活の諸領域に対する重要度認知**　本研究では上記の尺度で想定された8つの領域について生徒が何を重要視しているのかを検討するため，「今の学校生活の中であなたが一番重要だと思う順に1位から8位まで順位をつけてください」と尋ね回答を求めた。
　③**学校への順応感**　学校への順応感尺度の項目は以下のステップで作成された。まず，研究1で得られた順応感に関する発話を参考に14項目を作成し，予備調査を行った。予備調査は2004年2月に神奈川県内の公立中学校の3年

生を対象に実施され、回答に不備のなかった159名（男子72名、女子87名）が分析の対象とされた。ヒストグラムの分布を見てどちらかの極に80％以上が含まれる偏りのある項目を除外した結果、3つの項目が除外された。次に、I-T相関を求め、相関が0.2以下の項目を除外した結果、2つの項目が除外され9項目が残った。これらの項目の表現を見直し、新たな項目を追加した10項目が本調査に使用された。なお、順応感の尺度作成では上述の調査協力者407名の他に、東京都内の公立中学校の生徒158名分のデータ（2004年11～12月に質問紙調査を実施）を加えた計565名のデータを用い分析を行った。回答形式は、「とてもそう思う～ぜんぜんそう思わない」の4件法で実施した。また、対人関係を円滑にするソーシャル・スキルが高いほど、周囲からの要請にうまく対処でき順応感も高まると考えられることから、基準関連妥当性を検討するため、協力者の内96名に対して菊池（1998）のKiss-18（ソーシャルスキル尺度：18項目）を実施した。Kiss-18の質問項目は中学生が理解しやすいように表現を修正し、「いつもそうだ～いつもそうでない」の5件法で回答を求めた。上述の項目作成の際には、中学校教師2名に中学生が理解できるかどうかをチェックしてもらった。

④**学校への享受感** 学校への享受感の指標としては、古市・玉木（1994）の学校享受感尺度（10項目）を用いた。「とてもあてはまる～まったくはてはまらない」の4件法で回答を求めた。

結　果

学校生活の諸領域との関係の良さ尺度の作成

因子分析（主因子法・プロマックス回転）の結果、固有値1以上の因子が8つ検出され、解釈可能性の観点からも8因子での解釈が妥当であると考えられた。その後、因子数を8に規定し再度因子分析を行い、因子負荷量の絶対値.40以上を基準に項目を除外した結果、39項目が選定された（表5-1-1）。項目の内容からF1は「他学年との関係」因子（α=.91）、F2は「教師との関係」因子（α=.86）、F3は「部活動への傾倒」因子（α=.84）、F4は「友人関係」因子（α=.79）、F5は「進路意識」因子（α=.74）、F6は「クラスへの意識」

第1節 学校生活の諸領域に対する意識と学校への順応感・享受感

表5-1-1 学校生活の諸領域との関係の良さ尺度の因子分析結果

	F1[a]	F2[a]	F3[a]	F4[a]	F5[a]	F6[a]	F7[a]	F8[a]	共通性
〈F1：他学年との関係〉									
先ぱいや後はいにしたしみを感じる	.90	.05	-.07	-.05	.05	.04	-.03	-.04	.77
自分は先ぱいや後はいとうまくいっている	.85	.03	.05	-.06	-.04	.00	-.03	.06	.73
先ぱいや後はいと話していて楽しい	.85	-.01	.03	.02	-.06	.01	.02	-.01	.75
先ぱいや後はいに受け入れられていると思う	.75	-.03	-.01	.05	.03	-.03	.10	-.03	.62
先ぱいや後はいと気軽に話せる	.75	-.05	.04	-.01	.03	.01	-.04	-.02	.57
〈F2：教師との関係〉									
先生にしたしみを感じる	.03	.87	-.06	-.03	-.10	.00	.04	.03	.72
学校内には気軽によく話をする先生がいる	-.04	.82	.09	-.04	.09	.01	-.08	-.19	.63
自分を認めてくれる先生がいる	.02	.72	.07	.06	.02	-.09	.03	.00	.56
担任の先生とはうまくいってると思う	-.04	.67	-.01	-.06	-.01	.06	.00	-.03	.43
学校内には自分の悩みを相談できる先生がいる	-.04	.63	-.06	.01	-.02	.10	.03	.19	.56
先生の前でも自分らしくふるまっている	.08	.52	-.05	.09	.02	.01	.03	.06	.38
〈F3：部活動への傾倒〉									
部活をやることにやりがいを感じる	-.02	.00	.83	-.07	.06	-.04	.02	.05	.65
自分は部活でうまくいっている	.00	-.01	.74	.03	.04	.05	-.01	-.02	.59
部活には自主的に参加している	-.01	-.02	.71	-.04	-.13	.05	.06	.08	.51
自分は部活の中で自分をだせていると思う	.05	.10	.67	.05	.07	-.03	-.04	-.13	.53
自分の部は希望していた部である	-.03	-.02	.60	-.07	-.06	.01	.03	.00	.33
自分の部は仲のよい楽しい集団である	.12	-.07	.46	.23	.02	.01	-.05	.11	.41
〈F4：友人関係〉									
自分は友だちとはうまくいっている	-.04	.03	.06	.80	-.08	-.11	-.08	.04	.54
たよりにできる友だちがいる	.03	-.04	.01	.75	-.09	-.04	.12	-.02	.55
学校内には気軽に話せる友だちがいる	.03	.04	-.08	.74	.07	-.03	-.15	.11	.52
クラス内には色々な活動やおしゃべりに誘ってくれる友だちがいる	-.06	-.05	.03	.60	.00	.13	.01	-.08	.44
人と仲よくしたり友人関係をよくする方法を知っている	-.05	.03	-.01	.43	.05	.07	.20	-.22	.35
友だちとの付き合いは自分の成長にとって大切だと思う	.02	-.04	-.09	.40	.16	.18	.00	.01	.32
〈F5：進路意識〉									
自分の進みたい職業の分野については自分から調べている	-.05	.02	.02	-.06	.87	-.07	-.04	-.02	.68
私は自分にあった進路を考えている	-.01	-.01	.07	.00	.71	.00	-.06	.07	.49
私は自分の将来や夢に希望を持っている	.06	-.01	-.07	.04	.61	.01	.07	-.01	.44
進路について仲のよい友人などと話し合うことがある	.03	-.05	-.06	.01	.57	.07	.08	.06	.38
〈F6：クラスへの意識〉									
クラスの中にいると，ほっとしたり，明るい気分になる	.06	-.03	-.02	.01	-.05	.85	-.05	-.05	.68
クラスで行事に参加したり，活動するのは楽しい	-.01	.05	.01	-.07	.02	.80	-.06	.04	.63
自分もクラスの活動に貢献していると思う	-.06	.01	.08	.03	.07	.56	.12	-.02	.43
自分のクラスは仲のよいクラスだと思う	.04	.04	.00	.09	-.04	.53	-.03	.07	.37

〈F7：学業への意欲〉									
学校の勉強には自分から自主的に取り組んでいる	-.06	-.05	-.01	-.06	-.01	.08	.74	.05	.53
勉強してよい成績をとろうと努力している	-.05	.05	.01	.05	-.02	.00	.66	-.03	.45
学習内容をより理解するための，自分なりの学習の仕方がある	.09	.05	-.05	-.02	.12	-.13	.60	.04	.45
授業の内容は理解できている	.07	.01	.10	-.01	-.06	-.04	.51	.03	.28
〈F8：校則への意識〉									
学校の規則はやぶってもいいと思う[b]	-.04	.06	-.03	.05	-.03	.00	-.04	.76	.59
校則はあったほうがいい	.04	-.14	.01	-.04	.02	.00	.02	.55	.29
校則はあまり気にならない[b]	-.01	.09	.02	.00	.08	.00	.02	.53	.33
学校の規則はちゃんと守っている	-.05	-.01	.09	-.03	.05	.03	.11	.47	.28

因子間相関	F1	F2	F3	F4	F5	F6	F7
F2	.19						
F3	.46	.14					
F4	.35	.31	.33				
F5	.15	.33	.16	.29			
F6	.22	.42	.21	.52	.30		
F7	.18	.36	.16	.27	.42	.27	
F8	.04	.26	.07	-.01	.00	.21	.22

[a] 値は因子負荷量
[b] 逆転項目

因子（$\alpha=.80$），F7は「学業への意欲」因子（$\alpha=.73$），F8は「校則への意識」因子（$\alpha=.68$）と命名した。α係数は.68-.91となっており，内的一貫性が確認されたといえる。

学校への順応感尺度の作成

　主成分分析を行ったところ，固有値1以上を示した因子が1つのみ検出されたことから単因子構造と解釈された（寄与率55.33％：表5-1-2）。α係数は.91であり十分な内的一貫性が示された。Kiss-18との相関係数は.52（$p<.01$）であり，基準関連妥当性についても確認された。

学校生活の諸領域に対する重要度認知と諸領域との関係の良さ

　学校生活の8つの領域に対する重要度順位の中央値を求めたところ，「友人=1」「部活動=3」「学業=4」「クラス=4」「進路=5」「他学年=5」「教師=6」「校則=7」となっていた。それぞれの領域に対する重要度順位の違いを分析するためFriedmanの検定を行った結果，有意な差が検出された（$\chi^2(7)$

表5-1-2 学校への順応感尺度の主成分分析結果

	F1[a]	共通性
今のところ自分の学校生活は順調だと思う	.82	.66
これから先，学校になじんでいけると思う	.81	.66
学校ではうまくやっていると思う	.80	.64
自分は学校になじめていると思う	.80	.64
学校での生活はとても安定していると思う	.79	.62
学校の中で自分は受け入れられていると思う	.77	.60
学校の中に自分の居場所はあると思う	.72	.52
今の自分の学校生活には全くトラブルはないと思う	.66	.43
自分は学校生活を何の問題もなく過ごせていると思う	.65	.42
学校生活でトラブルが起きても何とかできると思う	.59	.34

[a] 値は主成分負荷量

$=942.21$, $p<.001$)。そこで，どの領域間に有意差があるのかを検討するため，Ryanの方法により有意水準を5%に調整した上で，Wilcoxonの符号付順位和検定を用いて多重比較を行った結果,「友人」<「部活動」「学業」<「クラス」「進路」<「他学年」<「教師」<「校則」の順に，重要度順位が大きくなっていた。

　諸領域との関係の良さと諸領域に対する重要度認知の関係を検討するため，標準化した8つの領域との関係の良さ得点を，重要度順位づけにおける8つの領域と対応させ，重要度順位順（1～8位）に並び替えた（図5-1-1）。生徒によってどの領域を1位とするかは異なっているため，例えば，1位の重要度順位の得点には，「友人関係」「部活動への傾倒」などの複数の領域との関係の良さ得点が含まれる。重要度順位によって関係の良さ得点が異なるのかを検討するため，対応のある1要因の分散分析を行った。その結果有意差が検出されたため（$F(7,406)=42.08$, $p<.001$），Ryanの方法により有意水準を5%に調整し，t検定を用いて多重比較を行った。多重比較から，1位の重要度順位の得点は4～8位の得点，2位の得点は4・6～8位の得点，3～5位の得点は6～8位の得点,6・7位の得点は8位の得点よりも高いことが明らかになった。以上のことから，生徒に重視されている領域との関係の良さ得点の方が，重視されていない領域との関係の良さ得点よりも高いことが示された。

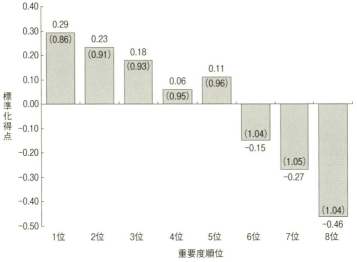

（　）内は標準偏差

図5-1-1　重要度順位順に並び替えられた諸領域との関係の良さ得点の平均値

学校への順応感と享受感の違い

　本研究では学校への順応感と享受感を区別し，順応感については学校への順応感尺度を，享受感については学校享受感尺度を用いて測定した。そこで，両概念を区分することが妥当かどうかを確認するため，これら2つの尺度に対して因子分析（主因子法・プロマックス回転）を行った。因子数を2に設定し分析を行ったところ，因子1には学校への順応感尺度の項目がまとまったことから「学校への順応感」因子と命名し，因子2には学校享受感尺度の項目がまとまったことから「学校への享受感」因子と命名した（表5-1-3）。以上のことから，両概念を区分することの妥当性が示された。α係数を求めたところ，「学校への順応感」因子は.90，「学校への享受感」因子は.86となっており，内的一貫性が確認された。また，両尺度には中程度の因子間相関（$r=.60$）が認められた。

　学校生活の諸領域との関係の良さが，学校への順応感・享受感にどのように影響しているのかを検討するため，男女別に重回帰分析を行った（表5-1-4）。分析の結果，「学校への順応感」については男女ともに「友人関係（男子

第1節　学校生活の諸領域に対する意識と学校への順応感・享受感

表5-1-3　学校への順応感・享受感の因子分析結果

	F1[a]	F2[a]	共通性
〈F1：学校への順応感〉			
学校の中で自分は受け入れられていると思う[b]	.80	-.01	.63
今の自分の学校生活には全くトラブルはないと思う[b]	.78	-.01	.61
自分は学校になじめていると思う[b]	.75	.00	.56
学校生活でトラブルが起きてもなんとかできると思う[b]	.72	.09	.61
学校での生活はとても安定していると思う[b]	.70	.14	.63
これから先，学校になじんでいけると思う[b]	.68	.08	.54
自分は学校生活を何の問題もなく過ごせていると思う[b]	.68	-.13	.37
今のところ自分の学校生活は順調だと思う[b]	.67	-.15	.36
学校ではうまくやっていると思う[b]	.62	.06	.43
学校の中に自分の居場所はあると思う[b]	.54	-.04	.27
〈F2：学校への享受感〉			
私は学校に行くのが好きだ[c]	-.03	.85	.69
学校は楽しくて，1日があっという間に過ぎてしまう[c]	-.04	.78	.58
学校では楽しいことがたくさんある[c]	.01	.78	.62
少しぐらいからだの調子が悪くても学校へ行きたい[c]	-.02	.72	.49
私はこの学校が好きだ[c]	.13	.65	.53
いつまでもこの学校にいられたらよいのにと思う[c]	-.01	.55	.30
学校がなければ毎日つまらないと思う[c]	-.04	.53	.26
日曜の夜，明日から学校かと思うと気分が重くなる[c][d]	-.06	.50	.22
学校が嫌で，授業が終わったらすぐに家に帰りたい[c][d]	-.07	.42	.15
学校では嫌なことばかりある[c][d]	.14	.41	.26
因子間相関　　　　　　　　　　　F2	.60		

[a] 値は因子負荷量
[b] 学校への順応感尺度の項目
[c] 学校享受感尺度の項目
[d] 逆転項目

表5-1-4　学校への順応感・享受感を規定する学校生活の諸領域の違い[a]

	学校への順応感		学校への享受感	
	男子	女子	男子	女子
友人関係	.15*	.24***	-.10	.04
部活動への傾倒	.03	.12*	-.07	.05
学業への意欲	.09	.23***	.07	.13
クラスへの意識	.41***	.33***	.49***	.28***
進路意識	.02	.03	.03	-.07
他学年との関係	-.05	.03	.09	-.03
教師との関係	.09	.07	.19**	.22**
校則への意識	.10	.04	.12*	.18**
Adj.R^2	.38***	.46***	.41***	.27***

[a] 値は標準偏回帰係数　　　　　　　　　　*$p<.05$ **$p<.01$ ***$p<.001$

$\beta=.15$；女子 $\beta=.24$)」「クラスへの意識（男子 $\beta=.41$；女子 $\beta=.33$)」が影響していた。また，女子ではその他に「部活動への傾倒（$\beta=.12$)」「学業への意欲（$\beta=.23$)」が影響していることが示された。「学校への享受感」については男女ともに「クラスへの意識（男子 $\beta=.49$；女子 $\beta=.28$)」「教師との関係（男子 $\beta=.19$；女子 $\beta=.22$)」「校則への意識（男子 $\beta=.12$；女子 $\beta=.18$)」が影響しており，男女の違いは認められなかった。

以上のことから，学校への順応感・享受感には「クラスへの意識」が共通して影響していたが，「友人関係（女子では他に「学業への意欲」「部活動への傾倒」)」は学校への順応感のみに影響していた。そして，重要度順位の分析を見ると，友人・学業・部活動といった領域は相対的に重要度順位が小さい領域であった。一方で，「教師との関係」「校則への意識」は学校への享受感のみに影響しており，これらの領域は重要度順位が大きい領域であった。

考　察

本研究ではまず，学校生活の諸領域との関係の良さを測定するための尺度を作成し，諸領域との関係の良さと諸領域に対する重要度認知の関係について検討してきた。次に，学校への順応感と享受感を測定するための尺度を構成し，学校生活の諸領域がどのように影響しているのかについて分析を行った。

学校生活の諸領域との関係の良さと諸領域に対する重要度認知について

学校生活の諸領域については，8つの領域からなる尺度が構成された。そして，重要度順位に関する分析からは，友人・学業・部活動といった領域の重要度認知が高いのに対し，教師や校則に対する重要度認知は低いことが示された。河地（2003）は中学生を対象に学校で大切なことは何かを尋ねているが，そこでは友だちを挙げるものが最も多く，ついで学ぶこと，部活動と続いており，本研究と同様の知見が得られている。教師や校則に対する重要度認知は低かったが，これは，発達に伴い小学校期における教師への安定した態度や絶対視が崩れ（三隅・矢守，1989），教師を批判的に捉えるようになる（中井・庄司，2006，2008）ことが反映されていると考えられる。また，諸領域との関係の良

第1節　学校生活の諸領域に対する意識と学校への順応感・享受感　75

さと諸領域に対する重要度認知の関係についての分析からは，重視されている領域ほどその領域との関係も良いという結果が得られた。ここからは，生徒が重視した領域に対して積極的にコミットするようになるという可能性と，生徒が関係の良い領域を重視するようになるという可能性の2つが考えられるが，この問題については更なる検討が必要だといえよう。

学校への順応感・享受感の違いについて

　学校への順応感・享受感に関する分析では，学校への順応感尺度が作成され，因子分析から学校生活への順応感と享受感を区別して捉えることの妥当性が確認された。両概念には中程度の相関のあることが示されたが，このことは学校環境からの要請に応え順応することと，そうした学校生活を享受することが相反するものではなく，両立可能であることを示唆していると考えられる。重回帰分析の結果からは，学校への順応感・享受感ともに「クラスへの意識」が強く影響していることが示された。学校適応におけるクラスの重要性は先行研究でも示されており（近藤，1994；古市・玉木，1994），本研究においても，このことが再確認されたといえる。クラス以外に影響していた要因を見ると，順応感には男女ともに「友人関係」が影響していた一方で，享受感には「教師との関係」「校則への意識」が影響しており，両概念には違いのあることが明らかになった。以下では順応感・享受感の違いについて考察する。

　順応感のみに影響していた領域に注目すると，生徒の学校適応に友人関係が影響するという結果は先行研究からも示されており（大久保，2005；酒井ら，2002），本研究でも同様の知見が得られた。友人関係について，落合・佐藤（1996b）は中学生が周囲にあわせ防衛的な付き合いをすることを示しており，ちょっとした批判や刺激に過敏になる傾向があると指摘している。このことを踏まえると中学生にとって友達にあわせられるかどうかは特に重要な問題であり，そこでトラブルが生じた際には安定した学校生活が脅かされるために学校への順応感が低下してしまうのだと考えられる。重要度認知の分析からは生徒は友人関係を最も重視していることが示されたが，この背景にも上述のことが関係しているといえるだろう。また，女子ではこの他に「学業への意欲」「部活動への傾倒」が影響していた。これらの領域も学校生活の中で相対的に重視されてい

た領域であり,女子は学業や部活動をストレッサーとして感じやすい(岡安ら,1993)ことから,こうした領域に対する敏感さが結果に表れたものと考えられる。

享受感のみに影響していた領域について見ると,教師や校則といった領域は生徒が選んだり変えたりすることは難しく,生徒の側がこれらの領域にあわせることを求められる。そして,表面的には多くの生徒がそうすることで学校生活を過ごしているため,これらの領域は学校への順応感を脅かす要因にはなりにくいと考えられる。しかし,中学生の心理的ストレス過程においてコントロール可能性が重要になる(三浦・坂野,1996)ことを踏まえると,こうした領域はコントロール可能性が低く,ストレッサーとして経験されやすいことから,学校への享受感にはネガティブな影響を与えるといえるだろう。また,この時期は一般的に自律への欲求が高まる時期であるが,こうした発達的ニーズが高まる一方で,中学校では教師や校則による管理が厳しくなるため(Eccles et al., 1993),学校と生徒の間にズレが生じ,学校生活に楽しさを感じられなくなってしまう可能性があるといえる。上述した教師や校則に対する重要度認知の低さの背景にはこうしたことも関係していると考えられる。

以上のことから,学校への順応感・享受感ともにクラスへの意識が影響していたが,それ以外では順応感には友人関係のように生徒に重視されている領域が影響していたのに対し,享受感には教師や校則といった相対的に重視されていない領域が影響するといった違いのあることが示された。

● 第2節　学校への心理的適応尺度の構成(研究3)[5]

目　的

研究3では,要請対処・欲求充足の概念に基づく学校への心理的適応尺度を作成し,研究2で構成された予備的な尺度との基準関連妥当性について検討す

---

[5] 本節は岡田(2012a)の一部を基に再分析および加筆修正したものである。

第2節 学校への心理的適応尺度の構成(研究3) 77

ることを目的としている。具体的には以下のことについて検討する。

研究1では学校環境からの要請に応え学校生活に順応することと,学校環境で内的な欲求を満たし学校生活を享受することの2側面が分けて捉えられ,研究2では学校への順応感・享受感を測定する尺度が作成され,両者の相違点が示された。研究3では学校への心理的適応における要請対処と欲求充足に注目するが,研究1・2を踏まえると,要請対処には学校への順応感が,欲求充足には学校への享受感がそれぞれ正の相関を示すと予想される。

このことを検討するため,研究3ではまず,要請対処・欲求充足の2側面から学校への心理的適応を測定する,学校への心理的適応尺度を作成する。そして,順応感と要請対処の間に,また享受感と欲求充足の間に関連が見られるのかを明らかにすることで,学校への心理的適応尺度の基準関連妥当性について検討する。

方　　法

調査協力者・時期

2005年7月～2006年7月に東京都内の公立中学校3校に,授業中に一斉形式で質問紙調査を実施した。そのうち回答に不備のなかった822名のデータを分析に用いた(1年男子170名,女子168名;2年男子142名,女子123名;3年男子110名,女子109名)。

質問紙の構成

①**学校への心理的適応尺度**　要請対処・欲求充足という側面を踏まえ,15項目を作成した。項目については,中学校教師3名にわかりづらい表現がないかチェックしてもらった。回答は「とてもそう思う～ぜんぜんそう思わない」の4件法で求めた。

②**学校への順応感**　研究2で作成した学校への順応感尺度を用いた。実施方法は研究2と同様。

③**学校への享受感**　古市・玉木(1994)の学校享受感尺度を用いた。実施方法は研究2と同様。

結果と考察

学校への心理的適応尺度の作成

固有値1以上を基準に主因子法（プロマックス回転）による因子分析を行ったところ，固有値1以上の因子が2つ検出され，解釈可能性の観点からも2因子での解釈が妥当であると考えられた。両方の因子に負荷を示した項目を削除し再度因子分析を行った結果，表5-2-1の結果が得られた。項目の内容からF1は「欲求充足」因子，F2は「要請対処」因子と命名した。α係数は，「欲求充足」因子が.90，「要請対処」因子が.86であり内的一貫性が確認された。また，両因子の因子間相関は.53となっていた。以上のことから，「要請対処」と「欲求充足」の2側面から構成される学校への心理的適応尺度が作成された。

表5-2-1 学校への心理的適応尺度の因子分析結果

	F1[a]	F2[a]	共通性
〈F1：欲求充足〉			
学校では自分の気持ちを素直に出せていると思う	.85	-.02	.70
学校ではあまり気を使わずにすごせていると思う	.80	-.10	.57
学校では自分の言いたいことを言えていると思う	.77	-.01	.58
学校では自分のやりたいことができていると思う	.76	.00	.58
学校の中ではリラックスできていると思う	.71	.06	.56
学校では自分の望んだ関係をつくれていると思う	.70	.12	.59
〈F2：要請対処〉			
学校生活の中で求められていることはできていると思う	-.01	.80	.63
学校の中で周囲から認められるようなことをできていると思う	.04	.75	.59
学校の中ではまわりの期待にこたえられていると思う	.06	.74	.59
学校で言われたことはちゃんとできていると思う	-.10	.72	.45
学校ではまわりに気をくばることができていると思う	-.01	.67	.44
学校では自分をまわりにあわせることができていると思う	.05	.63	.44
因子間相関　　　　　　　　　　　　　F2	.53		

[a] 値は因子負荷量

学校への心理的適応尺度と順応感・享受感の関連

次に，学校への心理的適応尺度と順応感・享受感の関連について検討した。その際に，「要請対処」と「欲求充足」には中程度の因子間相関があったことから，「要請対処」と「順応感」「享受感」の関連については「欲求充足」を，「欲

表 5-2-2　学校への心理的適応尺度と順応感・享受感の偏相関係数

	順応感	享受感
要請対処	.54***	.25***
欲求充足	.49***	.53***

***$p<.001$

求充足」と「順応感」「享受感」の関連については「要請対処」を統制し，偏相関係数を求めた（表5-2-2）。

まず，「要請対処」について見ると「順応感」とは中程度の関連が認められたが（$r=.54$），「享受感」とはそれほど強い関連は示されなかった（$r=.25$）。研究1でも示唆されたように，学校環境からの要請に対処できることで学校生活に馴染めるようにはなるものの，そのことが学校生活を楽しいと思えることにつながらないケースもあるといえよう。一方，「欲求充足」については「享受感（$r=.53$）」「順応感（$r=.49$）」ともに中程度の関連のあることが明らかになった。そのため，学校生活において内的な欲求を満たせることは，学校が楽しいという感覚だけでなく学校に馴染めているという感覚を得るためにも重要だといえるだろう。

以上のように，「要請対処」と「欲求充足」では「順応感」「享受感」との関係の在り方に違いも見られたが，「要請対処」は「順応感」と，「欲求充足」は「享受感」と密接な関係にあることが示されたことから，学校への心理的適応尺度は基準関連妥当性を有していると考えられる。

第3節　環境要請への適合と学校適応――クラス集団における環境要請と環境要請に関する自己評価のズレに注目して（研究4）[6]

目　的

研究4では，心理的適応の2側面，社会的適応の2側面から学校適応が捉えられるのかについて因子的妥当性を検討する。そして，学校における環境要請

---
6) 本節は岡田（2013a）を基に再分析および加筆修正したものである。

と環境要請に関する自己評価のズレが学校適応の諸側面とどのような関係にあるのかを明らかにすることで，各側面の違いを検討することが目的である。具体的には以下のことについて検討を行う。

まず，第1章第4節で提示された学校適応を捉える枠組みに基づき，心理的適応における要請対処・欲求充足の2側面，社会的適応における孤立傾向・反社会的傾向の2側面の計4側面を区分して学校適応が捉えられるのかを確認する。そのために，心理的適応については研究3で作成した学校への心理的適応尺度，社会的適応については既存の尺度を用い，同時に因子分析を行うことで因子的妥当性を検討する。

次に，第1章第4節では生徒の学校適応を捉える際に学校システムと生徒が調和的な関係にあるかを考慮することが重要であり，学校システムにおける要請特性と生徒の振る舞いに齟齬があった場合，生徒は周囲から問題視され適応上の問題が生じることが述べられた。そのため，研究4ではこの問題について検討する。

ここで，学校システムにおける要請特性と個人の適合を考えると，周囲から要請されている水準に対してそれ以下でしか要請に応えられていない場合には，適応上の問題が生じるといえる。一方，Goffman (1963) の状況適合性の概念を踏まえると，周囲から要請されている以上に要請に応えようとすることは過剰な関与となり，このことも周囲との間に問題を生じさせると考えらえる。そのため，研究4では環境からの要請と同程度の水準で要請に応えられていることが適応的であると想定し分析を行う。その際に，先行研究ではクラスによって要請特性や雰囲気が異なることが示されていることから（近藤，1994），ここではクラス集団における環境要請と環境要請に関する自己評価のズレが学校適応にどのように影響するのかを明らかにする。その上で，学校適応の諸側面の違いについて検討していく。

方　　法

調査協力者・時期

2008年6月～7月に東京都内と埼玉県内の公立中学校計2校に，授業中に

一斉形式で質問紙調査を実施した。そのうち回答に不備のなかった486名のデータを分析に用いた（1年男子88名，女子68名；2年男子90名，女子79名；3年男子75名，女子86名）。

質問紙の構成

①学校環境における要請認知　　環境要請の認知に関する項目は次のように作成された。まず，2005年7月に東京都内の公立中学校1校の生徒100名に対し，「クラスで求められていること」「先生から求められていること」について自由記述による予備調査を実施した。自由記述で得られたデータと，日本青少年研究所（2002）の「クラスで人気のある人」に関する項目，ベネッセ教育研究所（1997）の「クラスで人気者のタイプ」の項目を基に30項目を作成した。「あなたのクラスではどんなことが重視されていますか？」と教示し，例えば「個性的なことが重視されている」「思いやりがあることが重視されている」といった項目について回答してもらった。回答は「とてもそう思う～ぜんぜんそう思わない」の4件法で求めた。

②環境要請に関する自己評価　　上述の環境要請に関する自己評価を測定するため，同じ内容の項目を用い表現を変えて項目を作成した。具体的には，「あなたは自分のことをどう思っていますか？」と教示し，例えば「自分は個性的なほうだ」「自分は思いやりがあるほうだ」といった項目について回答してもらった。回答は「とてもそう思う～ぜんぜんそう思わない」の4件法で求めた。

③学校への心理的適応　　研究3で作成した学校への心理的適応尺度を用いた。実施方法は研究3と同様。

④学校への社会的適応　　反社会的傾向の指標として学校への不適応傾向尺度（酒井ら，2002）の下位尺度である反社会的傾向尺度（6項目）を用いた。なお，反社会的傾向尺度の項目のうち，「先生をいじめたことがある」という項目については協力校との協議の結果適切でないと判断したため，この項目を除く5つの項目を用いた。孤立傾向の指標としては，いじめ被害・学級不適応児童発見尺度（河村・田上，1997）の下位尺度である被侵害尺度（6項目）を用いた。被侵害尺度の項目の中には「あなたはクラスの人に，イヤなことを言われたりからかわれたりして，つらい思いをすることがありますか」というよ

うに，経験に基づく感情状態について尋ねる項目も含まれていたが，これらの項目については「クラスの人に，イヤなことを言われたり，からかわれたりすることがある」というように表現を修正し，全て経験について尋ねる項目に置き換えた。更に，反社会的傾向・孤立傾向ともに質問項目がネガティブな内容になっており，協力校が生徒に悪影響が生じることを懸念したため，「～な経験をしたことがある」という尋ね方ではなく，「～な経験をしたことはない」という尋ね方に表現を改めた。回答は「とてもあてはまる～まったくあてはまらない」の4件法で求めた。

結　果

学校適応を測定する尺度の因子的妥当性の検討

　心理的適応の2側面（要請対処・欲求充足），社会的適応の2側面（孤立傾向・反社会的傾向）を区分しこれら4側面から学校適応を捉えることが妥当なのかを検討するため，因子分析（主因子法・プロマックス回転）を行った（表5-3-1）。因子数を4に設定し分析を行ったところ，第1因子には「反社会的傾向」の項目（$\alpha=.92$）が，第2因子には「欲求充足」の項目（$\alpha=.90$）が，第3因子には「要請対処」の項目（$\alpha=.88$）が，第4因子には「孤立傾向」の項目（$\alpha=.88$）がまとまった。α係数は.88-.92であり，内的一貫性が確認された。以上の結果から，これら4側面から学校適応を捉える因子的妥当性が確認された。

　次に，これら4つの側面の関連を検討するため相関係数を求めた（表5-3-2）。その結果，「要請対処」は「欲求充足」と正の相関（$r=.48$）が示された一方で，「孤立傾向（$r=-.36$）」「反社会的傾向（$r=-.26$）」とは負の相関のあることが示された。「欲求充足」は「孤立傾向」とは負の相関（$r=-.37$）があったが，「反社会的傾向」とは関連のないことが示された。「孤立傾向」については「反社会的傾向」と正の相関（$r=.55$）があることが示された。

学校環境における要請認知尺度の作成

　固有値1以上を基準に主因子法（プロマックス回転）による因子分析を行っ

第3節 環境要請への適合と学校適応　83

表5-3-1　学校適応を測定する尺度に対する因子分析結果

	F1[a]	F2[a]	F3[a]	F4[a]	共通性
〈F1：反社会的傾向〉					
授業中，じっとすわっていることができなくて立ち歩いてしまうことはない[b]	.97	-.02	.09	-.03	.87
授業中，つまらなくなって教室をぬけだすことはない[b]	.95	-.03	.07	-.01	.86
友だちをいじめることはない[b]	.91	.04	-.03	-.03	.81
先生に反抗したり，乱暴することはない[b]	.76	.00	-.12	-.04	.61
授業中，大声を出したりしてさわぐことはない[b]	.58	.05	-.12	.13	.49
〈F2：欲求充足〉					
学校ではあまり気を使わずにすごせていると思う[c]	-.04	.87	-.10	.05	.65
学校では自分のやりたいことができていると思う[c]	.01	.85	.00	.08	.67
学校の中ではリラックスできていると思う[c]	-.02	.79	.02	.00	.64
学校では自分の気持ちを素直に出せていると思う[c]	-.01	.74	.05	.02	.58
学校では自分の言いたいことを言えていると思う[c]	.04	.73	.01	-.09	.59
学校では自分の望んだ関係をつくれていると思う[c]	.08	.55	.13	-.15	.48
〈F3：要請対処〉					
学校生活の中で求められていることはできていると思う[d]	.02	-.06	.85	-.02	.69
学校の中で周囲から認められるようなことをできていると思う[d]	.07	-.03	.82	-.03	.64
学校の中ではまわりの期待にこたえられていると思う[d]	.00	.08	.76	.11	.59
学校ではまわりに気をくばることができていると思う[d]	-.03	-.02	.75	-.02	.57
学校で言われたことはちゃんとできていると思う[d]	-.07	.01	.67	.04	.47
学校では自分をまわりにあわせることができていると思う[d]	-.06	.10	.56	-.04	.42
〈F4：孤立傾向〉					
クラスの人に，バカにされたりすることはない[e]	-.13	.07	.03	.91	.65
クラスの人に，イヤなことを言われたり，からかわれたりすることはない[e]	-.15	-.02	.00	.75	.48
クラスの人たちから，ムシされているようなことはない[e]	.21	.00	.03	.72	.71
休み時間などに，一人ぼっちでいることはない[e]	.10	-.05	-.01	.68	.58
クラスの人に，暴力をふるわれたりすることはない[e]	.15	.05	-.04	.65	.56
クラスでグループを作ったりするときに，すぐにグループに入れないで，最後の方までのこってしまうことはない[e]	.09	-.11	.04	.63	.51

	因子間相関	F1	F2	F3
	F2	-.07		
	F3	-.27	.51	
	F4	.56	-.41	-.40

[a] 値は因子負荷量
[b] 反社会的傾向尺度の項目
[c] 学校への心理的適応尺度の「欲求充足」に関する項目
[d] 学校への心理的適応尺度の「要請対処」に関する項目
[e] 被侵害尺度の項目

表5-3-2 学校適応の諸側面の相関

	要請対処	欲求充足	孤立傾向	反社会的傾向
要請対処	–			
欲求充足	.48***	–		
孤立傾向	-.36***	-.37***	–	
反社会的傾向	-.26***	-.07	.55***	–

***$p<.001$

たところ6因子での解釈が妥当であると考えられた。因子負荷量の絶対値.40以上を基準に因子分析を繰り返した結果，最終的に20項目が選定された（表5-3-3）。項目の内容から，F1は「ユーモア」因子（$\alpha=.89$），F2は「やさしさ」因子（$\alpha=.89$），F3は「同調」因子（$\alpha=.81$），F4は「流行外見」因子（$\alpha=.87$），F5は「利発」因子（$\alpha=.86$），F6は「明朗」因子（$\alpha=.81$）と命名した。α係数は.81-.89となっており，内的一貫性が確認された。

環境要請に関する自己評価についても同様の因子構造になっているのかを確認するため，上述の因子分析により得られた項目と対応する項目を用いて，因子数を6に設定し因子分析（主因子法・プロマックス回転）を行った。その結果，同様の6つの因子が得られ，α係数を見ると「ユーモア」因子が.89，「やさしさ」因子が.88，「同調」因子が.76，「流行外見」因子が.78，「利発」因子が.91，「明朗」因子が.75となっており，内的一貫性も問題のないことが示された。

クラス集団における環境要請と環境要請に関する自己評価のズレが学校適応に与える影響

クラス集団における環境要請と環境要請に関する自己評価のズレを求めるため，まず環境要請の認知についてそれぞれの因子ごとに生徒個人の合成得点を求めた。次に，生徒個人の合成得点を基に，各因子のクラスごとの平均値を求めた。更に，各因子のクラスの平均値から，その因子に対応する環境要請に関する自己評価得点を引くことで，クラス集団における環境要請と環境要請に関する自己評価のズレ得点を求めた。そのため，ズレ得点が正の方向に大きくなるほど環境からの要請に対して応えられていないことになり，負の方向に大きくなるほど要請以上に応えられていることになる。

目的部分で述べたように，クラス集団における環境要請と環境要請に関する

第3節 環境要請への適合と学校適応

表5-3-3 学校環境における要請認知尺度の因子分析結果

	F1[a]	F2[a]	F3[a]	F4[a]	F5[a]	F6[a]	共通性
〈F1：ユーモア〉							
笑いをとれることが重視されている	.88	-.04	.04	-.01	-.05	.01	.76
面白いことをいえることが重視されている	.87	.03	-.05	.08	.00	-.09	.74
ノリがいいことが重視されている	.86	-.02	-.01	-.03	-.06	.03	.69
場をもりあげられることが重視されている	.77	.03	-.03	-.05	.05	.09	.68
個性的なことが重視されている	.47	.06	.03	-.01	.08	.14	.38
〈F2：やさしさ〉							
やさしいことが重視されている	.18	.89	.01	-.01	.03	-.22	.73
思いやりがあることが重視されている	-.06	.87	.00	.04	-.01	.06	.79
だれにでも親切なことが重視されている	-.09	.85	.04	.01	-.07	.11	.77
〈F3：同調〉							
周囲の人に話題を合わせることが重視されている	.11	-.13	.76	.00	.01	.06	.64
人に文句を言わないことが重視されている	-.12	.13	.73	.00	-.02	-.03	.51
周りの人の意見に反対しないことが重視されている	.04	-.02	.69	.10	.05	-.21	.58
場の雰囲気をみださないことが重視されている	-.04	.06	.69	-.07	-.03	.16	.49
〈F4：流行外見〉							
服のセンスがいいことが重視されている	-.09	.02	.01	.96	-.05	.06	.83
ルックスがいいことが重視されている	.02	.06	-.05	.82	.06	-.03	.70
流行にくわしいことが重視されている	.11	-.09	.09	.67	.01	.08	.63
〈F5：利発〉							
勉強ができることが重視されている	-.04	.03	-.04	.03	.89	.01	.78
頭がいいことが重視されている	.01	-.05	.05	-.01	.87	-.04	.75
〈F6：明朗〉							
はっきり意見をいうことが重視されている	.08	.08	-.01	.08	-.08	.71	.62
がんばりやなことが重視されている	.00	.26	.02	.03	.11	.51	.58
積極的に行動することが重視されている	.06	.38	-.02	-.09	.04	.49	.66

因子間相関	F1	F2	F3	F4	F5
F2	.34				
F3	.35	.22			
F4	.43	.09	.56		
F5	.41	.31	.44	.53	
F6	.45	.60	.24	.12	.40

[a] 値は因子負荷量

自己評価にズレがないほど，学校生活には適応的であると予想される。そこで，ズレ得点が正の方向に大きい生徒，ズレ得点が0に近い生徒，ズレ得点が負の方向に大きい生徒の3群に区分し，それらの生徒によって学校適応の諸側面がどのように異なるのかを分散分析により検討した。しかし，ズレ得点が0に近い生徒の学校適応が良く，ズレ得点が正・負の方向に大きい生徒の学校適応が悪いといった逆U字型の関係は認められなかった。そして，全体的にズレ得点が負の方向に大きい生徒が最も学校適応は良く，次いでズレ得点が0に近い生徒，最も適応的でなかったのはズレ得点が正の方向に大きい生徒となっていた。このように，ズレ得点と学校適応には線形の関係のあることが示されたことから，重回帰分析によってズレ得点と学校適応の関連について改めて分析を行った。結果は表5-3-4に示すとおりであった。

全体的に見ると，ズレ得点が正の方向に大きくなるほど，つまりクラス集団における環境要請に対して応えられていないと自己評価しているほど，「要請対処」「欲求充足」の得点は低くなり，「孤立傾向」「反社会的傾向」の得点は高くなることが示された。

心理的適応の2側面について見ると，「要請対処」には「やさしさ（β=-.23)」「同調（β=-.20)」「利発（β=-.13)」「明朗（β=-.30)」因子のズレ得点が負の影響を与えていた。そのため，やさしくすること，同調すること，利発であること，明朗であることが求められているにもかかわらず，そのことができていない生徒は周囲からの要請に対処できているという感覚を得られにくいことが示された。「欲求充足」については「ユーモア（β=-.12)」「明朗（β

表5-3-4 クラス集団における環境要請と環境要請に関する自己評価のズレが学校適応に与える影響[a]

	要請対処	欲求充足	孤立傾向	反社会的傾向
「ユーモア」得点の差		-.12**		
「やさしさ」得点の差	-.23***			.10*
「同調」得点の差	-.20***		.10*	.12**
「流行外見」得点の差				
「利発」得点の差	-.13**			
「明朗」得点の差	-.30***	-.39***	.25***	
$Adj.R^2$	.39***	.22***	.08***	.03***

[a] 値は標準偏回帰係数　　　　　　　　　　　　　　　$*p<.05$ $**p<.01$ $***p<.001$

=-.39)」因子のズレ得点が負の影響を与えていた。そのため，ユーモアがあること，明朗であることが求められているにもかかわらず，自分はそうでないと思っている生徒ほど学校で欲求が満たされにくいといえる。

社会的適応の2側面に関しては，「孤立傾向」には「同調（β=.10)」「明朗（β=.25)」因子のズレ得点が正の影響を与えていた。そのため，同調すること，明朗であることが求められているにもかかわらずその要請に応えられない生徒ほど孤立するといえよう。「反社会的傾向」について見ると，「やさしさ（β=.10)」「同調（β=.12)」因子のズレ得点が正の影響を与えていた。従って，周囲から求められるやさしさや同調の程度に対し，それに応える振る舞いができない生徒ほど反社会的行動が多くなることが示唆された。

考 察

本研究では心理的適応の2側面，社会的適応の2側面から学校適応が捉えられるのかについて検討し，学校環境における要請特性と環境要請に関する自己評価のズレがこれらの側面にどのように影響するのかについて分析を行った。

学校適応の諸側面の関係について

学校適応が4つの側面から捉えられるのかについては，因子分析より「要請対処」「欲求充足」「孤立傾向」「反社会的傾向」の4側面を区分することの妥当性が示された。そして，相関分析からこれらの側面には関連があることが明らかになった。心理的適応について見ると，要請対処と欲求充足には正の相関が認められた。北村（1965）は人間には社会的に承認されたいという承認欲求があることを指摘しているが，このことを踏まえると両者に正の相関があることは妥当だといえる。つまり，学校で周囲からの要請に応えられていると感じている生徒は，認められているという感覚を得やすく承認欲求が満たされるために欲求充足が高くなるのだと考えられる。社会的適応についても，孤立傾向と反社会的傾向には正の相関が認められた。先行研究では，非社会性と非行行動には関連のあること（森下，2004）や，反社会的行動が多いことで周囲から拒否され孤独感を感じやすくなること（Parker & Asher, 1993）が示されて

おり，本研究でも同様の知見が得られた。心理的適応と社会的適応の関連については，要請対処・欲求充足ともに孤立傾向と負の相関が示された。対人関係は学校内の様々な領域に関わってくることから，孤立せずに良好な関係を築けていることが学校全体への心理的な適応の高さにつながるのだと考えられる。一方，要請対処は反社会的傾向と負の相関が認められたが，欲求充足とは関連が見られなかった。そのため，反社会的行動を起こす生徒は要請に応えられているという意識は低いが，欲求を満たせていないとは限らず，中には反社会的行動をとりつつ欲求を満たしているケースがあると考えられる。

環境要請への不適合が学校適応に与える影響について

　クラス集団における環境要請と環境要請に関する自己評価のズレに注目し，そのことが学校適応にどのように影響を与えるのかを検討した。その結果，全体的にクラス集団において求められている環境要請に対して対処できていないほど生徒は不適応な状態に陥ることが示された。一方，クラス集団からの要請以上に要請に応えることも適応上の問題を生じさせると考えられたが，分析からは周囲から求められる以上に要請に対処できることは学校への適応を促進することが明らかになった。こうした結果が得られた理由としてはいくつかの可能性が考えられるが，一つは本研究で取り上げた6つの環境要請の側面が生徒にとって一般的にポジティブな価値を持つものであり，こうした要請に対して高い水準で対処できるほど学校適応も高まるという可能性があるだろう。あるいは，要請されている水準以上に対処できる能力があったとしても，実際に求められる以上に対処するとは限らず，状況に応じて使い分けられるために，適応に有利に働いているという可能性も考えられる。いずれにしろこの問題については更なる検討が必要だといえよう。以下では，心理的適応と社会的適応に影響していた環境要請の側面がどのように異なっていたのかについて考察する。

　まず心理的適応について見ると，「明朗」因子でのズレ得点については「要請対処」「欲求充足」ともに影響していた。先行研究では，自己主張（吉村，1997）や自己開示（小口，1991；小野寺・河村，2002）ができる生徒は学校生活で適応的であることが示されているが，朗らかでハキハキした振る舞いがで

きる生徒は周囲に対して適切な自己主張や自己開示ができ，円滑な関係を築きやすいと考えられるため，そのことが心理的適応の高さにつながっているといえるだろう。要請対処にはそれ以外に「やさしさ」「同調」「利発」因子でのズレ得点が影響しており，欲求充足には「ユーモア」因子でのズレ得点が影響していた。同調と利発に関して，先行研究では中学生は他の年齢に比べ同調傾向が強いことが指摘されている（Brown, Clasen, & Eicher, 1986；石本ら，2009；宮島・内藤，2008）。また，高坂（2008）は，中学生は受験を背景に知的能力を重視するようになることを指摘している。これらのことを考えると，周囲にあわせられることや勉強ができるかは，生徒にとって重要な環境要請だといえる。やさしさとユーモアについては，ベネッセ教育研究所（1997）や日本青少年研究所（2002）の調査では，クラスで人気のある人として，ユーモアのある人やジョークのいえる人，やさしい人や誰にでも親切な人が上位に入っている。そのため，やさしいことやユーモアがあることも生徒に強く意識されていると考えられる。このように，上述の環境要請は学校生活において重要なものだといえるが，要請対処と欲求充足で違いが見られたのは，どのような文脈でこれらの環境要請に応える必要があるのかが異なるためと推察される。やさしくすることや周囲にあわせること，勉強ができることといった側面は，生徒同士の間で重視されるだけでなく，学校教育的にも重視されやすい側面だと考えられる。そのため，これらの環境要請は生徒だけでなく教師を通しても要求されるため，こうした要請に応えられない生徒は学校で求められていることができていないと不全感を感じてしまうものと考えられる。一方，ユーモアについては生徒同士で求められることはあっても，教育的に重視されているわけではないといえる。しかし，上述のように生徒の間では重要な環境要請であり，ユーモアのある生徒の方が他の生徒からより支持を得やすいため，学校生活の中で欲求が満たされやすいのだと考えられる。

　社会的適応については「同調」因子でのズレ得点が「孤立傾向」「反社会的傾向」ともに影響していた。先行研究では中学生が周囲に合わせ防衛的な付き合いをすることが指摘されており（落合・佐藤，1996b），友人への同調が学校への適応にも影響することが示されている（石本ら，2009）。このことを踏まえると，周囲に合わせることが重要であるにもかかわらずそれができないこ

とで，生徒は孤立や反社会的行動といった問題を経験しやすくなるのだと考えられる。孤立傾向にはそれ以外に「明朗」因子でのズレ得点が影響していた。上述したように，朗らかでハキハキした振る舞いができる生徒に比べ，そう振る舞えない生徒は周囲に対して自己主張や自己開示を行うことが得意でないと考えられる。そのため，こうした生徒は他生徒と円滑な関係を築きにくいために，周囲から孤立する危険性が高くなるといえるだろう。反社会的傾向については「やさしさ」因子でのズレ得点についても影響していることが示された。一般的にやさしく振る舞える生徒ほど他者への配慮が高く，周囲に被害を与えるような行動をとることは少ないといえ，このことが結果に表れていると考えられる。

　以上のことから，心理的適応である要請対処と欲求充足には明朗であることが共通して影響し，社会的適応である孤立傾向と反社会的傾向には同調することが共通して影響していることが示された。しかし，それ以外に影響する環境要請は学校適応のそれぞれの側面で異なっており，諸側面の違いが示されたといえる。

● 第4節　性別・学年による学校適応の違い（研究5）[7]

目　的

　研究5では，性別・学年による学校適応の違いについて明らかにすることが目的である。心理的適応における要請対処・欲求充足，社会的適応における孤立傾向・反社会的傾向のそれぞれに関して性差・学年差を検討する。

7）本節は岡田（2010b）を基に再分析および加筆修正したものである。

方　法

調査協力者・時期

　2006年6月～2008年7月に東京都内の公立中学校4校に質問紙調査を実施し，1,389名分の有効回答が得られた（1年男子222名，女子240名；2年男子231名，女子246名；3年男子228名，女子222名）。調査はクラスごとに担任がアンケート用紙を配布し回収した。

質問紙の構成

　①学校への心理的適応　研究3で作成した学校への心理的適応尺度を用いた。実施方法は研究3と同様。

　②学校への社会的適応　反社会的傾向の指標として学校への不適応傾向尺度（酒井ら，2002）の下位尺度である反社会的傾向尺度を用い，研究4で除外された項目（1項目）を除く5項目を用いた。孤立傾向の指標にはいじめ被害・学級不適応児童発見尺度（河村・田上，1997）の下位尺度である被侵害尺度の項目（6項目）を用い，研究4と同様全て経験について尋ねる項目に修正した。なお，研究4では社会的適応についての項目は「～な経験をしたことはない」という尋ね方をしていたが，研究5では「～な経験をしたことがある」という尋ね方をした。具体的な項目は表5-4-1に示したとおりである。回答は「よくある～ぜんぜんない」の4件法で求めた。

結果と考察

性別・学年による学校適応の違い

　性別・学年による学校適応の違いについて検討するため，性別×学年の2要因の分散分析を行った（表5-4-2）。

　まず心理的適応について見ると，「要請対処」については性と学年の主効果が検出され，女子の得点が男子よりも高いことが示された。また，学年差については多重比較（TukeyのHSD法）から，1年生が2・3年生よりも得点の高

表 5-4-1 社会的適応の測定に用いた項目

〈反社会的傾向〉
　　　先生に反抗したり，乱暴したことがある
　　　授業中，つまらなくなって教室をぬけだしたことがある
　　　授業中，大声を出したりしてさわいだことがある
　　　授業中，じっとすわっていることができなくて立ち歩いてしまったことがある
　　　友だちをいじめたことがある

〈孤立傾向〉
　　　クラスの人に，イヤなことを言われたり，からかわれたりすることがある
　　　休み時間などに，一人ぼっちでいることがある
　　　クラスの人たちから，ムシされているようなことがある
　　　クラスの人に，バカにされたりすることがある
　　　クラスの人に，暴力をふるわれたりすることがある
　　　クラスでグループを作ったりするときに，すぐにグループに入れないで，最後の方までのこってしまうことがある

表 5-4-2 性別・学年による学校適応の違い

	男子			女子			F		
	1年	2年	3年	1年	2年	3年	性	学年	性×学年
N	222	231	228	240	246	222			
要請対処	2.60	2.51	2.54	2.75	2.59	2.57	8.60**	6.80**	1.21
SD	0.58	0.63	0.62	0.55	0.61	0.56			
欲求充足	2.73	2.68	2.71	2.75	2.64	2.52	3.17	3.89*	2.88
SD	0.68	0.66	0.70	0.67	0.77	0.68			
孤立傾向	1.75	1.83	1.83	1.55	1.59	1.53	55.83***	1.14	0.79
SD	0.66	0.71	0.67	0.56	0.55	0.51			
反社会的傾向	1.29	1.46	1.34	1.14	1.29	1.21	44.02***	17.68***	0.32
SD	0.40	0.56	0.46	0.26	0.44	0.38			

*$p<.05$ **$p<.01$ ***$p<.001$

いことが明らかになった。「欲求充足」については学年の主効果のみが認められ，1年生は3年生よりも得点の高いことが示された。

　次に社会的適応について見ると，「孤立傾向」については性の主効果が検出され，男子の得点が女子よりも高いことが示された。「反社会的傾向」については性と学年の主効果が認められ，男子の得点が女子よりも高いことが示された。また，学年差については多重比較（TukeyのHSD法）の結果，2年生が1・3年生よりも得点の高いことが明らかになった。

　性差について見ると，女子の方が「要請対処」は高く，「孤立傾向」は低くなっ

ていた。先行研究からは，社会的志向性（伊藤，1993）や同調性（Ellis, Nel, & Van Rooyen, 1991；宮島・内藤，2008）は女子の方が高いことが指摘されており，対人交渉方略の発達も進んでいる（山岸，1998）ことが示されている。このことを踏まえると，女子の方が周囲との関係を気にしており，また，対人的なスキルが高く周囲と円滑な関係を築けるために，周囲からの要請にうまく対処でき，孤立もしにくくなるのだといえよう。一方，「反社会的傾向」については男子の方が高くなっていたが，これについては先行研究でも同様の知見が得られている（酒井・菅原・木島・菅原・眞榮城・詫摩・天羽，2007）。攻撃性は男子の方が高いことが指摘されており（Loeber & Stouthamer-Loeber, 1998），このことが反社会的な行動として表れている可能性があるだろう。

　学年差について見てみると，1年生の「要請対処」や「欲求充足」が高いことが示された。三浦・坂野（1996）は1学期における中学生の心理的ストレスの変化について検討し，1年生は他の学年に比べストレス反応が低いことを示しているが，この知見は本研究の結果を支持するものといえる。2・3年生の心理的適応が低くなる背景には様々な要因が考えられ，学業や進学に関するストレスの増大（三浦・坂野，1996；都筑，2008）や，正確な自己評価ができるようになること（都筑，2008）などが関係していると推察される。「反社会的傾向」については2年生が高くなっていたが，この背景には自律への欲求が高まる一方で，中学校では教師や校則による管理が厳しくなることが関係していると考えられる（Eccles et al., 1993）。研究1からは生徒はこうした管理的なものに対して不満を募らせることが示されたが，このことが2年生における反社会的傾向の高さにつながっているといえるだろう。一方，3年生になると多くの生徒は進学を意識するようになるため，学業に取り組むことや，成績を気にする機会が多くなると考えられる。こうしたことが，3年生が2年生よりも反社会的傾向が低くなっていたことの背景にあると推察される。

第5節　本章のまとめ

　第5章では，本書における学校適応を測定する尺度の構成および妥当性の検討を行うことが目的であった。研究2～5から，以下の知見が得られた。

第1節では，研究1で得られた探索的知見に基づき，心理的適応の2つの側面を区分するための予備的な尺度が構成された。そして，これらの側面の違いを示すため，学校生活の諸領域に対する意識がこれらの側面とどのような関係にあるのかが検討された。そこからはまず，学校生活の諸領域に関して，生徒に重視されている領域ほどその領域との関係も良いことが明らかになった。次に，学校への順応感・享受感には共通してクラスへの意識が強く影響していたが，順応感には友人関係のように生徒に重視されている領域が影響し，享受感には教師や校則といった重視されていない領域が影響するという違いのあることが示された。

第2節では，要請対処・欲求充足の概念に基づく学校への心理的適応尺度が作成され，研究2で作成された予備的な尺度との関連について検討された。それにより，順応感と要請対処の間に，また享受感と欲求充足の間に有意な関連のあることが示され，心理的適応尺度の基準関連妥当性が確認された。

第3節では，心理的適応の2側面（要請対処・欲求充足），社会的適応の2側面（孤立傾向・反社会的傾向）から学校適応が捉えられるのかについて検討され，学校適応をこれら4つの側面から捉えることの因子的妥当性が確認された。そして，学校適応のそれぞれの側面間の関係について分析がなされ，関連のある側面と関連のない側面が明らかになった。次に，学校適応の諸側面にどのような違いがあるのかを検討するため，学校における環境要請と環境要請に関する自己評価のズレが学校適応にどのように影響しているのかを分析した。そこからは，要請対処と欲求充足には明朗であることという環境要請が共通して影響し，孤立傾向と反社会的傾向には同調することという環境要請が共通して影響していることが示された。同時に，それ以外に影響する環境要請は適応のそれぞれの側面で異なっており，諸側面の違いが明らかにされた。

第4節では，性別・学年による学校適応の違いについて明らかにされた。性差については，女子は要請対処が高く孤立傾向が低い一方で，男子は反社会的傾向が高いことが示された。学年差については，要請対処や欲求充足の得点は1年生が高くなっており，反社会的傾向については2年生の得点が高いことが示された。

以上のことから，心理的適応の2側面（要請対処・欲求充足），社会的適応

の2側面(孤立傾向・反社会的傾向)から包括的に学校適応を測定できる尺度が構成され,それらの側面は因子的に弁別可能であることが確認された。そして,関連要因の検討からもそれぞれの側面の差異が明らかになったことから,これら4つの側面を区分して学校適応を捉えることの妥当性が示されたと考えられる。

第6章

学校への適応状態に関する検討

第1節　生徒関係的側面・教育指導的側面と学校適応
——生徒のタイプによる適応の在り方の違い（研究6）[8]

目　的

　研究6では，学校生活における様々な領域を生徒関係的側面と教育指導的側面に分けて捉えられるのかについて検討する。そして，これら2側面においてうまく振る舞えているかどうかによって生徒をタイプ分けし，学校への適応の在り方がどのように異なるのかを明らかにすることが目的である。そのために，具体的には以下のことについて検討を行う。
　まず，研究1からは学校生活の諸領域には管理的な側面とそうでない側面があることが示唆された。また，近藤（1994）や根本（1987）の指摘を踏まえると，学校には生徒側の欲求や価値観などに関する側面と，学校側からなされる教育や指導に関する側面があると考えられる。これらのことから，ここでは学校生活の諸領域が，生徒同士の関係や相互作用といった水平的な軸である生徒関係的側面と，教育や指導により生徒を導く垂直的な軸である教育指導的側面の大きく2つから捉えられると想定する。そして，学校生活の諸領域がこれら2つの側面から捉えられるのかを，因子分析を用いて検討する。
　次に，上述のように学校生活の諸領域が生徒関係的側面，教育指導的側面から捉えられた場合，そこでは両方の側面でうまくいっている，あるいは困難を抱えている生徒だけでなく，一方の側面ではうまくいっているがもう一方の側面では困難を抱えている生徒も想定される。そして，一方の側面で困難を抱えている生徒は両方の側面でうまくいっている生徒よりは適応的でないと予想されるが，どちらの側面で困難を抱えているかによって，学校への適応の在り方は異なると考えられる。以上のことから，本研究では両方の側面でうまくいっている（あるいは困難を抱えている）生徒，一方の側面のみでうまくいっている生徒によって学校適応がどのように異なるのかを明らかにする。これにより，

8）本節は岡田（2012a）の一部を基に再分析および加筆修正したものである。

生徒による適応の在り方の違いについて検討していく。

方　　法

調査協力者・時期

　2005年7月～2006年7月に東京都内の公立中学校3校に，授業中に一斉形式で質問紙調査を実施した。そのうち回答に不備のなかった822名のデータを分析に用いた（1年男子170名，女子168名；2年男子142名，女子123名；3年男子110名，女子109名）。社会的適応に関する尺度についてはこのうち400名に対して実施された。

質問紙の構成

　①学校生活の諸領域との関係の良さ　研究2で作成した学校生活の諸領域との関係の良さ尺度を用いた。部活動については所属していない生徒がいることや3年生では既に引退している生徒も存在することから，「部活動への傾倒」を除く「友人関係」「クラスへの意識」「教師との関係」「他学年との関係」「進路意識」「学業への意欲」「校則への意識」の7つの下位尺度を分析に用いた。その際に，本研究では生徒の負担を考慮し，研究2で各因子において因子負荷の高かった上位4項目（計28項目）を用いた。回答は「とてもあてはまる～まったくあてはまらない」の4件法で求めた。

　②学校生活の諸領域に対する重要度認知　上記の下位尺度と対応するよう，「友人」「クラス」「教師」「他学年」「進路」「学業」「校則」の7つの領域について生徒がどの程度重要視しているのかを測定するため，各領域に関して「～は自分の学校生活に重要だと思う」と1項目で尋ねた。回答は「とてもそう思う～ぜんぜんそう思わない」の4件法で求めた。

　③学校への心理的適応　研究3で作成した学校への心理的適応尺度を用いた。実施方法は研究3と同様。

　④学校への社会的適応　反社会的傾向の指標として学校への不適応傾向尺度（酒井ら，2002）の下位尺度である反社会的傾向尺度，孤立傾向の指標としていじめ被害・学級不適応児童発見尺度（河村・田上，1997）の下位尺度であ

る被侵害尺度を用いた。実施方法は研究5と同様。

結　果

学校生活の諸領域との関係の良さ尺度の検証的因子分析

　江口・戸梶（2007）や佐々木・尾崎（2007）の分析手続きを参考にし，まず検証的因子分析のモデルを設定するために，学校生活の諸領域との関係の良さ尺度に対し，探索的因子分析と下位尺度得点を用いた2次的因子分析を実施した。次に，探索的因子分析と2次的因子分析で得られた結果に基づき2つのモデルを設定し，構造方程式モデリングによる検証的因子分析を行った。

①探索的因子分析（7因子斜交モデル）　因子数を7に設定し因子分析（主因子法・プロマックス回転）を行ったところ，研究2と同様の7つの因子が抽出された（表6-1-1）。各因子のα係数は「他学年との関係=.93」「友人関係=.85」「教師との関係=.86」「学業への意欲=.81」「進路意識=.80」「クラスへの意識=.79」「校則への意識=.72」であり，内的一貫性が確認された。

表6-1-1　学校生活の諸領域との関係の良さ尺度の因子分析結果

		F1[a]	F2[a]	F3[a]	F4[a]	F5[a]	F6[a]	F7[a]	共通性
〈F1：他学年との関係〉									
	o1　先ぱいや後はいにしたしみを感じる	.91	.01	.00	.01	-.03	.01	-.01	.83
	o2　自分は先ぱいや後はいとはうまくいっている	.89	.00	.00	-.01	.06	.02	-.01	.83
	o3　先ぱいや後はいに受け入れられていると思う	.87	.03	-.01	.06	-.01	-.06	.01	.75
	o4　先ぱいや後はいと話していて楽しい	.85	-.02	.01	-.07	-.02	.03	.02	.70
〈F2：友人関係〉									
	f1　学校内には気軽に話せる友だちがいる	-.07	.84	.00	-.02	.03	-.02	.03	.64
	f2　クラス内には色々な活動やおしゃべりに誘ってくれる友だちがいる	.00	.75	-.06	.03	-.03	.08	.00	.60
	f3　たよりにできる友だちがいる	.07	.72	.08	-.04	.03	-.01	-.02	.60
	f4　自分は友だちとはうまくいっている	.05	.71	-.02	.04	.00	.01	.02	.56
〈F3：教師との関係〉									
	t1　先生にしたしみを感じる	-.03	-.02	.93	-.05	.00	.01	-.03	.79
	t2　自分を認めてくれる先生がいる	.02	.04	.76	.10	-.03	-.05	.02	.64
	t3　学校内には気軽によく話をする先生がいる	-.02	-.02	.73	-.06	.11	-.06	-.05	.52
	t4　担任の先生とはうまくいってると思う	.03	-.08	.69	.00	-.07	.11	.08	.53
〈F4：学業への意欲〉									
	s1　学校の勉強には自分から自主的に取り組んでいる	.03	-.04	.00	.80	-.03	.02	.00	.63
	s2　授業の内容は理解できている	-.02	.14	-.02	.74	-.06	-.11	.01	.52
	s3　勉強してよい成績をとろうと努力している	-.02	-.04	-.02	.70	.04	.06	-.03	.49

第1節　生徒関係的側面・教育指導的側面と学校適応　101

s4	学習内容をより理解するための，自分なりの学習の仕方がある	.00	-.08	.00	.64	.12	.08	.00	.49
〈F5：進路意識〉									
g1	自分の進みたい職業の分野については自分から調べている	-.01	-.07	-.03	.01	.85	-.05	.00	.65
g2	私は自分にあった進路を考えている	-.02	.01	.05	.03	.75	.01	-.03	.61
g3	私は自分の将来や夢に希望を持っている	.00	.04	-.02	-.03	.67	.03	.10	.49
g4	進路について仲のよい友人などと話し合うことがある	.04	.08	.02	.02	.53	.00	-.05	.35
〈F6：クラスへの意識〉									
c1	クラスの中にいると，ほっとしたり，明るい気分になる	-.07	.16	-.03	-.05	.01	.75	.01	.64
c2	自分のクラスは仲のよいクラスだと思う	-.02	-.02	-.03	.02	-.07	.73	-.01	.46
c3	クラスで行事に参加したり，活動するのは楽しい	.03	-.01	.02	.02	.02	.72	.02	.57
c4	自分もクラスの活動に貢献していると思う	.09	-.03	.05	.05	.06	.51	-.03	.36
〈F7：校則への意識〉									
r1	学校の規則はやぶってもいいと思う[b]	-.01	.00	-.02	-.10	.04	.00	.83	.65
r2	校則はあまり気にならない[b]	.03	-.04	-.06	-.01	.03	.00	.73	.50
r3	校則はあったほうがいい	.00	.02	.10	.06	-.06	.02	.47	.29
r4	学校の規則はちゃんと守っている	-.04	.08	.06	.25	-.04	-.06	.39	.30

因子間相関	F1	F2	F3	F4	F5	F6
F2	.44					
F3	.37	.38				
F4	.22	.32	.47			
F5	.32	.32	.40	.40		
F6	.42	.59	.45	.37	.32	
F7	.11	.12	.33	.35	.16	.20

[a] 値は因子負荷量
[b] 逆転項目

② 2次的因子分析（高次因子モデル）　探索的因子分析で得られた7つの因子について，これらの領域を生徒関係的側面と教育指導的側面に分けて捉えることが可能なのかについて検討するため，下位尺度得点を用いた2次的因子分析を行った。因子数を2に設定し因子分析（主因子法・プロマックス回転）を行ったところ，2つの高次因子が抽出された（表6-1-2）。第1因子には「友人関係」「他学年との関係」「クラスへの意識」が含まれていたことから「生徒関係」因子と命名した。第2因子には「学業への意欲」「校則への意識」「教師との関係」「進路意識」が含まれていたことから，「教育指導」因子と命名した。α係数を求めたところ，「生徒関係因子=.70」，「教育指導因子=.64」となっており，一定の信頼性を有していると判断した。

③ 検証的因子分析　上記の分析で示された7因子斜交モデルと高次因子モデルのどちらの適合度が良いのかを比較するために検証的因子分析を行った。

表6-1-2　2次的因子分析結果

	F1[a]	F2[a]	共通性
〈F1：生徒関係〉			
友人関係	.81	-.10	.57
クラスへの意識	.65	.07	.49
他学年との関係	.57	-.01	.32
〈F2：教育指導〉			
学業への意欲	-.03	.70	.46
校則への意識	-.12	.53	.22
教師との関係	.22	.49	.42
進路意識	.16	.36	.23
因子間相関　　　F2	.61		

[a] 値は因子負荷量

　その結果，モデルの適合度指標を見ると7因子斜交モデルが$\chi^2(329)$ =911.56（p<.001），GFI=.93，$AGFI$=.91，CFI=.95，$RMSEA$=.05，AIC=1065.56，$CAIC$=1505.36，BIC=1684.94，高次因子モデルが$\chi^2(342)$ =957.78（p<.001），GFI=.92，$AGFI$=.91，CFI=.94，$RMSEA$=.05，AIC=1085.78，$CAIC$=1451.34，BIC=1600.60であった。両モデルともGFI，$AGFI$，CFIが.90以上，$RAMSEA$が.08以下であるため十分な適合度を有していることが示された。モデルの相対的な適合の良さを示す指標である，AIC，$CAIC$，BICを見ると，AICでは7因子斜交モデルの方が低くなっていたが，$CAIC$とBICでは高次因子モデルの方が低くなっていた。AICはサンプル数の影響について考慮されておらず，一致性（ここでは標本数が多くなると真のモデルを選ぶ確率が1に近づくこと）に問題のあることが指摘されている（Byrne, 2000）ことから，本研究では$CAIC$とBICが低かった高次因子モデルを採用した（図6-1-1）。以上の結果から，学校生活の諸領域は生徒関係的側面と教育指導的側面の2つの軸から捉えられることが示されたといえる。

2つの軸による生徒の分類とその特徴

　ここでは，上述の分析の結果得られた「生徒関係因子」「教育指導因子」に基づいて生徒を分類し，各群の特徴について検討する。まず，「友人関係」「クラスへの意識」「他学年との関係」の得点を合成し「生徒関係因子」得点を，「学業への意欲」「教師との関係」「進路意識」「校則への意識」の得点を合成し「教

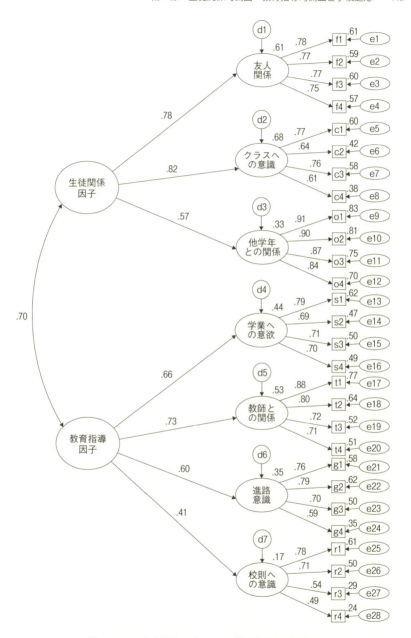

図6-1-1　高次因子モデルによる検証的因子分析結果

育指導因子」得点を求めた。次に,「生徒関係因子」得点の平均を基準に高群・低群,「教育指導因子」得点も同様に高群・低群に分けた。これにより,両因子の得点がともに高い「学校生活順調群」(306名),「生徒関係因子」の得点が高く「教育指導因子」の得点が低い「生徒関係高・教育指導低群」(171名;以下,生徒高・教育低群),「教育指導因子」の得点が高く「生徒関係因子」の得点が低い「教育指導高・生徒関係低群」(122名;以下,教育高・生徒低群),両因子の得点が低い「学校生活不調群」(223名)の4群に生徒を分類した。

次に,4つの群により男女・学年の比率が異なるのかを検討するためχ^2分析を行った(表6-1-3)。男女の比率については有意差が認められたが($\chi^2(3)=8.25, p<.05$),残差分析からは有意な差は検出されなかった。学年の比率についても有意差が認められ($\chi^2(6)=22.32, p<.01$),残差分析を行ったところ「学校生活順調群」においては1年生が多く2年生が少ないこと,「生徒高・教育低群」については2年生が多く1年生が少ないことが示された。

4群によって学校生活の諸領域に対する重要度認知がどのように異なるのかを検討するため,一元配置の分散分析を行った(表6-1-4)。その結果,全ての領域で有意であったため,TukeyのHSD法による多重比較を行った。

まず,「友人」について見ると,「学校生活順調群」「生徒高・教育低群」が「教育高・生徒低群」「学校生活不調群」よりも得点が高く,「教育高・生徒低群」は「学校生活不調群」よりも得点の高いことが示された。「クラス」に関しては,「学校生活順調群」「生徒高・教育低群」「教育高・生徒低群」「学校生活不調群」の順に得点が低くなることが示された。「他学年」については,「学校生活順調群」「生徒高・教育低群」が「教育高・生徒低群」「学校生活不調群」よりも得点が高くなっていた。「学業」について見ると,「学校生活順調群」「教育高・

表6-1-3 4つの群における男女・学年の人数と割合

	学校生活順調群(%)	生徒高・教育低群(%)	教育高・生徒低群(%)	学校生活不調群(%)	合計(%)
男	147 (34.83)	78 (18.48)	71 (16.82)	126 (29.86)	422 (100.00)
女	159 (39.75)	93 (23.25)	51 (12.75)	97 (24.25)	400 (100.00)
計	306 (37.23)	171 (20.80)	122 (14.84)	223 (27.13)	822 (100.00)
1年	152 (44.97)	56 (16.57)	47 (13.91)	83 (24.56)	338 (100.00)
2年	81 (30.57)	72 (27.17)	34 (12.83)	78 (29.43)	265 (100.00)
3年	73 (33.33)	43 (19.63)	41 (18.72)	62 (28.31)	219 (100.00)
計	306 (37.23)	171 (20.80)	122 (14.84)	223 (27.13)	822 (100.00)

表6-1-4　4つの群による学校生活の諸領域に対する重要度認知の違い

| | 学校生活
順調群①
306 | 生徒高・
教育低群②
171 | 教育高・
生徒低群③
122 | 学校生活
不調群④
223 | F | 多重比較 |
N						
友人	3.92	3.85	3.57	3.36	50.65***	①②＞③＞④
SD	0.33	0.42	0.65	0.76		
クラス	3.68	3.41	3.08	2.73	80.75***	①＞②＞③＞④
SD	0.54	0.69	0.85	0.86		
他学年	3.48	3.33	2.70	2.56	66.24***	①②＞③④
SD	0.75	0.75	0.94	0.93		
学業	3.56	2.83	3.43	2.87	55.24***	①③＞②④
SD	0.64	0.83	0.70	0.85		
教師	3.56	2.89	3.39	2.69	70.20***	①③＞②＞④
SD	0.60	0.84	0.67	0.89		
進路	3.47	2.98	3.45	2.83	41.00***	①③＞②④
SD	0.71	0.86	0.67	0.77		
校則	3.20	2.64	3.11	2.55	34.49***	①③＞②④
SD	0.79	0.87	0.78	0.87		

***$p<.001$

生徒低群」が「生徒高・教育低群」「学校生活不調群」よりも得点が高くなっていた。「教師」については，「学校生活順調群」「教育高・生徒低群」が「生徒高・教育低群」「学校生活不調群」よりも得点が高く，「生徒高・教育低群」は「学校生活不調群」よりも得点の高いことが示された。「進路」に関しては，「学校生活順調群」「教育高・生徒低群」が「生徒高・教育低群」「学校生活不調群」よりも得点が高くなっていた。「校則」についても，「学校生活順調群」「教育高・生徒低群」が「生徒高・教育低群」「学校生活不調群」よりも得点が高くなっていた。

　以上の結果から，「学校生活順調群」は学校生活の全ての領域において重要度認知が高い反面，「学校生活不調群」については全ての領域で重要度認知が低くなっていることが示された。「生徒高・教育低群」について見ると，この群は「友人」「クラス」「他学年」といった領域では全体的に重要度認知が高くなっていたが，「学業」「教師」「進路」「校則」といった領域では重要度認知が低くなっていた。対照的に，「教育高・生徒低群」は「友人」「クラス」「他学年」といった領域では全体的に重要度認知が低く，「学業」「教師」「進路」「校則」といった領域では重要度認知が高いことが明らかになった。

4つの群による学校適応の違い

　4つの群によって学校適応がどのように異なるのかを検討するため，一元配置の分散分析を行った（表6-1-5）。その結果，全ての側面で有意であったため，TukeyのHSD法による多重比較を行った。

　「要請対処」について見ると，「学校生活順調群」の得点が最も高く，次いで「生徒高・教育低群」「教育高・生徒低群」，最も得点が低かったのは「学校生活不調群」であった。「欲求充足」に関しては，「学校生活順調群」，「生徒高・教育低群」，「教育高・生徒低群」，「学校生活不調群」の順に得点の低くなることが示された。「孤立傾向」については，「教育高・生徒低群」「学校生活不調群」が「学校生活順調群」「生徒高・教育低群」よりも得点の高いことが示された。「反社会的傾向」について見ると，「生徒高・教育低群」が「学校生活順調群」「教育高・生徒低群」よりも得点が高く，また，「学校生活不調群」は「学校生活順調群」よりも得点の高いことが示された。

　以上の結果から，「学校生活順調群」は「要請対処」や「欲求充足」といった心理的適応の得点が高いだけでなく，社会的適応については「孤立傾向」「反社会的傾向」が低くなっており，最も適応的な群であることが示された。一方，「学校生活不調群」は心理的適応が一番低いだけでなく，社会的適応についても「孤立傾向」「反社会的傾向」が高くなっており，最も適応的でない群であることが明らかになった。「生徒高・教育低群」については，「反社会的傾向」

表6-1-5　4つの群による学校適応の違い

	学校生活順調群①	生徒高・教育低群②	教育高・生徒低群③	学校生活不調群④	F	多重比較
N	306	171	122	223		
要請対処	3.12	2.73	2.80	2.36	103.33***	①>②③>④
SD	0.46	0.50	0.46	0.54		
欲求充足	3.16	2.96	2.53	2.30	96.44***	①>②>③>④
SD	0.57	0.61	0.67	0.64		
N	166	104	47	83		
孤立傾向	1.43	1.33	1.89	1.77	15.69***	③④>①②
SD	0.53	0.46	0.80	0.69		
反社会的傾向	1.15	1.39	1.13	1.30	8.95***	②>①③
SD	0.33	0.54	0.30	0.44		④>①

$***p<.001$

が相対的に最も高くなっていた。一方で,「要請対処」は中程度であり,また,「欲求充足」は比較的高く「孤立傾向」も低いことが示された。「教育高・生徒低群」に関しては,「反社会的傾向」は低かったが,「孤立傾向」は高いことが示された。心理的適応については「欲求充足」はやや低くなっていたが,「要請対処」は中程度であった。

考　察

　本研究では学校生活における様々な領域を生徒関係的側面と教育指導的側面に分けて捉えられるのかについて検討した。そして,これら両側面に基づき生徒をタイプ分けし,生徒の特徴と学校適応の違いについて分析を行った。

生徒関係的側面と教育指導的側面の区分について
　検証的因子分析の結果,学校生活の諸領域は生徒関係的側面と教育指導的側面に区分できることが示された。先行研究では,学校には生徒側における価値観や欲求という側面と,教育目標などに基づき教師が生徒を方向づけたり指導する側面の2側面があることが指摘されているが（近藤,1994),学校生活の諸領域が実際にこれら2つの軸から捉えられるのかを検討した研究はほとんどなされてこなかった。本研究で得られた知見より,学校生活には様々な側面があるが,それらは生徒同士の水平的な関係に関する生徒関係的側面と,教育や指導に関する垂直的な教育指導的側面の2つの軸から捉えられることが実証的に確認されたといえる。そして,先行研究では学校生活の様々な領域が個別的に取り上げられることが多い一方で,複数の領域を考慮した研究は十分に行われてこなかったが,このように2つの軸から学校生活の諸領域を整理し捉えることで,様々な領域を含みこんだ上で学校適応との関係を明らかにすることが可能になると考えられる。

生徒のタイプによる適応の在り方の違いについて
　本研究では,生徒関係的側面と教育指導的側面の得点の高低により,生徒を4つのタイプに分けた。これらの群の特徴について見ると,学校生活順調群に

おいて1年生が多く，生徒高・教育低群では2年生が多くなっていた。三浦・坂野（1996）は1年生のストレス反応は低く，また，学年が上がるにつれ学業ストレッサーを多く経験するようになることを示している。このことを踏まえると，全体的に生徒は1年生の時点では順調な学校生活を過ごしやすいが，一部の生徒は2年生になると学業面などでうまくいかなくなってしまう可能性があるといえよう。重要度認知の分析からは，生徒高・教育低群は生徒関係的側面に含まれる領域の重要度認知が高く，教育高・生徒低群は教育指導的側面に含まれる領域の重要度認知が高いことが明らかになった。研究2では重視されている領域ほどその領域との関係も良いことが示されたが，本研究からも諸領域に対する重要度認知と諸領域との関係の良さには正の関係のあることが確認された。

　次に，学校適応の違いについてだが，学校生活順調群は最も適応的な群であり，学校生活不調群は最も適応的でない群であることが明らかになった。学校生活順調群が生徒関係的側面・教育指導的側面ともにうまくいっており，学校生活不調群はともにうまくいっていないことを考慮すれば，この結果は妥当だろう。生徒高・教育低群と教育高・生徒低群については，心理的適応は学校生活順調群よりは低かったものの，学校生活不調群よりは高くなっていた。そのため，これらの群は順調な側面が学校への心理的適応を支えているのだと考えられる。そして，生徒高・教育低群が生徒関係的側面の領域を，教育高・生徒低群が教育指導的側面の領域を重視していたことを踏まえると，これらの群は自分がうまくいっている側面を中心に学校生活を過ごしていると推察される。一方，これらの群は社会的適応については対照的であり，生徒高・教育低群は孤立傾向は低いが反社会的傾向が高く，教育高・生徒低群は反社会的傾向は低いが孤立傾向が高くなっていた。酒井ら（2002）の研究では，親友との信頼関係の強さが孤立傾向を低める効果がある一方で，反社会的傾向を高めることが示されている。重要度認知に関する分析結果とこの知見を踏まえると，生徒高・教育低群の生徒については次のように考えられる。つまり，教育指導的な側面でうまくいっていない生徒は同じような生徒との関係を重視しつながりを深めるため，孤立するリスクは低くなるが，教育指導的な側面から逸脱的な生徒と結びつくため，反社会的行動が多くなるといえるだろう。そして，場合によっ

ては自分が所属する友人集団からの評価を高めるために反社会的な行動を起こす（加藤・大久保，2006）というケースもあると推察される。逆に，教育高・生徒低群の生徒は他の生徒と良い関係が築けないかわりに，教育指導的側面へのコミットを深めるため，反社会的傾向は低くなるが孤立傾向は高まってしまうものと考えられる。

以上のことから，本研究では4つのタイプに生徒を分類したが，生徒関係的側面，教育指導的側面のどちらか一方でうまくいっている生徒では，その側面が学校への心理的適応の支えになっており，社会的適応に関しても部分的に支えとなっていることが示された。同時に，社会的適応については一方の側面のみを重視することのリスクも示唆された。このように，生徒によってうまく振る舞える領域が異なることを考慮すれば，何が学校適応の支えとなっているのかも異なると考えられる。こうした問題については学校生活のある領域のみに注目していても明らかにすることはできず，本研究の知見は複数の領域を考慮した学校適応研究の重要性を示しているといえよう。

第2節　部活動への参加と学校適応
　　　　—部活動のタイプ・積極性に注目して（研究7）[9]

目　的

研究7では，課外活動である部活動が学校適応にどのような影響を与えているのかを検討するため，部活動のタイプ，部活動への積極性に注目しながら，部活動への参加が学校生活の諸領域や学校適応に与える影響について明らかにすることが目的である。具体的には以下のことについて検討を行う。

中学校では生徒が自由に選択可能な活動である部活動に多くの生徒が参加しており（88.50％；ベネッセ教育研究所，1998），教育実践における部活動の重要性が指摘されている（角谷・無藤，2001；角谷，2005）。そのため，ここではまず部活動に参加している生徒と参加していない生徒を比較し，部活動が学

9）本節は岡田（2009）を基に加筆修正したものである。

校生活の諸領域や学校への適応状態とポジティブな関係にあるのかについて検討する。その際に，本研究では運動部と文化部を区分するとともに，参加・不参加だけでなく積極的な参加かどうかも重要な要因になると考えられることから，これらの点についても注目して分析を行う。更に，先行研究では男子の方が運動系の活動への参加率は高いことが示されており（Darling et al., 2005），こうした男女比の違いが学校生活の様々な指標の違いに反映される可能性があることから，性別についても考慮する。

次に，先行研究では部活動への参加と適応の関連は対人関係に媒介されることが指摘されている（Darling et al., 2005；Eccles & Barber, 1999；Mahoney & Stattin, 2000）。そのため，ここでは「友人」「クラス」「他学年」「教師」といった対人関係に関する領域に注目し，部活動への参加状況によって，こうした対人関係領域の学校適応への影響がどのように異なるのかについても検討を行う。

方　法

調査協力者・時期

　2004年8月～2006年7月に愛知県（A校）・東京都（B・C・D・E・F校）の公立中学校6校で授業中に一斉形式で質問紙調査を実施した。960名分の質問紙を回収し，そのうち回答に不備のなかった中学1・2年生894名分のデータを分析に用いた（運動部男子362名，女子263名；文化部男子37名，女子148名；無所属男子44名，女子40名）。社会的適応に関する尺度はこのうち271名（運動部男子108名，女子68名；文化部男子18名，女子58名；無所属男子9名，女子10名）に対して実施された。

　本研究における全体の部活動参加率は90.60％で，ベネッセ教育研究所（1998）の調査（88.50％）とほぼ同様の参加率であった。各学校の部活動参加率は高い順に，A校=100％，B校=97.70％，C校=93.00％，D校=87.00％，E校=83.80％，F校=73.40％となっており，F校の参加率がやや低くなっていたが著しく参加率の低い学校はなかった。

質問紙の構成

①部活動への所属　部活動に所属しているか否か，また，所属している場合は部活動の名称を書くよう求めた。

②学校生活の諸領域との関係の良さ　研究2で作成した学校生活の諸領域との関係の良さ尺度のうち，「友人関係」「クラスへの意識」「教師との関係」「他学年との関係」「進路意識」「学業への意欲」「校則への意識」の7つの下位尺度を用いた。その際に，研究2で各因子において因子負荷の高かった上位4項目（計28項目）を分析に用いた。回答は「とてもあてはまる～まったくあてはまらない」の4件法で求めた。

③部活動への積極性　部活動への積極性を測定するため，上述の学校生活の諸領域との関係の良さ尺度の下位尺度である「部活動への傾倒」を用いた。その際に，研究2で因子負荷の高かった上位4項目を分析に用いた。これらの項目に対しては，部活動に参加している生徒にのみ回答してもらった。回答は「とてもあてはまる～まったくあてはまらない」の4件法で求めた。

④学校への心理的適応　研究2で作成された学校への順応感尺度と，古市・玉木（1994）の学校享受感尺度を用いた。回答は「とてもそう思～ぜんぜんそう思わない」の4件法で求めた。

⑤学校への社会的適応　反社会的傾向の指標として学校への不適応傾向尺度（酒井ら，2002）の下位尺度である反社会的傾向尺度，孤立傾向の指標としていじめ被害・学級不適応児童発見尺度（河村・田上，1997）の下位尺度である被侵害尺度を用いた。実施方法は研究5と同様。

結　果

尺度の構成

　まず，学校生活の7つの領域に対する意識について因子分析を行った。因子数を7に設定し，因子分析（主因子法・プロマックス回転）を行ったところ，研究2と同様の因子が得られた。α係数を求めたところ，「友人関係=.80」「クラスへの意識=.79」「他学年との関係=.92」「教師との関係=.85」「学業への意欲=.76」「進路意識=.80」「校則への意識=.74」となっており，内的一貫性が確

認された。

「部活動への傾倒」についてα係数を求めたところ.86であり，内的一貫性が確認された。学校適応の指標についてα係数を求めたところ,「順応感=.91」「享受感=.90」「反社会的傾向=.83」「孤立傾向=.84」であり，内的一貫性が確認された。

部活動への参加と積極性による群分け

まず，性別によって部活動への所属状況に違いがあるのかを検討した（表6-2-1）。χ^2分析を行ったところ有意差が認められ（$\chi^2(2)$=82.41, p<.001），残差分析から運動部では男子が多く女子は少ないこと，文化部では男子が少なく女子が多いことが示された。無所属では男女に差はなかった。

次に，「部活動への傾倒」得点に基づき，運動部・文化部に所属する生徒を平均値（M=3.35）を基準にそれぞれ上位群と下位群に分けた。上位群と下位群の得点に対してt検定を行った結果，有意な差が示された（t(808)=39.07, p<.001）。これにより，「運動部積極群（男子205名，女子158名）」「運動部消極群（男子157名，女子105名）」「文化部積極群（男子18名，女子87名）」「文化部消極群（男子19名，女子61名）」「無所属群（男子44名，女子40名）」の5群に生徒を分類した。

表6-2-1　性別・部活動への所属状況によるクロス集計

	運動部（%）	文化部（%）	無所属（%）	計（%）
男子	362（81.72）	37（8.35）	44（9.93）	443（100.00）
女子	263（58.31）	148（32.82）	40（8.87）	451（100.00）
計	625（69.91）	185（20.69）	84（9.40）	894（100.00）

部活動への参加と学校生活の諸領域との関係

上述の5つの群によって学校生活の諸領域での得点が異なるのかを検討するため,性別（男女）×所属（5群）の2要因の分散分析を実施した。その結果，全ての領域で所属の主効果が見られたためTukeyのHSD法による多重比較を行った（表6-2-2）。

分析の結果,「友人関係」については,「運動部積極群」「文化部積極群」が

第2節 部活動への参加と学校適応

表6-2-2 性別・群による学校生活の諸領域との関係の違い

	運動部積極群		文化部積極群		運動部消極群		文化部消極群		無所属群			F	
	男子	女子	男子	女子	男子	女子	男子	女子	男子	女子	性	所属	性×所属
N	205	158	18	87	157	105	19	61	44	40			
友人関係	3.65	3.71	3.76	3.70	3.38	3.46	3.20	3.39	3.44	3.41	1.11	19.21***	0.71
SD	0.43	0.37	0.36	0.44	0.53	0.52	0.59	0.67	0.51	0.54			
クラスへの意識	3.03	3.22	2.86	3.13	2.78	2.91	2.63	2.82	2.85	2.88	7.69**	10.74***	0.41
SD	0.66	0.59	0.67	0.62	0.62	0.63	0.50	0.67	0.59	0.62			
他学年との関係	3.33	3.29	2.61	3.20	2.77	2.72	2.26	2.55	2.27	2.29	5.94*	54.83***	3.10*
SD	0.65	0.55	1.06	0.73	0.69	0.76	0.80	0.82	0.86	1.00			
教師との関係	2.88	2.95	3.08	2.96	2.45	2.61	2.68	2.46	2.81	2.81	0.15	14.24***	1.25
SD	0.74	0.63	0.76	0.64	0.72	0.72	0.70	0.69	0.65	0.70			
学業への意欲	2.95	2.94	3.29	3.04	2.69	2.76	2.69	2.73	2.89	2.81	2.13	9.04***	1.06
SD	0.64	0.59	0.61	0.60	0.61	0.54	0.44	0.60	0.66	0.56			
進路意識	2.89	2.89	3.06	2.98	2.43	2.71	2.59	2.75	2.77	2.86	1.82	8.56***	1.47
SD	0.81	0.72	0.78	0.74	0.77	0.73	0.75	0.67	0.66	0.80			
校則への意識	2.95	2.93	3.17	3.06	2.79	2.81	3.26	3.03	3.15	2.85	4.84*	6.07**	1.38
SD	0.66	0.55	0.80	0.67	0.65	0.60	0.49	0.59	0.67	0.69			

*$p<.05$ **$p<.01$ ***$p<.001$

その他の群よりも得点が高かった。「クラスへの意識」については性の主効果も見られ，女子の得点が男子よりも高かった。5群の比較については，「運動部積極群」が「運動部消極群」「文化部消極群」「無所属群」よりも得点が高く，また，「文化部積極群」は「運動部消極群」「文化部消極群」よりも得点の高いことが示された。「他学年との関係」については交互作用が認められたことから単純主効果検定を行った結果，男子では「運動部積極群」がそれ以外の群よりも得点が高く，また，「運動部消極群」は「文化部消極群」「無所属群」よりも得点の高いことが明らかになった。女子については，「運動部積極群」「文化部積極群」がその他の群よりも得点が高く，また，「運動部消極群」は「無所属群」よりも得点が高かった。「教師との関係」については「運動部積極群」「文化部積極群」が「運動部消極群」「文化部消極群」よりも得点が高く，また，「無所属」は「運動部消極群」よりも得点の高いことが明らかになった。「学業への意欲」については「文化部積極群」が「運動部消極群」「文化部消極群」よりも得点が高く，また，「運動部積極群」も「運動部消極群」より得点の高いことが示された。「進路意識」については，「運動部積極群」「文化部積極群」「無所属群」が「運動部消極群」よりも得点が高くなっていた。「校則への意識」

については性の主効果も示され，男子の得点が女子よりも高かった。5群の比較では「運動部積極群」「文化部積極群」「文化部消極群」が「運動部消極群」よりも得点の高いことが示された。

以上のことから，全体的に「運動部積極群」「文化部積極群」は各領域において得点が高くなっており，部活動に積極的に参加している生徒は学校生活の様々な側面においても良好な状態にあるといえる。一方，「運動部消極群」「文化部消極群」については全体的に各領域の得点が「無所属群」よりも高いという結果は得られず，単に部活動に参加することが諸領域との関係の良さにつながるわけではないことが明らかになった。むしろ，「運動部消極群」については「無所属群」よりも「教師との関係」「進路意識」の得点が低く，「校則への意識」も最も低くなっており，「無所属群」の生徒よりも学校生活に困難を抱えているといえる。

部活動への参加と学校適応

5つの群によって学校適応がどのように異なるのかを検討するため，性別（男女）×所属（5群）の2要因の分散分析を実施した。なお，社会的適応（孤立傾向・反社会的傾向）についてはこれらの尺度に回答した271名のデータを用いて分析が行われた。その結果，全ての指標で有意差が検出されたため，TukeyのHSD法による多重比較を行った（表6-2-3）。

表6-2-3 性別・群による学校適応の違い

	運動部積極群		文化部積極群		運動部消極群		文化部消極群		無所属群		F		
	男子	女子	男子	女子	男子	女子	男子	女子	男子	女子	性	所属	性×所属
N	205	158	18	87	157	105	19	61	44	40			
順応感	3.16	3.12	3.08	3.19	2.72	2.79	2.64	2.76	2.84	2.77	0.47	21.87***	0.60
SD	0.59	0.52	0.61	0.60	0.65	0.58	0.58	0.58	0.53	0.63			
享受感	2.89	2.99	2.51	3.05	2.45	2.68	2.58	2.74	2.77	2.70	10.16**	12.82***	2.27
SD	0.65	0.59	0.84	0.68	0.60	0.69	0.52	0.70	0.59	0.82			
N	72	48	12	45	36	20	6	13	9	10			
孤立傾向	1.56	1.31	1.38	1.39	1.76	1.53	2.19	1.51	2.02	1.45	12.21**	3.61**	1.34
SD	0.65	0.49	0.29	0.44	0.76	0.61	0.70	0.41	1.03	0.50			
反社会的傾向	1.35	1.15	1.07	1.10	1.42	1.13	1.11	1.08	1.07	1.03	2.89	2.75*	1.22
SD	0.58	0.26	0.09	0.20	0.52	0.17	0.27	0.11	0.12	0.07			

*$p<.05$ **$p<.01$ ***$p<.001$

まず,「順応感」については「運動部積極群」「文化部積極群」がその他の群に比べ得点の高いことが明らかになった。「享受感」については性の主効果も検出され,女子が男子よりも得点が高かった。5群の比較については,「運動部積極群」が「運動部消極群」「文化部消極群」よりも得点が高く,また,「文化部積極群」は「運動部消極群」よりも得点の高いことが示された。「孤立傾向」についても性の主効果が認められ,男子は女子よりも得点が高かった。一方,所属の主効果は有意であったが ($p<.01$),多重比較では「運動部消極群」は「文化部積極群」よりも得点の高い傾向 ($p<.07$) にあることが示されたものの,有意な差は検出されなかった。「反社会的傾向」については「運動部積極群」「運動部消極群」が「文化部積極群」に比べ得点の高いことが明らかになった。

以上の結果から,「運動部積極群」「文化部積極群」は全体的に学校への心理的適応が良いことが示された。一方で,「運動部消極群」「文化部消極群」については「無所属群」よりも心理的適応が良いわけではなく,「運動部消極群」の「享受感」は相対的に最も低くなっていた。社会的適応に関しては,部活動に積極的かどうかにかかわらず,運動部に所属している生徒は「反社会的傾向」が高いことが示された。

学校適応に影響する対人関係領域の違い

5つの群によって,対人関係領域が学校適応に与える影響が異なるのかを検討するため,多母集団同時分析を行った。心理的適応については894名分のデータ,社会的適応については271名分のデータを用い別々に分析を実施した。分析にはAmos4.0を用い,最尤法によりパラメータの推定を行った。分析に用いた各変数の関連を表6-2-4に示した。

全ての群において有意(5%水準)でなかったパスを削除しモデルを修正した結果,最終的に図6-2-1,図6-2-2の結果が得られた。モデルの適合度は,心理的適応では$\chi^2(20)=23.86(n.s.)$,$GFI=.99$,$AGFI=.95$,$CFI=1.00$,$RMSEA=.02$,社会的適応では$\chi^2(45)=54.39(n.s.)$,$GFI=.95$,$AGFI=.84$,$CFI=.96$,$RMSEA=.03$であった。

以下では,対人関係領域の影響に注目して述べていく。

まず心理的適応については,「クラスへの意識」は全ての群において「順応感」

116　第6章　学校への適応状態に関する検討

表6-2-4　各変数間の相関[a]

		1	2	3	4	5	6	7	8
1	友人関係	-	.45***	.33***	.30***	.50***	.40***	-	-
2	クラスへの意識	.52***	-	.31***	.39***	.58***	.59***	-	-
3	他学年との関係	.39***	.44***	-	.22***	.36***	.28***	-	-
4	教師との関係	.28***	.39***	.25***	-	.39***	.42***	-	-
5	順応感	.58***	.58***	.43***	.33***	-	.60***	-	-
6	享受感	.48***	.61***	.38***	.45***	.59***	-	-	-
7	孤立傾向	-.44***	-.29***	-.17**	-.11	-.43***	-.35***	-	-
8	反社会的傾向	.04	.01	.09	-.14*	-.02	-.09	.18**	-

[a] 右上：894名の変数間の相関，左下：271名の変数間の相関　　　*$p<.05$ **$p<.01$ ***$p<.001$

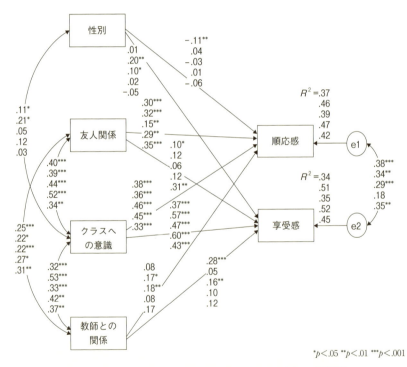

図6-2-1　5つの群における対人関係領域の心理的適応への影響[a][b]

[a] 1段目＝運動部積極群（$n=363$），2段目＝文化部積極群（$n=105$），3段目＝運動部消極群（$n=262$），4段目＝文化部消極群（$n=80$），5段目＝無所属群（$n=84$）
[b] 性別についてはダミー変数を用いた（男子＝0，女子＝1）

第 2 節　部活動への参加と学校適応　117

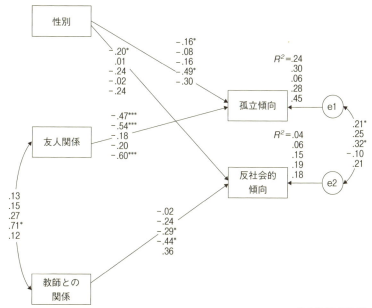

$^*p<.05\ ^{**}p<.01\ ^{***}p<.001$

図6-2-2　5つの群における対人関係領域の社会的適応への影響[a) b)]

[a)] 1段目＝運動部積極群（$n=120$），2段目＝文化部積極群（$n=57$），3段目＝運動部消極群（$n=56$），4段目＝文化部消極群（$n=19$），5段目＝無所属群（$n=19$）
[b)] 性別についてはダミー変数を用いた（男子＝0，女子＝1）

「享受感」に正のパスが引かれたが，「他学年との関係」については有意なパスは示されなかった。

　「友人関係」については，全ての群で「順応感」に正の影響が見られたが，「享受感」については「運動部積極群」（$\beta=.10$）と「無所属群」（$\beta=.31$）においてのみ影響が認められた。「享受感」に対する「運動部消極群」と「文化部消極群」のパス係数はともに $\beta=.12$ となっており，「運動部積極群」のパス係数よりも高かったが，有意ではなかった。そこで，有意となったパス係数と有意でなかったパス係数に差があるのかを，検定統計量により検討したところ，「無所属群」のパス係数は「運動部消極群」（$z=2.43, p<.05$），「文化部消極群」（$z=1.90, p<.10$）のパス係数よりも高くなっていたが，「運動部積極群」のパス係数は有意でなかったパス係数と差がなかった。

「教師との関係」に関しては,「順応感」では「文化部積極群」($\beta=.17$) と「運動部消極群」($\beta=.18$) において影響が見られた。しかし,上述と同様の手続きで検定統計量を確認した結果,有意なパス係数と有意でないパス係数との間に差は認められなかった。「享受感」に対しては,「運動部積極群」($\beta=.28$) と「運動部消極群」($\beta=.16$) において影響が示された。検定統計量の検討からは,「運動部積極群」のパス係数は「文化部積極群」($z=-2.02, p<.05$)「文化部消極群」($z=-1.74, p<.10$) のパス係数よりも高かったが,「運動部消極群」のパス係数は有意でなかったパス係数と差はなかった。

次に,社会的適応についてだが,「クラスへの意識」「他学年との関係」については有意なパスは引かれなかった。

「友人関係」については,「運動部積極群」($\beta=-.47$)「文化部積極群」($\beta=-.54$),「無所属群」($\beta=-.60$) において「孤立傾向」への影響が示された。検定統計量を確認したところ,「無所属群」のパス係数は「文化部消極群」($z=-2.43, p<.05$),「運動部消極群」($z=-1.80, p<.10$) のパス係数よりも負に大きく,「運動部積極群」($z=2.50, p<.05$) と「文化部積極群」($z=1.98, p<.05$) のパス係数は「文化部消極群」のパス係数よりも負に大きかった。

「教師との関係」については,「運動部消極群」($\beta=-.29$) と「文化部消極群」($\beta=-.44$) において「反社会的傾向」への影響が示された。検定統計量を見ると,「運動部消極群」のパス係数は「無所属群」($z=2.99, p<.01$),「運動部積極群」($z=-1.70, p<.10$) のパス係数と差があり,「文化部消極群」のパス係数は「無所属群」($z=2.69, p<.01$) のパス係数と差があった。

以上の結果から,心理的適応・社会的適応ともに「友人関係」「教師との関係」については群によって影響の仕方に違いのあることが明らかになった。そして,検定統計量の検討より,心理的適応については,「無所属群」において「友人関係」が「享受感」に影響していること,「運動部積極群」において「教師との関係」が「享受感」に影響していることが示された。社会的適応については,「運動部積極群」「文化部積極群」「無所属群」では「友人関係」が「孤立傾向」に影響し,「運動部消極群」「文化部消極群」では「教師との関係」が「反社会的傾向」に影響していることが示された。

考　察

　本研究ではまず，部活動のタイプ，部活動への積極性に注目しながら，部活動への参加状況が学校生活の諸領域や学校適応とどのような関係にあるのかについて検討した。次に，対人関係領域の学校適応への影響が部活動への参加状況によってどのように異なるのかについても分析を行った。

部活動への参加と学校生活の諸領域・学校適応の関係について

　まず，部活動に積極的な生徒について見てみると，学校生活の諸領域に関して，先行研究では部活動への参加が，学業成績や意欲（Darling et al., 2005；Eccles & Barber, 1999；山口ら，2004），教師への態度（山口ら，2004）とポジティブな関係にあることが示されているが，本研究ではこうした関係は部活動に積極的な生徒のみに見られるという結果が得られた。また，本研究では友人・クラス・他学年・進路・校則といったその他の領域においても部活動に積極的な生徒の得点が高くなっていた。心理的適応について見ると，先行研究では部活動への参加が学校全体に対するポジティブな意識につながることが示されているが（Darling et al., 2005；Eccles & Barber, 1999；角谷・無藤，2001；山口ら，2004；吉村，1997），こうした関係についても，部活動に積極的な生徒のみに見られるという結果が得られた。以上のことから，部活動に積極的に参加している生徒は学校生活の様々な領域で良好な状態にあるだけでなく，心理的適応も高いといえ，彼らにとっては部活動が学校生活の重要な支えとして機能していると考えられる。角谷・無藤（2001）は，教育実践において部活動の意義の大きさが認識されているにもかかわらず，そのことが先行研究で見出されてこなかったと指摘しており，その要因として部活動へのコミットメントが考慮されてこなかったことを挙げている。本研究では部活動への積極性を考慮して分析を行ったが，こうした分析を行うことで部活動に積極的な生徒にとって部活動の持つ意義は大きいことが示されたといえよう。

　部活動に消極的な生徒について見てみると，こうした生徒は全体的に各領域の得点が部活動に参加していない生徒よりも高いわけではなかった。また，心

理的適応に関しても部活動に消極的な生徒が部活動に参加していない生徒よりも良いという結果は得られなかった。これらの知見を踏まえると，部活動は生徒の発達や適応を促進するといった教育効果を目的に実践されてきた（山口ら，2004）が，単に部活動に参加することが必ずしもポジティブな教育効果につながっているわけではないことが示されたといえるだろう。また，特に運動部で消極的な生徒の場合，部活動に参加していない生徒よりも得点の低い学校生活の領域があったり，享受感が低くなっていることが示された。このことは，場合によっては部活動が生徒にネガティブな影響を与える場合のあることを示唆している。都筑（2001）は，小学 6 年生が中学校生活で期待するものとして最も多いのが部活動であることを示している。部活動への参加は学校への心理的な結びつきを強める（Darling et al., 2005）可能性がある一方で，期待が大きいだけに，部活動でうまくいかない生徒は中学校生活に失望し，学校生活への意欲が低下してしまう場合があると考えられる。また，スポーツ活動には競争志向的，勝者・敗者がはっきりしているなどの特徴があるとされ（Barnett, 2007；Larson, 1994），勝利至上主義や激しい練習など，いきすぎると発達にネガティブな影響を与える可能性が指摘されている（森川・遠藤，1999）。本研究の運動部で消極的であった生徒には，こうしたネガティブな影響が表れていると推察される。

　運動部の生徒について見てみると，部活動に積極的であるか否かにかかわらず，運動部への参加が反社会的傾向の高さにつながっているという知見が得られた。本研究では運動部と文化部を区分して検討したが，ここからは，活動内容によって社会的適応への影響の仕方は異なることが示されたといえよう。そして，先行研究では運動部への参加が学校での逸脱傾向（Lamborn, Brown, Mounts, & Steinberg, 1992）と関係していることが示されているが，本研究でも同様の知見が得られた。多くの先行研究では部活動のポジティブな影響について検討されており，ネガティブな影響について検討した研究は少ないが，本研究の知見には部活動のネガティブな面が表れているといえるだろう。運動部への参加が反社会的傾向と関連していた背景には次のような可能性が考えられる。一般的に運動部の生徒は文化部の生徒に比べ身体的なコンピテンスが高くなると考えられる。Loeber & Hay（1997）では中学生の時期は身体的な殴り

合いが増加することが示されているが，身体能力への自信の高さが反社会的行動につながりやすいという可能性があるだろう。

学校適応に影響する対人関係領域の違いについて

　分析の結果，「クラスへの意識」「他学年との関係」に関しては，5つの群によって学校適応への影響の仕方に違いはなかったが，「友人関係」「教師との関係」については違いが見られた。このように，部活動への参加状況により，対人関係領域と学校適応との関連が異なることが明らかになり，部活動への参加は学校での対人関係の在り方に違いを生じさせることが示された。以下では，違いの見られた「友人関係」「教師との関係」に注目して考察する。

　まず，友人関係についてだが，運動部積極群・文化部積極群・無所属群は友人関係の良さが孤立傾向の低さにつながっており，無所属群では享受感も高くなることが示された。孤立傾向への影響に関しては，部活動に積極的な生徒と無所属の生徒で共通していたが，両者において学校生活での友人関係が持つ意味は異なると考えられる。先行研究では，部活動で同じ目標や興味を共有しともに時間を過ごすことで，メンバー同士が友人関係に発展しやすいことが指摘されている（Eccles & Barber, 1999；Larson, 1994）。また，角谷・無藤（2001）は部活動がアイデンティティを形成する際の重要な準拠集団になり得ると述べている。これらのことを考慮すると，部活動に所属している生徒は部活動内で友人関係を形成しやすく，部活動に基づいた人間関係を重視しやすい傾向にあるといえる。そして，部活動に積極的な生徒ほどこうした傾向が強く，部活動を中心とした友人関係を築きやすいと予想されることから，そこで関係が悪化した場合に孤立につながりやすいのだと考えられる。一方，部活動に所属していない少数派の生徒については友人関係形成の場が少なく，更に，部活動を中心とした人間関係を形成している生徒とは関係が深まりにくい可能性がある。このように，無所属の生徒は交友関係が狭くなりやすいため，その状況の中で友人を獲得し関係を築けなければ孤立するリスクが高まるといえるだろう。そして，他の生徒のように部活動にやりがいを見出すことができないぶん，学校生活の享受において友人との関係が重要になるのだと考えられる。

　次に，教師との関係については，運動部積極群では教師との関係の良いこと

が享受感の高さにつながることが示された。また，運動部消極群・文化部消極群では教師との関係の良さが反社会的傾向の低さにつながることが示された。運動部で積極的な生徒についてだが，松原（1990）は，団体成績を競う部活動においては，その成果が教師の力量によって左右されるところが大きいと指摘している。このことを考慮すると，運動部ではチームワークが必要とされ，勝敗を競う活動が多いことから，文化部に比べ教師の指導による統率が強くなると考えられる。そして，部活動に積極的な生徒ほどこうした教師の影響力も強くなるため，教師との関係の良し悪しが学校生活の享受に影響するのだと考えられる。一方，運動部消極群・文化部消極群については次のように考えられる。山口ら（2004）では，部活動への参加が教師への態度とポジティブに関連していることが示されており，その理由として，部活動参加者は教師とのコミュニケーション頻度が多くなることが挙げられている。しかし，相互作用の機会が多いことは，両者の距離が近づくことで関係が良くなる反面，相互作用がうまくいかない場合，かえって関係を悪化させてしまう可能性もある。本研究の諸領域に関する分析では，部活動に消極的な生徒は教師との関係が良くなく，特に運動部で消極的な生徒は無所属の生徒よりも得点の低いことが示されているが，ここにはこうした距離の近さによるネガティブな影響が表れていると考えられる。このことを踏まえると，部活動に消極的な生徒は教師に対してネガティブな態度を抱きやすく，教師への反感から反社会的な行動を起こす傾向にあると推察される。

第3節　学内相談室における活動と学校適応
―軽度知的障がいの生徒の事例から（研究8）[10]

目　的

　研究8では，生徒の学校適応において学内相談室がどのような役割を担っているのかを明らかにするため，クラスで困難を抱えやすい通常学級に在籍する

---

[10] 本節は岡田（2007）を基に加筆修正したものである。

軽度知的障がいの生徒の事例を基に検討することが目的である。具体的には以下のことについて検討を行う。

中学校では学内に相談室が設置されるようになり，スクールカウンセラー（以下，SCとする）や相談員によって生徒の援助が行われている。相談室では個別的な相談やカウンセリングだけでなく，休み時間等に生徒が相談室を自由に訪れ自由に過ごす自由来室活動（半田，2003）がなされることもあり，相談室がクラスでうまくいっていない生徒の居場所となることが示唆されている（瀬戸，2006）。そこで，ここではクラスにおいて困難を抱えている生徒に注目し，相談室がこうした生徒の学校適応を支える場として機能し得るのかについて検討していく。

ここで，先行研究からは通常学級には一定程度の軽度知的障がいの生徒が存在していることが指摘されており（中村，1994），こうした生徒は学習や学級適応上の問題を抱える危険性のあることが指摘されている（長尾，2007；長尾・北畑，2007，中村，1994）。そのため，本研究ではクラスにおいて特に困難を抱えやすいと思われる軽度知的障がいの生徒に注目して事例研究を行う。具体的には，中学校の相談室に継続して来室する軽度知的障がいの生徒，そして軽度知的障がいが疑われる生徒の2つの事例を取り上げる。分析の際には，相談が基本的に一対一でなされることが多いこと，また，相談室の自由来室活動には1人あるいは数人の生徒に限られた「私的な異空間」と，全ての生徒に開かれている「開かれた異空間」という重層的な二空間構造がある（瀬戸，2006）ことが指摘されていることから，相談員との一対一での活動と，他生徒も含めた活動を区別しながら検討していく。

方　法

筆者は200X年5月～200X＋2年3月に，公立Q中学校でSCが不在の日に相談員として週に1度，学内相談室で生徒に援助を行った。主な職務内容は相談室における生徒の悩み相談，居場所づくりであり，相談のない昼休みや放課後は一般生徒にも開放されていた。また，必要がある場合はSC・管理職・担任・養護教諭と情報交換をし，連携を取りながら援助がなされた。本研究ではそこ

で関わった生徒の中から軽度知的障がいおよび，軽度知的障がいが疑われる2名の事例を取り上げる。事例検討のための資料には，SC，管理職などとの情報共有のために筆者が書いた活動報告書が用いられた。報告書は1日の勤務が終わるたびに書かれ，どの生徒が来室し，どのような活動・援助がなされたのかが詳細に記録された。なお，事例はプライバシー保護を考慮し，事例が特定できないように細部を改変して記述した。

事　例

事例1の概要

　中3男子（援助開始時；以下Aとする）。援助期間は200X年5月～200X+1年3月。年齢よりも幼く見え，軽度の知的障がいがあるが通常学級に在籍。以前は父親からの暴力があり援助開始時には見られなくなっていたが，厳しい叱責は継続していた。学習面では授業についていくことが難しく，相談室の観察では複雑なカードゲームになるとルールを正しく理解できなかった。対人関係では時折他生徒からからかわれることがあったが，深刻ないじめに発展することはなかった。他生徒に話しかけることは多いものの相手の感情をうまく読み取ることができず，コミュニケーションを継続することが困難なため，親友はおらず周囲から孤立傾向にあった。休み時間や放課後になると相談室や保健室に1人で来室し，相談員や養護教諭に相手をしてもらいに来た。卒業後は特別支援学校の高等部に進学することとなった。

Aの相談室における活動

　①相談員との関わり　　まず，Aと相談員との一対一の活動については，Aは用事がない限りほぼ毎週，休み時間や放課後になると1人で来室し，相談員とカードゲームなどで遊ぶことを求めた。カードゲームで遊ぶ時は坊主めくりやババ抜きなどが多く，複雑なルールのゲームになるとうまく理解できず遊ぶことができなかった。最初のうちは相談員がAの提案するゲームに付き合う形で関わることで，スムーズに二者関係がつくられていった。しかし，自分のやりたい遊びに付き合ってもらうという感じであり，不利な状況になると不正を

したり，都合の良いようにルールを変えるなどの行為が見られ，こちらが指摘しても聞き入れないという問題が見られた。また，遊びで負けてもそのことを認められず，自分が勝つまでやり，勝つとそのことを何度も自慢するような言動が見られた。そのため，Aと遊ぶ中で徐々にこちらがどういう遊びをしたいのかという要望を伝えるようにし，交渉しながら一緒に何をして遊ぶかを考えるようにした。こうした関わりを続けることで，一方的にAのやりたい遊びを続けるということはなくなっていった。また，不正をすることについては，そういうことをされた場合に相手がどのように感じるのかをはっきりと伝えるようにした。こうした働きかけを行うことであからさまな不正をするということは見られなくなった。2学期以降はカードゲームの他に，相談室のテーブルを使った卓球をすることも多くなり，相談員と相談しながらルールや何回勝負したら止めるかを決め，Aが負けて終わっても「次に来た時は負けない」というように負けたことを受け入れられるようになっていった。一方で，援助開始時に比べ穏やかにはなったものの，強引に自分に有利な方向に持っていこうとする傾向が完全になくなることはなかった。また，他生徒も混じって複雑なルールのゲームをすることには最後まで困難を示した。

　次に，相談員とのコミュニケーションについてだが，当初は遊びに来ることが中心で，自分のことや悩みを話したりすることはなかった。また，相談員にちょっかいをだしたり，からかったりすることで，注意を自分に向けさせようとしたり，他の生徒がいても相談員を独占しようとする行為が見られた。遊びを通して関係ができてくると，遊びの中で徐々に自分が得意なことの話や，進路の話，家での不満などについて語るようになっていった。家では父親の叱責に耐えられず，逃げることもできないと話し，わかって欲しいと思うが言い返すとまた怒られそうで怖いと語る。こうした話が出た時は暴力がないかを確認し，深刻化したり耐えられなくなった場合には，またSCや相談員などに相談するように伝えた。また，放課後に家に帰っても1人で寂しく，SCや相談員が来ない日はつまらない，何で来ないのかと語ることもあった。このように，援助開始時では遊び中心であったのが，遊びの中で徐々に悩みなどを話すようになるという変化が見られた。相談員を独占しようとする行為については，誰かの相談を聞いている時間と自由に過ごしていい時間の違いをはっきりと示す

ことで改善されたが，唐突にちょっかいを出して注意を向けさせるような行為は最後まで見られた。

②他生徒との関わり　Aは他生徒の会話に入るタイミングをつかめず唐突に話に入ったりするため，しばしば他生徒との衝突を起こし，会話だけではやり取りが続かないことが多かった。また，周囲の雰囲気や相手の表情を読み取れず場違いな言動をとってしまうため，下級生にからかわれることも時々あったが，こうした場合には「先輩だぞっ」というように言い返していた。このように，他生徒とうまく関係をつくることが苦手であったため，当初は相談員と2人でしかできない遊びをしたがることも多かったが，他の生徒が来室した際には，相談員が他の生徒も誘い一緒に遊ぶよう働きかけるようにした。ただ，他の生徒が提案する複雑なカードゲームにはついていけないこともあり，そうした場合は一緒にできる遊びをAと考えるようにした。また，一緒に遊んでいる時にAが他の生徒の邪魔をしようとした場合には，遊びが継続できるように相談員が介入した。

　このように，相談員が間に入りながら同学年や年下の生徒と一緒に遊ぶことを通して，他生徒がいる時は一緒に遊ぶことが定着し，Aから他生徒を誘ったり，相談員と他生徒が遊んでいるところにAが加わることも見られるようになった。また，他生徒がゲームに加わらなくても，同じテーブルでAがゲームをし，他生徒が別のことをするというように，一緒にコミュニケーションをする機会が増えるよう配慮した。こうした活動によって，相談室に来れば会える顔なじみの生徒ができ，遊びを通してでなくても他生徒と学校生活の話をしたり，テレビの話をしたりすることができるようになっていった。2学期になると進路の話もされるようになったが，その中でAは相談室で顔なじみの生徒に自分が知的障がいであることを明かし，卒業後は特別支援学校に進学することを伝えるということがあった。他の生徒はAの発言に特に動じることはなく，その後も普段どおりの関係が継続した。このように，当初は相談員と遊ぶことが多かったが，遊びを通して他生徒との関係が深まり，自分の障がいを話せるような人間関係ができていった。一方で，周囲の雰囲気や相手の表情を読み取れず衝突を起こすという問題は継続しており，また，親友のような深い人間関係を形成することはできなかった。

事例2の概要

中1女子（援助開始時；以下Bとする）。援助期間は200X年4月〜200X+1年3月。勉強に対する親からの圧力が強く，親に叩かれることもあった。学業成績は低く，養護教諭も軽度知的障がいの疑いがあると話すが通常学級に在籍していた。カードゲームも複雑なものになるとルールを理解することが難しかった。対人関係では，相談室ではよく話すが教室内ではおとなしく，小学校時代からの友人が2名いたが，そのうち1名は面倒を見ているという状況であった。また，相手に配慮せずに自分の要求を主張するため，友人と衝突することがしばしばあった。

Bの相談室における活動

①**相談員との関わり**　Bと相談員との活動については，Bは入学当初に友人2名と一緒に相談室に来室して以降，継続して来室するようになった。はじめのうちは相談員も含め友人と一緒にカードゲームなどをすることが多かったが，自分が得意なゲームを何度もやろうとするので友だちが付き合わなくなり，1人で来室することが増えてきた。複雑なカードゲームはうまく続けることが困難であったが，トランプの神経衰弱が得意で繰り返しやろうとした。勝つと「勝った，勝った」と満足そうにするが，不正をしてでも勝つことに執着することがしばしば見られた。そのため，不正をされると相手がどのような気持ちになるのかを伝えるとともに，自分のやりたいゲームばかりをしようとすると他の人が付き合ってくれなくなるので，相手の要望も聞きながら遊ぶように伝えた。こうした関わりによって，他の生徒と遊ぶ時は不正をせず，どんなゲームだったらやってもよいかを相手に尋ねるようになった。ただ，相談員と一対一で遊ぶ場面では自分の要求が通らないとだだをこねるなどの行為が継続して見られた。

相談員とのコミュニケーションについては，他生徒と話していても相談員に話しかけかまってもらおうとしたり，相談員の机の椅子に座ったり，近づいてくるなどあまえるような行為も見られた。当初は相談員と2人の時には世間話などをしながら遊ぶことが多かったが，次第に家庭での悩みを話すようになり，2学期・3学期になると親が勉強のことで厳しいと不満を漏らすことが多くなっ

てきた。学校から帰って勉強をし，塾でも勉強をしているのに親からは勉強しろといわれ，生活が忙しく勉強をしても評価されないとのことであった。また，下に弟がおり，自分は姉なのに生意気な接し方をすると語ることもあった。3学期には傷をつくってきたことがあり，親に叩かれたと相談員に打ち明けた。親からの暴力についてはSCや管理職などに報告し情報を共有するとともに，Bに対してはまた暴力があったりエスカレートすることがあったら，誰でもよいから教職員に話すよう伝えた。このように，遊びを通して勉強や家庭での悩みについて相談員に語ることが増えていった。

②**他生徒との関わり**　Bには小学校時代からの付き合いで同じ文化系の部活動に所属する友人が2名（以下，C・Dとする）いたが，Bが自分勝手に振る舞ったり，相手が迷惑そうな表情をしているのに気づくことが苦手だったりするため，しばしば衝突を起こした。また，Bには誰かが失敗をすると自分のことを棚に上げて言い過ぎてしまうという問題点があった。Bがそうした行動をとった時に，Cははっきりと問題を伝えることが多かったが，Dは直接Bに言うことはできなかった。Cについては，Bに対して「～しなきゃだめだよ」と注意したり，部活動の時間になるとBを相談室に迎えに来たりするなど，面倒を見ているという状態であり，対等な友人関係とはいえない面があった。2学期に入るとBのいない時にDが来室し，「Bさんのわがままについていけない」と不満を漏らしたり，来室している他の生徒と一緒にBの悪口を言ったりし，Bが来てもよそよそしくなることがあった。一方，Bは部活動の時間になっても行きたがらないようになった。そこでまず，DにはBにどうして欲しいのか要望を聞くとともに，Dに見放されたらBがどのような思いをするかなどを相談員と話し合った。同時に，Bには友だちがどんなことを不満に感じているのかを伝え，BとDのやり取りがなされる場合には相談員が介入した。最終的にはB・C・Dの3名が集まりお互いに対して思っていることや，今後どうしていきたいかなどを相談員とともに話し合った。このように関係を維持する働きかけを行うことで，3学期になると両者の関係は改善され，元のように一緒に相談室で遊んだり，3人で一緒に部活動に行くなどの行動が見られるようになった。また，友人以外の生徒との関わりについては，相談室によく来室していた2・3年生の女子と一緒にカードゲームをしたり，パソコンのゲームを教

えてもらったりするなど，普段接点のない上級生との人間関係の広がりが見られた。

考　察

　本研究では相談室が生徒の学校適応を支える場として機能するのかについて明らかにすることが目的であった。その際に，クラスにおいて困難を抱えやすい通常学級に在籍する軽度知的障がいの生徒に注目し，2つの事例からこの問題について検討を行った。

相談員との関わりを通した変化について
　ここでは相談員との関わりを通した変化に注目し，軽度知的障がいの生徒における相談室の役割について述べる。まず，A・Bともに，相談の予約をして相談室に来室するのではなく，自由来室活動中に来室することがほとんどであった。しかし，当初は相談員との遊びが中心であったが，徐々に遊びを通して家庭や勉強などの悩みが語られるようになっていった。長尾・北畑（2007）は軽度知的障がいの生徒の2事例の検討から，内省に乏しいことを指摘しているが，このことを踏まえると，軽度知的障がいの生徒は内的な悩みや問題を整理し，自分から言語化することが難しい可能性がある。そのため，一対一もしくは少人数で落ちついて遊ぶことができるような状況で，丁寧に話を聞いてもらえる場のあることは，彼らの内的な悩みを言語化する機会をもたらすと考えられる。そして，こうした機会があることは，「悩みを語ることで精神的に楽になる」（瀬戸，2006）ことにつながるだけでなく，Bの事例にあったように家庭での暴力などを把握し，より深刻な状態に至る前に対処することを可能にするといえよう。
　次に，両事例とも相談員と遊ぶ際に，当初は自分の都合のよいようにゲームを進めたり，相手の反応を見ずに遊びを続けるという問題があった。しかし，不正をされると相手がどのように感じるのかや，一緒に遊ぶ時は相手と話し合いながら遊ぶ内容を決める必要があることをはっきり伝えることで，そうした行動は改善されていった。他の教職員とは一対一の時間をとることは難しく，

また，同輩とのやり取りでは衝突を繰り返すため，このような他者とのやり取りの仕方を身につけることは難しいといえる。相談員を交えて一対一もしくは少人数で遊ぶことは，相手の気持ちをフィードバックしたり，人との交渉の仕方を伝えたりする機会をもたらし，こうした相談室での活動を通してソーシャル・スキルを高めることが可能になるといえよう。

　最後に，両事例とも厳しい叱責や，勉強へのプレッシャーといった親からの圧力に関する悩みを抱えていた。障がい児が通常学級に在籍する背景には親の考え方があり，「普通学級でないと社会性が伸びない」「障がいを認めない」「普通学級が唯一の治療」といった考えを持つ親の多いことが示されているが（中村，1994），このことを踏まえると，親が子どもの障がいを受容できなかったり，障がいに気づかなかったりすることで，軽度知的障がいの生徒は親からの圧力を受けやすいと考えられる。両事例とも相談員を独占しようとしたり，あまえたりする行為が見られたが，こうした行為には普段家庭で親から受容される経験の少ないことが反映されている可能性があるだろう。また，Aでは先輩として，Bでは姉として，目上の存在として扱ってもらいたいという願望があったが，普段の生活の中ではそうした立場にふさわしい振る舞いをすることが難しく，周囲から評価されることが少ないと考えられる。不正をしてでもゲームに勝つことに執着したり，得意なゲームばかりを続けることの背景には，普段の生活で有能感を感じられる場の少ないことがあると推察される。宮本（2000）は通常学級の軽度知的障がい児の情緒の安定化において，一緒に過ごす時間の確保や，できなかった部分ではなくできたところを評価することなどが重要だと指摘しているが，以上のことを踏まえると一対一で受容的に接することが可能な相談室での自由来室活動は日常生活で満たされにくい彼らの内的な欲求を満たすことにつながるといえるだろう。

他生徒との関わりを通した変化について

　以下では，他生徒との関わりを中心に相談室の役割について検討する。まず，A・Bともに他生徒とのコミュニケーションに問題があり，うまく関係を築けなかったり，しばしば他生徒と衝突を起こすという問題があった。Aについては，相談員が他生徒との相互作用を促すことで相談室に固有の学年を越えた人

間関係を形成することができ，自分の障がいについても打ち明けることができた。また，Bについては友人関係の危機に相談員が介入することで，関係を維持することができたとともに，上級生の生徒との新たな関係が形成された。こうしたことを考えると，コミュニケーション上の問題があり自分だけではうまく関係を築けなくても，相談員が軽度知的障がいの生徒と他生徒の間に入ることで，新たな人間関係を形成する機会をもたらせるといえよう。また，相談室は普段接点の少ない他のクラスの生徒や他学年の生徒とも出会える場であり，学級集団から一時的に離れ，学級や学年を越えた相談室に固有の関係を築くことができる（瀬戸，2006）。そのため，クラスで孤立しやすい軽度知的障がいの生徒にとって，こうした場は重要な人間関係構築の場として機能し得ると考えられる。

　次に，両事例とも休み時間や放課後に継続して相談室に来室していた。Aからは「SCや相談員がこない日はつまらない」という言葉も聞かれたが，このことを踏まえると相談室がクラス以外の居場所として機能していたといえるだろう。この背景には，目的で述べたように，学習についていくことが難しく，学級適応上の問題を抱えやすい軽度知的障がいの生徒にとって，クラスは居心地の良い場所にはなりにくいという問題があると考えられる。これに対し，自由来室活動中の相談室は瀬戸（2006）が「学校内の異空間」としたように，学校生活の中に位置づけられながらも普段の学校生活とは異なる空間であるといえ，指導が重視される他の場とは異なり，受容的に接してもらえる場だといえる。このように，クラスから離れ，相談員も交えながら少人数で遊んだり，相談室に固有の新たな人間関係を形成できたことが，相談室が学校内での居場所として機能することにつながったと考えられる。クラスとは別のこうした居場所のあることは，二次的な問題を抱えやすい彼らにとって特に重要だといえるだろう。

学校適応の支えとしての相談室

　相談員との関わりに関しては，遊びを通して悩みを話すことで精神的に楽になる，問題の深刻化を予防するといった機能の他に，一対一で丁寧に向き合うことで，ソーシャル・スキルを向上させる，日常生活で満たされない欲求を充

足するといった機能のあることが示された。瀬戸（2006）は相談室における自由来室活動には「私的な異空間」と「開かれた異空間」があるとし，私的な異空間には「悩みを語ることで精神的に楽になる」「日常をよりよく送るための方法を知る」などの機能があることを指摘している。上述の本研究の知見はこの私的な異空間における機能と重なっており，内的な悩みや対人関係上の問題を自分から言語化することが苦手な軽度知的障がいの生徒にとっても，自由来室活動時にこうした機能が有効に働くことを示しているといえよう。そして，このような相談室における活動は，学校内で内的欲求を満たすことや，周囲からの要請にうまく対処できるようになることにつながっていると考えられる。

　他生徒との関わりに関しては，学級・学年を越えた相談室に固有の人間関係が形成される，クラス以外の居場所となるといった機能のあることが示された。開かれた異空間の機能には「クラスや学年を越えた関係の広がり」「行き場がない時の居場所」などがある（瀬戸，2006）とされるが，本研究でも同様の機能が見出された。クラスで孤立しやすい軽度知的障がいの生徒にとって，こうしたクラスに代わる人間関係や居場所があることは，学校での孤立感を緩和することになるだろう。

　以上のことから，相談室は軽度知的障がいの生徒の適応上の困難を補償する場として機能しているといえ，クラスにうまく馴染めない生徒にとって相談室が学校適応の支えとなり得ることが示唆された。そして，相談室がこうした場として機能するのは，SCや相談員が他の教職員と異なり生徒を指導・評価するという役割から比較的自由な，学校システムにおけるある意味での「異物」であるためだといえ，異物を中心に空間が展開されることで，指導が重視されるそれ以外の場とは異なる受容的な「異空間」が成立し，クラスとは別の形での居場所が確保されるのだと考えられる。

第 4 節　学校の周辺的な文脈と学校適応
——生活空間への志向性に注目して（研究 9 ）[11]

目　的

　研究 9 では，学校やそれ以外の生活空間に対する志向性の違いによって学校適応がどのように異なるのか，放課後の過ごし方が生活空間への志向性にどのような影響を与えているのかを明らかにすることが目的である。具体的には以下のことについて検討を行う。

　学校生活は家や学校／家以外の場といった学校の周辺的な文脈からも影響を受けているといえる。そして，学校生活がこうした学校の周辺的な文脈の中でどのように位置づけられているかによって，学校への適応の在り方は異なると考えられる。この問題にアプローチする際に，本研究では居場所の概念を援用する。杉本・庄司（2006b）は居場所に対する最も基本的な精神状態はそこに「いたい」という感情であるとしているが，このことを踏まえると，ある生活空間をどの程度志向しているのかという観点から居場所を捉えることが可能だといえよう。そして，生活全体の中で学校生活への志向性が高い生徒ほど，学校への適応も良好な状態にあると予想される。そこで，ここでは学校，家，学校／家以外の場という 3 つの生活空間を取り上げ，それらに対する志向性を関連づけながら学校適応との関係を検討することで，学校の周辺的な文脈を含みながら生徒の適応状態の違いを明らかにしていく。

　次に，学校への志向性は学校の周辺的な文脈における過ごし方から影響を受けているといえる。本研究では，この問題について検討するために，学校から別の生活空間に移行する時間帯であり，自由裁量で過ごし方を決められる余地のある放課後に注目する。どのように過ごすかに生徒の意思が反映される放課後は，生活空間に対する志向性と密接な関係があると考えられる。その際に，国内では放課後の時間使用に関する研究が蓄積されていないことから，まず放

　11）本節は岡田（2011・2012b・2013b）を基に再分析および加筆修正したものである。

課後の活動にはどのような側面があるのかや,性別・学年によって時間使用がどのように異なるのかについて明らかにする。また,先行研究ではどのような活動をするかだけでなく,誰と過ごしているのかについても重要であることが示されていることから（McHale, Crouter, & Tucker, 2001),放課後に過ごす他者についても考慮し分析を行う。その上で,放課後の過ごし方が生活空間に対する志向性にどのような影響を与えているのかを検討する。

方　　法

調査協力者・時期

　2008年6～7月に東京都内の公立中学校3校に質問紙調査を実施し,989名分の有効回答が得られた（1年男子154名,女子174名；2年男子163名,女子175名；3年男子171名,女子152名）。調査はクラスごとに担任がアンケート用紙を配布し回収した。

質問紙の構成

　①生活空間への志向性　　「学校」「家」「学校/家以外の場」のそれぞれの生活空間をどの程度志向しているのかを測定するため,以下の4つの項目を用いた（『』内は各生活空間によって変更した）。「できればもっと『学校』で時間を過ごしたい」「『学校』には自分をひきつけるものがある」「自分には『学校』で過ごすのがあっている」「『学校』にいる時は時間が早く過ぎてしまう」。回答は「とてもそうだ～ぜんぜんそうでない」の4件法で求めた。

　②部活動への参加状況　　部活動への参加の有無,週に何回部活動に参加しているのかについて尋ねた。

　③放課後の活動　　放課後の活動については,日本青少年研究所(2000),McHale et al. (2001)を参考に,以下の活動について尋ねた。具体的には,「電話をする」「店でものを買う」「携帯のメールをする」「おしゃべりをする」「まちなかをぶらぶらする」「家でごろごろする」「マンガを読む」「テレビを見る」「何もせずボーっとする」「ゲームをする」「家で勉強する」「読書をする」「家の手伝いをする」「地域の活動に参加する」「外で遊ぶ」「音楽を聴く」「パソコ

ンをする」「塾へ行く」「勉強以外の習い事に行く」「趣味のことをする」について、「下校してから寝るまでの間に次のことをどのくらいしますか？」と尋ねた。回答は「かなりする〜ぜんぜんしない」の6件法で求めた。

④放課後に過ごす他者　放課後に過ごす他者については，McHale et al.（2001）を参考に、「家の人と過ごす」「友達と過ごす」「家族以外の大人と過ごす」「一人で過ごす」について質問した。具体的には、「下校してから寝るまでの間に次の人と過ごすことがどのくらいありますか？」と尋ねた。回答は「かなりある〜ぜんぜんない」の6件法で求めた。

⑤学校への心理的適応　研究3で作成した学校への心理的適応尺度を用いた。実施方法は研究3と同様。

⑥学校への社会的適応　反社会的傾向の指標として学校への不適応傾向尺度（酒井ら，2002）の下位尺度である反社会的傾向尺度，孤立傾向の指標としていじめ被害・学級不適応児童発見尺度（河村・田上，1997）の下位尺度である被侵害尺度を用いた。実施方法は研究5と同様。

結　果

各尺度の構成について

　まず、生活空間への志向性についてだが、「学校志向」「家志向」「学校／家以外志向」それぞれについて主成分分析を行った結果、単因子構造であることが確認された。α係数を求めたところ、「学校志向=.87」「家志向=.84」「学校／家以外志向=.87」であり、十分な内的一貫性が示された。学校への心理的適応、学校への社会的適応についてもα係数を求めたところ、「要請対処=.86」「欲求充足=.88」「反社会的傾向=.78」「孤立傾向=.83」となっており、内的一貫性が確認された。

　次に、放課後の活動に対して因子分析（主因子法・バリマックス回転）を行った。その結果、固有値1以上の因子が3つ検出されたことから、因子数を3に固定し因子負荷.40以上を基準に因子分析を繰り返したところ、次の因子が得られた（表6-4-1）。それぞれの因子を項目の内容から、「社交的活動」因子（α=.72）、「構造化されていない活動」因子（α=.66）、「勤勉的活動」因子（α

表6-4-1 放課後の活動の因子分析結果

	F1[a]	F2[a]	F3[a]	共通性
〈F1:社交的活動〉				
電話をする	.76	.03	-.01	.58
店でものを買う	.65	.14	.12	.45
携帯のメールをする	.54	.03	-.15	.31
おしゃべりをする	.53	.04	.21	.32
まちなかをぶらぶらする	.44	.25	.01	.25
〈F2:構造化されていない活動〉				
家でごろごろする	.16	.66	-.12	.47
マンガを読む	.01	.62	.08	.40
テレビを見る	-.05	.45	-.03	.21
何もせずボーっとする	.18	.45	-.10	.25
ゲームをする	.17	.45	-.04	.23
〈F3:勤勉的活動〉				
家で勉強する	-.01	-.24	.63	.45
読書をする	.00	.07	.58	.34
家の手伝いをする	.09	-.04	.52	.28

[a] 値は因子負荷量

=.60)と命名した.「勤勉的活動」因子では α 係数がやや低くなっているが,項目数の少なさを考慮すると一定の内的一貫性を有していると判断した.

生活空間への志向性による生徒のタイプ分けと特徴

　生活空間への志向性により生徒を分類するため,「学校志向」「家志向」「学校/家以外志向」得点に基づきクラスター分析(ward法)を行った.解釈のしやすさを考慮した結果,生徒は3つの群に分類され,志向性得点のパターンから「学校志向群(515名)」「家志向群(303名)」「学校/家以外志向群(171名)」と命名した(図6-4-1).

　3つの群で各生活空間への志向性得点がどのように異なるのかを検討するため,一元配置の分散分析を行った結果,全ての生活空間で有意差が検出された(表6-4-2).多重比較(TukeyのHSD法)より,「学校志向群」は学校への志向性が最も高い一方で,学校/家庭以外の場への志向性は最も低く,家への志向性は中程度であった.また,「家志向群」については,家への志向性は最も高かったが,学校への志向性は最も低く,学校/家以外の場への志向性は中程度であった.最後に,「学校/家以外志向群」については,学校/家以外の

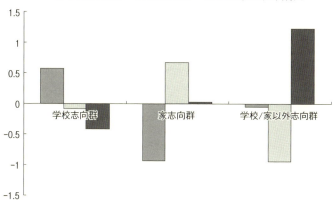

a) 標準化した得点を示している。

図6-4-1　各クラスター群における生活空間への志向性パターン[a]

表6-4-2　クラスター群による生活空間への志向性得点の違い

	学校志向群①	家志向群②	学校/家以外志向群③	F	多重比較
N	515	303	171		
学校志向得点	2.78	1.61	2.30	377.21***	①>③>②
SD	0.57	0.51	0.78		
家志向得点	2.77	3.33	2.13	209.52***	②>①>③
SD	0.65	0.55	0.64		
学校/家以外志向得点	2.28	2.61	3.54	262.01***	③>②>①
SD	0.59	0.76	0.41		

***$p<.001$

場への志向性が最も高い反面、家への志向性が最も低く、学校への志向性は中程度であった。

次に、3つの群によって男女・学年の比率が異なるのかについて検討するため、χ^2検定を行った（表6-4-3）。その結果、男女の比率については有意に異なり（$\chi^2(2)=11.94, p<.01$）、残差分析から「学校志向群」においては女子が多く男子が少ないこと、「家志向群」では男子が多く女子が少ないことが示された。学年の比率についても有意差が検出され（$\chi^2(4)=25.38, p<.001$）、残差分析より「学校志向群」では1年生が多く3年生が少ないこと、「家志向群」

表6-4-3　各クラスター群における男女・学年の人数と割合

	学校志向群（%）	家志向群（%）	学校/家以外志向群（%）	計（%）
男	227（46.52）	166（34.02）	95（19.47）	488（100.00）
女	288（57.49）	137（27.35）	76（15.17）	501（100.00）
計	515（52.07）	303（30.64）	171（17.29）	989（100.00）
1年	206（62.80）	76（23.17）	46（14.02）	328（100.00）
2年	167（49.41）	107（31.66）	64（18.93）	338（100.00）
3年	142（43.96）	120（37.15）	61（18.89）	323（100.00）
計	515（52.07）	303（30.64）	171（17.29）	989（100.00）

では3年生が多く1年生が少ないことが示された。

生活空間への志向性による学校適応の違い

3つのクラスター群により学校適応がどのように異なるのかを検討するため，一元配置の分散分析を実施した結果，全ての指標で有意差が検出された（表6-4-4）。多重比較（TukeyのHSD法）より，「学校志向群」は「欲求充足」「要請対処」ともに他の群よりも高くなっていた。「家志向群」について見ると，他の群に比べ「孤立傾向」が高く，また，「欲求充足」については最も低いことが示された。「学校/家以外志向群」については，他の群に比べ「反社会的傾向」の高いことが明らかになった。

性別・学年による放課後の時間使用の違い

性別・学年によって放課後の活動・放課後に過ごす他者にどのような違いが

表6-4-4　クラスター群による学校適応の違い

	学校志向群①	家志向群②	学校/家以外志向群③	F	多重比較
N	515	303	171		
要請対処	2.65	2.36	2.42	28.12***	①>②③
SD	0.52	0.65	0.59		
欲求充足	2.83	2.23	2.60	84.64***	①>③>②
SD	0.58	0.67	0.71		
孤立傾向	1.66	1.88	1.73	12.43***	②>①③
SD	0.57	0.67	0.62		
反社会的傾向	1.24	1.31	1.47	18.33***	③>①②
SD	0.40	0.41	0.53		

***$p<.001$

第4節 学校の周辺的な文脈と学校適応　139

あるのかを検討するため，性別×学年による2要因分散分析を行った（表6-4-5）。

　放課後の活動について見てみると，「社交的活動」では性と学年の主効果が検出され，女子の方が男子より得点の高いことが示された。学年差については多重比較（TukeyのHSD法）の結果，2年生が1年生よりも得点の高いことが示された。「構造化されていない活動」については性×学年の交互作用が検出された。単純主効果検定の結果，男子では2・3年生が1年生よりも得点が高い一方で，女子では学年による違いはないことが明らかになった。「勤勉的活動」については性と学年の主効果が認められ，女子の得点の高いことが示された。学年差については多重比較の結果，1年生が2・3年生よりも得点の高いことが明らかになった。

　放課後に過ごす他者について見ると，「友人」については性と学年の主効果が検出され，男子の方が女子よりも得点が高くなっていた。学年差については多重比較の結果，2年生が1年生よりも得点の高いことが示された。「家族」

表6-4-5　性別・学年による放課後の時間使用の違い

	男子			女子			F		
	1年	2年	3年	1年	2年	3年	性	学年	性×学年
N	154	163	171	174	175	152			
放課後の活動									
社交的活動	2.68	3.15	3.03	3.31	3.56	3.37	42.63***	8.66***	1.68
SD	1.03	1.16	1.08	1.04	1.15	1.15			
構造化されていない活動	3.84	4.28	4.12	4.05	4.09	3.87	1.45	5.17**	4.97**
SD	1.07	1.07	0.97	1.05	1.03	0.99			
勤勉的活動	3.61	3.26	3.33	3.80	3.46	3.56	8.31**	8.44***	0.02
SD	1.18	1.24	1.09	1.12	1.10	1.05			
放課後に過ごす他者									
友人	3.95	4.37	4.08	3.71	3.94	3.84	10.99**	4.31*	0.53
SD	1.51	1.38	1.39	1.45	1.48	1.43			
家族	5.18	4.62	4.51	5.20	5.00	4.89	11.82**	15.12***	2.65
SD	0.97	1.38	1.28	1.01	1.16	1.28			
家族以外の大人	1.94	2.23	2.22	2.30	2.11	2.28	1.46	0.73	2.82
SD	1.23	1.35	1.31	1.32	1.29	1.41			
一人	3.08	3.25	3.62	3.26	3.17	3.72	0.38	8.95***	0.51
SD	1.60	1.70	1.64	1.69	1.74	1.66			

*$p<.05$　**$p<.01$　***$p<.001$

についても性と学年の主効果が検出され，女子の方が得点の高いことが示された。学年差については多重比較の結果，1年生が2・3年生よりも得点が高くなっていた。「家族以外の大人」については主効果・交互作用ともに検出されなかった。「一人」については学年の主効果のみが検出され，多重比較の結果，3年生が1・2年生よりも得点の高いことが示された。

放課後の時間使用が生活空間への志向性に与える影響

　ここでは，放課後の時間使用が生活空間への志向性に与える影響について検討するため，重回帰分析を行った。なお，「塾への参加」については放課後の活動に関する因子分析では除外されたが，下校後に多くの中学生が参加する活動であることから分析に含めた。本研究における塾の経験の分布を確認したところ，「ぜんぜんしない」（30.9％）と「かなりする」（26.6％）の両極にピークのある分布となっていた。そこで，「ぜんぜんしない」と「ほとんどしない」（4.3％）と回答したものを「塾不参加群」（0），それ以外を「塾参加群」（1）としてダミーコード化し，分析を行った。重回帰分析の結果を示したものが表6-4-6である。決定係数（R^2）を見ると，全体的に大きな値とはいえないが，放課後の過ごし方が生活空間への志向性に影響を与えていることが示された。

　放課後の活動について見ると，まず「部活動頻度」は「学校志向」に正の影響を，「家志向」には負の影響を与えており，「塾への参加」は「家志向」に正の影響を与えていた。「社交的活動」は「学校志向」「学校／家以外志向」に正の影響を与えていた。「構造化されていない活動」については，「学校志向」「学校／家以外志向」には負の影響を与えていたが，「家志向」には正の影響を与えていた。「勤勉的活動」については「学校志向」のみに正の影響が見られた。

　放課後に過ごす他者について見ると，「友人」は「学校志向」「学校／家以外志向」に正の影響を示した。「家族」については「学校志向」「家志向」に正の影響を示した一方で，「学校／家以外志向」には負の影響を与えていた。「一人」については「学校／家以外志向」にのみ正の影響を示した。

第4節　学校の周辺的な文脈と学校適応

表6-4-6　放課後の時間使用が生活空間への志向性に与える影響[a]

	学校志向	家志向	学校／家以外志向
放課後の活動			
部活動頻度[b]	.17***	-.10**	
塾への参加[c]		.06*	
社交的活動	.11**		.28***
構造化されていない活動	-.11***	.18***	-.07*
勤勉的活動	.17***		
放課後に過ごす他者			
友人	.08*		.11***
家族	.14***	.22***	-.10**
家族以外の大人			
一人			.08**
R^2	.11***	.10***	.14***

[a] 値は標準偏回帰係数　　　　　　　　　　　　　　*$p<.05$　**$p<.01$　***$p<.001$
[b] 部活動に所属していないものは部活動頻度を0とした
[c] ダミー変数

考　察

　本研究ではまず，学校，家，学校／家以外の場に対する志向性の違いによって学校適応がどのように異なるのかを明らかにした。そして，放課後の時間使用が生活空間への志向性にどのような影響を与えるのかについて検討した。

生活空間への志向性と学校適応について

　生活空間への志向性により生徒を分類した結果,「学校志向群」「家志向群」「学校／家以外志向群」の3つの群が得られ，学校志向群は全体的に学校適応が良いことが明らかになった。当初の予想通り，生活全体の中で学校に引き付けられている生徒ほど学校適応も高くなるといえる。以下では，生活空間への志向性の違いにより学校適応に差異が生じた背景について考察する。

　まず，「学校志向群」について見ると，この群は他の群に比べ学校／家以外の場を志向していない一方で学校を志向しており，学校への適応状態が良かった。杉本・庄司（2006a）は学校内に居場所のある生徒は学校への心理的適応が良いことを示しているが，本研究の結果もこの知見を支持するものといえよう。先行研究では生徒と学校社会との社会的絆が強いほど生徒は学校に動機づ

けられることが指摘されているが（本間，2000；森田，1991），このことを踏まえると，この群の生徒は学校にいたいと強く感じており学校生活に積極的になるために，学校への適応が促されるのだと考えられる。ただし，この群の家志向の得点を見てみると，学校志向の得点と同程度であり，必ずしも生活全体の中で学校のみを重視しているわけではないといえる。家志向については以下で考察していくが，このことは学校だけでなく家にも居場所を感じられることが学校適応において重要であることを示唆していよう。

次に，「家志向群」について考えると，この群は学校を志向していない一方で家を志向していた。そして，この群は学校生活の中で欲求が充足されておらず，孤立傾向も高いことが明らかになった。この群は学校との社会的絆が最も弱く，学校生活に対して意欲的になれないことから，学校生活を享受できず，周囲との関わりにも消極的になってしまうのだと考えられる。この群の問題に関して，杉本・庄司（2006b）は思春期の子どもは家族のいる居場所から離れ，それに代わる居場所を求めるようになるとしている。そして，この時期の子どもは求める機能を満たしてくれる居場所を持つことで，家族のいる居場所では得られなくなった心理的機能を充足すると述べている。すなわち，生徒は家以外の場に居場所を持つことで発達的な欲求を満たせるようになるといえるが，家志向群はこうした居場所をうまく見つけられず家に固着しており，そのことが生徒の適応にネガティブな影響を与えてしまうのだと考えられる。

最後に，「学校／家以外志向群」についてだが，この群は家を志向していない一方で学校／家以外の場を志向しており，反社会的傾向が高いことが示された。杉本・庄司（2006a）は家を居場所と感じられないことが不適応問題の背景にあるとしているが，本研究でもこれを支持する知見が得られたといえる。この群の生徒に関して，先行研究では中学生は親からの精神的な自立が十分にできておらず（落合・佐藤1996a；杉本・庄司，2006b），何でも話せる家族のいないことが居場所のなさにつながる（杉本・庄司，2006b）と指摘されている。学校／家以外志向と家族と過ごすことには負の関係が示されたが，このことも踏まえると，この群の生徒は家族との相互作用が少なく家を居場所として感じにくいだけでなく，生活全体の中でも確たる居場所がないために，学校でも家でもない新たな場を求めようとするのだと推察される。そして，こうした生徒

第4節　学校の周辺的な文脈と学校適応　143

に反社会的傾向が高かったことは次のように考えられる。先行研究では親との信頼関係が良くない一方で親友との信頼関係が良い生徒は反社会的傾向が高くなることが報告されている（酒井ら，2002）。また，親によるモニタリングの少なさ（Caldwell & Darling, 1999；Mahoney & Stattin, 2000）や，大人の目の届かないところで友人と過ごすこと（McHale et al., 2001）が反社会的行動の多さにつながることも示されている。学校／家以外志向は社交的活動や友人と過ごすことと正の関係にあったが，これらの先行研究と先の考察もあわせて考えると，家が居場所として機能しない生徒は，友人とのつながりを求めて学校／家以外の場で過ごすことが多くなるのだと考えられる。しかし，学校／家以外の場で過ごすことは大人の目が届きにくいことから逸脱行動につながりやすく，そのことが学校における反社会的傾向の高さにも表れるのだといえるだろう。

性別・学年による放課後の時間使用の違いについて
　国内では放課後の時間使用に関する研究が蓄積されていないことから，ここでは放課後の時間使用の性差・学年差について考察する。
　まず放課後の活動について見ると，「社交的活動」については女子の方が男子より多く，また，2年生が1年生よりも多いことが示された。先行研究でも女子の方が社交的活動への関心が高い（Garton & Pratt, 1991；Posner & Vandell, 1999）ことが示されているが，この背景には女子の方が社会的志向性の高いこと（伊藤，1993）が関係しているといえよう。2年生の社交的活動が多くなっていたのは，年齢が上がるに伴い社交的活動が増加する（Garton & Pratt, 1991；Posner & Vandell, 1999）ためと考えられるが，1年生と3年生の間には差は認められなかった。これは，3年生になると進学に向けた学習が増加し社交的活動が抑制されやすくなるためと推察される。「構造化されていない活動」については，2・3年生の男子が1年生よりも多かったが，先行研究からは男子は女子に比べよりテレビを見ており（Posner & Vandell, 1999；Larson, Kubey, & Colletti, 1989），年齢が上がるにつれテレビゲームなどに対する関心が高くなる（Garton & Pratt, 1991）ことが報告されている。テレビやテレビゲームが構造化されていない活動に含まれていることを考慮す

ると，このことが本研究の結果に関係していると考えられる。「勤勉的活動」については女子の方が男子より多く，1年生が2・3年生よりも多いことが示された。女子の方がこうした活動が多いことは先行研究でも報告されており（Larson & Verma, 1999；McHale et al., 2001；Posner & Vandell, 1999；Garton & Pratt, 1991），本研究でも同様の知見が得られた。1年生において勤勉的活動が多かったことに関して，中学校段階は一般的に自律への欲求が高まる時期であり（Eccles et al., 1993），大人への反抗心も高まってくると考えられるが，1年生においては相対的にこうした意識が低いため，親や教師の意向にそった勤勉的な活動が多くなっているものと推察される。

放課後に過ごす他者について見ると，「友人」については男子が女子よりも，また，2年生が1年生よりも多く過ごしていることが示された。男子の方が多く過ごしていることについて，社交的活動では女子の方が多かったことを踏まえるとやや意外な結果ではあるが，女子は電話や携帯メールなどでの交流が多くなっていると推察される。2年生の得点が高かったことについては，2年生の社交的活動が多くなっていることが関係していると考えられる。「家族」については女子が男子よりも，また，1年生が2・3年生よりも多く過ごしていることが示された。落合・佐藤（1996a）では男子の方が「親が子どもと手を切る親子関係」を強く意識していることが示されているが，このことが男子の家族と過ごす時間の少なさにつながっている可能性がある。また，1年生が家族と多く過ごしていることについては，児童期から青年期への移行期であり，まだ親からの自立が進んでいないことが関係していると考えられる。「一人」については3年生が1・2年生よりも多いことが示された。Larson（1997）は青年期になると一人で過ごす時間を希求するようになることを指摘しているが，このことが本研究の結果にも表れていると考えられる。

放課後の時間使用と生活空間への志向性について

放課後の時間使用と生活空間への志向性の関係について，放課後の時間使用が生活空間への志向性に影響を与えていることが示された。以下では，それぞれの生活空間への志向性に影響していた要因について考察していく。

「学校志向」に影響していた要因について見ると，まず部活動の頻度が多い

ほど学校志向は強まることが示された。部活動への参加が学校と生徒の結びつきを強めることは先行研究でも報告されており（Eccles & Barber, 1999；Mahoney, 2000；Mahoney & Cairns, 1997），本研究でも同様の結果が得られた。学校外の活動の学校志向への影響については，「社交的活動」「勤勉的活動」が正の，「構造化されていない活動」が負の影響を与えていた。社交的活動と勤勉的活動の影響については，次のように考えられる。まず，学校生活には様々な領域が存在するが，研究6の知見に基づくとそれらは生徒同士の水平的な関係に関する生徒関係的側面と，教育や指導に関する垂直的な教育指導的側面の2つの軸から捉えられる。社交的活動と勤勉的活動の活動内容に目を向けると，前者は学校生活における生徒関係的側面と，後者は教育指導的側面と重なる部分が多いといえ，下校後も学校生活と類似した構造の中で時間を過ごすことが，学校生活への動機づけを高めるのだと考えられる。構造化されていない活動の影響について考えると，こうした活動は生徒にとってリラックスや娯楽をもたらす活動だといえる。一方，学校生活は森田（1991）によれば一定のルーティン性を有しており，生徒は学校生活に窮屈さを感じることが指摘されている。このことを踏まえると，学校外において構造化されていない活動への関与が長くなるほど，構造化の程度が強い学校生活に窮屈さを感じ，意欲的になれなくなってしまうものと推察される。放課後に過ごす他者については「友人」「家族」と過ごす時間の多いことが学校志向の高さにつながっていた。多くの生徒は学校で友人関係を形成するが，放課後においても友人との結びつきを強めている生徒は，友人たちも通う学校により引きつけられるようになるのだと考えられる。家族に関しては，先行研究では親への信頼感が学校への適応に重要であることが示されているが（酒井ら，2002），放課後に親と接する機会の多い生徒は親への信頼感も高くなるといえ，このことが向学校的な態度につながるのだと推察される。

「家志向」については，まず「部活動頻度」の少なさが家志向の高さにつながることが示された。部活動に参加していなかったり部活動の頻度が少ない場合，生徒は家で過ごす時間が長くなりやすいため，家を志向しやすくなるのだといえよう。学校外の活動については「構造化されていない活動」の多さが家志向の高さにつながっていた。構造化されていない活動の項目を考慮すると，

こうした活動は家の中で行われやすいため，家志向を高めるのだと考えられる。また，影響力は大きくなかったが「塾への参加」は家志向に正の影響を与えていた。この解釈は難しいが，一つの可能性として次のような解釈ができよう。学校の授業や部活動が終わった後に塾に通うことは，生徒に少なからぬ負荷を与えている。このように，放課後も塾に通い忙しい生活を経験している生徒は，安息を求め家で過ごすことを希求するようになる可能性があるだろう。放課後に過ごす他者については，「家族」と過ごす時間の多さが家志向の高さにつながっていた。一般的に，中学校段階は親密なチャムグループを形成し（保坂・岡村，1986；須藤，2003），親との関係ではなく友人関係を重視するようになるとされる。また，杉本・庄司（2006b）は思春期の子どもは家族のいる居場所から離れていくことを指摘している。しかし，親子関係から友人関係に移行しない場合には家族と過ごす時間が相対的に長くなり，家族のいる家で過ごすことを志向するようになるのだと考えられる。

　「学校／家以外志向」については，「社交的活動」が正の，「構造化されていない活動」が負の影響を与えていた。上述のように，中学生は友人関係を重視するようになるが，自立心の高まりといった発達的変化を踏まえると，放課後の友人との交流は大人の目を離れた場でなされやすいといえる。そのため，社交的活動の多さが学校／家以外の場を志向することにつながるのだと考えられる。また，構造化されていない活動については家でなされることが多いため，こうした活動が多くなると結果的に学校／家以外の場への志向性が弱まるのだといえよう。放課後に過ごす他者については，「友人」と過ごす時間が多く，「家族」と過ごす時間の少ないことが学校／家以外志向の強さにつながることが示された。先の社交的活動についての考察も考慮すると，家族と過ごす時間が少なく，友人と過ごす時間の多いことが大人の目の届かない場での社交的活動の多さと関係しており，学校／家以外の場を志向することにつながるのだと考えられる。また，「一人」でいる時間の多さも学校／家以外の場を志向することにつながっていたが，ここには，放課後を一人で孤独に過ごしている生徒は，学校や家以外の場に新たな人とのつながりを求めるようになるという可能性があるだろう。

第5節 本章のまとめ

　第6章では，学校適応の空間的側面である学校への適応状態について検討し，生徒による適応状態の違いについて明らかにすることが目的であった。研究6～9より以下の知見が得られた。

　第1節では，学校生活の様々な領域が生徒関係的側面と教育指導的側面に分けて捉えられるのかについて検討した結果，これら2つの側面に区分できることが示された。次に，これら2側面に基づき生徒を4つのタイプに分類し，学校適応がどのように異なるのかについて検討した。これにより，生徒関係的側面・教育指導的側面のどちらか一方でうまくいっている生徒は，その側面が学校への心理的適応の支えになっていることが示された。また，これらの側面は社会的適応についても部分的に支えていたが，社会的適応については一方の側面のみを重視することのリスクも示された。以上のことから，生徒によってどの側面が学校適応の支えとなっているかは異なることが明らかにされた。

　第2節では，部活動のタイプや部活動への積極性に注目しながら，部活動への参加状況が学校生活の諸領域や学校適応とどのような関係にあるのかについて検討した。そこからは，部活動に積極的に参加している生徒は学校生活の様々な領域で良好な状態にあるだけでなく心理的適応も高いことが明らかになった。一方，部活動に消極的な生徒については部活動に参加していない生徒よりも適応的であるとはいえず，場合によっては部活動への参加が学校生活にネガティブに作用し得ることが示唆された。また，対人関係領域の学校適応への影響の仕方は部活動への参加状況によって異なっており，部活動への参加が学校における対人関係の在り方に違いを生じさせることがわかった。これらの知見から，部活動に積極的な生徒にとっては部活動が学校適応の重要な支えとして機能していることが示された。

　第3節では，クラスにおいて困難を抱えやすい通常学級に在籍する軽度知的障がいの生徒に注目し，学内相談室が生徒の学校適応を支える場として機能するのかについて検討した。それにより，相談室には相談員との関わりにより，遊びを通して悩みを話すことで精神的に楽になる，問題の深刻化を予防すると

いった機能の他に，一対一で丁寧に向き合うことで，ソーシャル・スキルを向上させる，日常生活で満たされない欲求を充足するといった機能のあることが示された。また，他生徒との関わりにより，学級・学年を越えた相談室に固有の人間関係が形成される，クラス以外の居場所となるといった機能もあることが明らかになった。これらの知見から，相談室が軽度知的障がいの生徒の適応上の困難を補償する場として機能しており，クラスにうまく馴染めない生徒にとって相談室が学校適応の支えとなることが示された。

　第4節では，学校の周辺的な文脈に注目し，学校，家，学校／家以外の場に対する志向性の違いによって学校適応がどのように異なるのかを検討した。生活空間への志向性により生徒を分類した結果，「学校志向群」「家志向群」「学校／家以外志向群」の3つの群が得られ，学校志向群は全体的に学校適応が良いことが示された。そして，生活空間への志向性に影響を与える要因として放課後の時間使用に焦点があてられ，放課後の活動や放課後に過ごす他者の性差・学年差が検討されたとともに，それらがそれぞれの生活空間への志向性に与える影響について明らかにされた。これらのことから，生徒が関与する生活空間の中でも学校を居場所と感じられていることが，学校適応の高さにつながることが示された。

　以上のことから，学校生活には様々な領域が存在するが，生徒によってどの領域が学校適応の支えとなっているかは異なることが示された。また，生活全体の中でも学校が中心的な場として位置づけられているかどうかによって，学校への適応状態は異なることが示された。このように，学校適応の空間的側面である適応の状態について検討することで，生徒による適応の在り方の違いが明らかになった。

第7章

学校への適応過程に関する検討

150　第7章　学校への適応過程に関する検討

第1節　学校生活の諸領域との関係の良さと諸領域に対する重要度認知の相互関係—交差遅延効果モデルによる検討（研究10）[12]

目　的

　研究10では，学校生活の諸領域との関係の良さと諸領域に対する重要度認知の相互の関係を明らかにするため，交差遅延効果モデルによる検討を行うことが目的である。具体的には以下のことについて検討を行う。

　まず，研究2からは学校生活の諸領域に対する重要度認知が高いほどその領域との関係も良いことが示された。また，研究6からは生徒関係的側面で良好な状態にある生徒は生徒関係的側面に含まれる領域に対する重要度認知が高く，教育指導的側面で良好な状態にある生徒は教育指導的側面に含まれる領域に対する重要度認知の高いことが示された。このように，学校生活の諸領域との関係の良さと諸領域に対する重要度認知には正の関係のあることが示された。しかし，両者の相互の関係については明らかになっていない。

　ここで，学校生活の諸領域との関係の良さと諸領域に対する重要度認知の関係について，認知的不協和の理論（Festinger, 1957）に基づいて考えてみると，そこには次のような2つの可能性があるだろう。一つは，例えばある領域を重視しているにもかかわらずその領域でうまく振る舞えていない場合，その領域でよりうまく振る舞おうとすることで不協和を低減するという可能性である。もう一つは，同様の状態にある時に，生徒がうまく振る舞えていない領域を重視しなくなることで不協和を低減するという可能性である。このように考えると，諸領域との関係の良さと重要度認知の関係には，ある領域に対する重要度認知の程度に応じて行動を変化させるという関係と，うまく振る舞えているかの程度に応じて重要度の認知を変化させるという関係の両方が想定される。そして，生徒と学校環境の関係が安定している状態では既に上記のような対応がなされているため，研究2・6で正の関連が示されたように諸領域との関係の

12）本節は岡田（2012c）を基に再分析および加筆修正したものである。なお，本書への所収にあたって用いる概念や因子の命名について見直しを行っている。

良さと重要度認知の間の不協和は小さくなるといえるが，学校環境や生徒に変化が生じた場合には不協和が増大する可能性があり，生徒はいずれかの方法で不協和を低減する必要が出てくると考えられる。

以上のことから，ここでは縦断データを用いこの問題について検討する。その際にまず，学校生活の諸領域との関係の良さや重要度認知の継時的な変化については研究が蓄積されていないことから，この問題について分析を行う。次に，諸領域との関係の良さと重要度認知の相互関係について交差遅延効果モデルを用いて明らかにしていく。

方　　法

調査協力者・時期

東京都内の公立中学校1校の生徒1～3年生425名に，同一の質問紙調査を2回（1学期，2006年6～7月；3学期，2007年2～3月）行った。質問紙はクラスごとに一斉形式で行われ，調査に2回とも参加し回答に不備のなかった338名分のデータが分析に用いられた。

質問紙の構成

①**学校生活の諸領域との関係の良さ**　研究2で作成した学校生活の諸領域との関係の良さ尺度を用いた。実施方法は研究6と同様。

②**学校生活の諸領域に対する重要度認知**　研究6と同様の手続きで，「友人」「クラス」「他学年」「教師」「学業」「進路」「校則」の7つの領域について生徒がどの程度重要視しているのかを1項目で尋ねた。

結　　果

学校生活の諸領域に対する重要度認知の継時的変化

学校生活の諸領域に対する重要度認知がどのように変化するのかを検討するため，時期×性別×学年の3要因の分散分析を行った（表7-1-1；表7-1-2）。

表7-1-1 時期・性別・学年による学校生活の諸領域に対する重要度認知得点の違い

	1学期						3学期					
	男子			女子			男子			女子		
	1年	2年	3年	1年	2年	3年	1年	2年	3年	1年	2年	3年
N	64	59	42	53	68	52	64	59	42	53	68	52
友人	3.72	3.71	3.67	3.83	3.66	3.81	3.58	3.66	3.64	3.77	3.68	3.79
SD	0.52	0.53	0.65	0.55	0.59	0.56	0.71	0.54	0.73	0.61	0.63	0.57
クラス	3.33	3.27	3.21	3.62	3.10	3.21	3.17	3.31	3.33	3.11	3.22	3.08
SD	0.71	0.78	0.81	0.66	0.87	0.85	0.68	0.75	0.79	0.85	0.88	0.90
他学年	3.45	3.46	2.90	3.64	3.22	2.92	3.27	3.31	2.83	3.19	3.04	2.94
SD	0.66	0.70	0.82	0.74	0.73	0.86	0.80	0.77	0.93	0.79	0.90	0.73
教師	3.53	3.29	3.19	3.43	3.12	3.19	3.30	3.24	3.12	3.23	3.15	3.00
SD	0.67	0.74	0.80	0.80	0.84	0.66	0.68	0.80	0.89	0.72	0.82	0.71
学業	3.41	3.19	3.21	3.42	3.15	2.98	3.25	3.27	3.14	3.19	3.22	3.08
SD	0.64	0.75	0.92	0.75	0.83	0.80	0.71	0.74	0.78	0.71	0.77	0.71
進路	3.16	3.20	3.33	3.30	3.19	3.40	3.36	3.31	3.36	3.15	3.41	3.35
SD	0.88	0.76	0.82	0.80	0.85	0.63	0.72	0.81	0.79	0.89	0.74	0.68
校則	3.03	2.86	2.86	3.11	2.96	2.71	3.16	2.98	2.98	2.85	3.06	2.79
SD	0.87	0.84	0.95	0.82	0.87	0.85	0.70	0.88	1.00	0.82	0.75	0.72

表7-1-2 学校生活の諸領域に対する重要度認知得点の変化に関する分散分析結果

	F							
	時期	性	学年	時期×性	時期×学年	性×学年	時期×性×学年
友人	1.70	2.79	0.35	0.53	0.58	1.06	0.11
クラス	3.48	0.39	0.71	3.39	7.41**	1.27	2.14
他学年	14.82***	0.34	14.00***	0.56	3.50*	2.05	1.37
教師	7.12**	1.66	4.24*	0.00	1.99	0.09	0.41
学業	0.51	1.13	2.93	0.10	3.27*	0.28	0.54
進路	1.49	0.04	0.84	1.29	1.38	0.11	2.39
校則	0.81	0.73	2.27	2.08	1.33	1.04	1.42

*$p<.05$ **$p<.01$ ***$p<.001$

「友人」に対する重要度認知についてはいずれの主効果,交互作用ともに有意ではなかった(図7-1-1)。

第1節　学校生活の諸領域との関係の良さと諸領域に対する重要度認知の相互関係　153

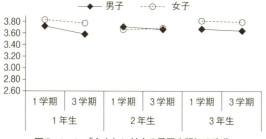

図7-1-1　「友人」に対する重要度認知の変化

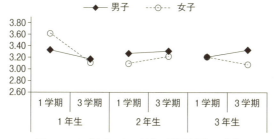

図7-1-2　「クラス」に対する重要度認知の変化

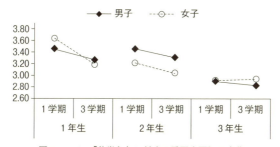

図7-1-3　「他学年」に対する重要度認知の変化

　「クラス」に対する重要度認知については時期×学年の交互作用が検出された（図7-1-2）。単純主効果検定の結果，1年生では1学期（M=3.46）から3学期（M=3.15）にかけて得点が低下していることが示された。
　「他学年」に対する重要度認知についても時期×学年の交互作用が検出された（図7-1-3）。単純主効果検定の結果，1・2年生において1学期（1年生M=3.54，2年生M=3.33）から3学期（1年生M=3.23，2年生M=3.17）にか

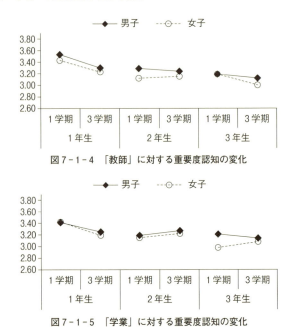

図7-1-4 「教師」に対する重要度認知の変化

図7-1-5 「学業」に対する重要度認知の変化

けて得点が低下していることが示された。

「教師」に対する重要度認知については時期と学年の主効果が検出された（図7-1-4）。そのため，1学期（$M=3.30$）から3学期（$M=3.18$）にかけて得点が低下していくことが示された。学年については多重比較（TukeyのHSD法）を行った結果，3年生（1学期$M=3.19$，3学期$M=3.05$）の得点が1・2年生（1年生1学期$M=3.49$，3学期$M=3.26$；2年生1学期$M=3.20$，3学期$M=3.19$）よりも低くなっていた。

「学業」に対する重要度認知については時期×学年の交互作用が検出された（図7-1-5）。単純主効果検定の結果，1年生では1学期（$M=3.41$）から3学期（$M=3.22$）にかけて得点が低下していることが示された。

「進路」に対する重要度認知についてはいずれの主効果，交互作用ともに有意ではなかった（図7-1-6）。

「校則」に対する重要度認知についてはいずれの主効果，交互作用ともに有意ではなかった（図7-1-7）。

第1節　学校生活の諸領域との関係の良さと諸領域に対する重要度認知の相互関係

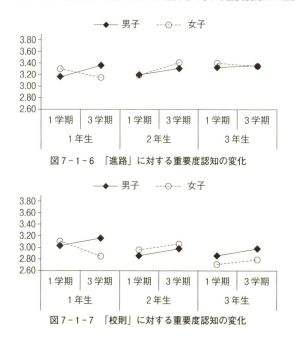

図7-1-6　「進路」に対する重要度認知の変化

図7-1-7　「校則」に対する重要度認知の変化

学校生活の諸領域との関係の良さの継時的変化

　学校生活の諸領域との関係の良さがどのように変化するのかを検討するため，時期×性別×学年の3要因の分散分析を行った（表7-1-3；表7-1-4）。

　「友人関係」については，性の主効果と時期×学年の交互作用が検出された（図7-1-8）。そのため，まず女子の得点の高いことが示された（男子1学期$M=3.58$，3学期$M=3.53$；女子1学期$M=3.67$，3学期$M=3.66$）。単純主効果検定からは，1年生では1学期（$M=3.72$）から3学期（$M=3.60$）にかけて得点が低下していることが示された。

　「クラスへの意識」については，時期×性×学年の交互作用が検出された（図7-1-9）。単純・単純主効果検定の結果，1年生の女子は1学期（$M=3.37$）から3学期（$M=2.97$）にかけて得点が低下していたが，2年生の女子は1学期（$M=3.00$）から3学期（$M=3.15$）にかけて得点が上昇していた。

　「他学年との関係」については，時期×性と時期×学年の交互作用が検出さ

第7章 学校への適応過程に関する検討

表7-1-3 時期・性別・学年による学校生活の諸領域との関係の良さ得点の違い

	1学期						3学期					
	男子			女子			男子			女子		
	1年	2年	3年	1年	2年	3年	1年	2年	3年	1年	2年	3年
N	64	59	42	53	68	52	64	59	42	53	68	52
友人関係	3.66	3.53	3.50	3.80	3.52	3.67	3.52	3.55	3.53	3.71	3.60	3.66
SD	0.43	0.57	0.58	0.29	0.52	0.48	0.55	0.54	0.63	0.35	0.57	0.41
クラスへの意識	3.00	3.03	3.09	3.37	3.00	3.08	2.98	3.10	3.23	2.97	3.15	3.03
SD	0.51	0.56	0.61	0.48	0.65	0.60	0.57	0.62	0.55	0.67	0.66	0.66
他学年との関係	3.18	3.14	2.82	3.33	3.21	3.12	3.07	3.02	2.92	2.96	3.08	3.06
SD	0.68	0.74	0.70	0.66	0.72	0.65	0.75	0.70	0.81	0.76	0.86	0.61
教師との関係	2.97	2.78	2.92	3.12	2.96	2.92	2.98	2.87	2.90	2.83	2.97	2.85
SD	0.69	0.63	0.79	0.59	0.63	0.62	0.61	0.80	0.80	0.63	0.74	0.59
学業への意欲	3.10	2.86	2.97	3.13	2.88	2.85	2.99	2.88	2.89	2.86	2.86	2.82
SD	0.58	0.69	0.68	0.55	0.59	0.56	0.62	0.76	0.70	0.61	0.58	0.59
進路意識	2.90	2.77	2.74	3.01	2.92	2.98	2.93	2.83	3.08	3.01	3.06	3.01
SD	0.73	0.68	0.84	0.71	0.72	0.65	0.78	0.82	0.64	0.79	0.66	0.72
校則への意識	3.23	2.97	2.91	3.24	3.00	2.86	3.10	2.91	3.02	2.99	3.10	2.83
SD	0.55	0.58	0.62	0.59	0.56	0.50	0.60	0.59	0.67	0.65	0.53	0.42

表7-1-4 学校生活の諸領域との関係の良さ得点の変化に関する分散分析結果

	F						
	時期	性	学年	時期×性	時期×学年	性×学年	時期×性×学年
友人関係	0.53	5.33*	2.44	0.27	3.55*	1.09	0.35
SD							
クラスへの意識	0.26	0.28	0.15	5.22*	8.86***	1.96	4.29*
SD							
他学年との関係	10.46**	1.95	1.62	4.28*	4.31*	0.62	1.09
SD							
教師との関係	1.51	0.28	0.64	3.77	2.56	0.64	1.17
SD							
学業への意欲	7.76**	0.58	2.52	0.67	4.03*	0.19	1.03
SD							
進路意識	7.40**	2.96	0.41	1.28	1.53	0.24	1.99
SD							
校則への意識	2.05	0.16	6.15**	0.33	6.54**	1.67	3.00
SD							

*$p<.05$ **$p<.01$ ***$p<.001$

れた(図7-1-10)。単純主効果検定の結果,女子では1学期(M=3.21)から3学期(M=3.03)にかけて得点が低下していた。また,1・2年生は1学期(1

第1節　学校生活の諸領域との関係の良さと諸領域に対する重要度認知の相互関係　157

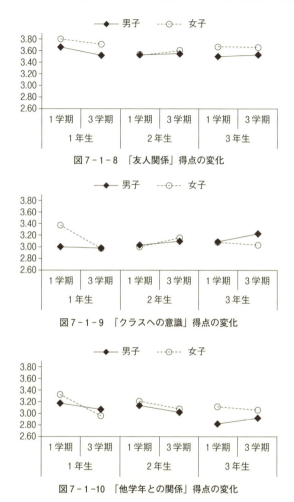

図7-1-8　「友人関係」得点の変化

図7-1-9　「クラスへの意識」得点の変化

図7-1-10　「他学年との関係」得点の変化

年生M=3.24，2年生M=3.18）から3学期（1年生M=3.02，2年生M=3.05）にかけて得点が低下していることが示された。

「教師との関係」についてはいずれの主効果，交互作用ともに有意ではなかった（図7-1-11）。

「学業への意欲」については，時期×学年の交互作用が検出された（図7-1-12）。単純主効果検定の結果，1年生では1学期（M=3.11）から3学期

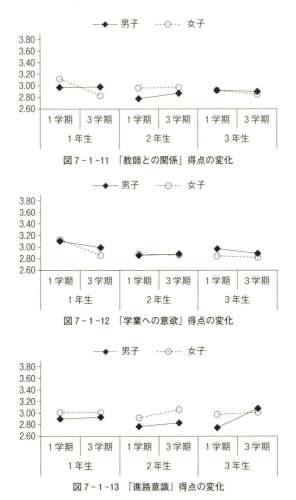

図7-1-11 「教師との関係」得点の変化

図7-1-12 「学業への意欲」得点の変化

図7-1-13 「進路意識」得点の変化

(M=2.93) にかけて得点が低下することが示された。

「進路意識」については，時期の主効果が検出された（図7-1-13）。そのため，1学期（M=2.89）から3学期（M=2.99）にかけて得点は上昇することが示された。

「校則への意識」については，時期×学年の交互作用が検出された（図7-1-14）。単純主効果検定の結果，1年生では1学期（M=3.24）から3学期

第1節　学校生活の諸領域との関係の良さと諸領域に対する重要度認知の相互関係　　159

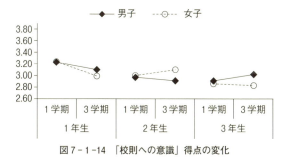

図7-1-14　「校則への意識」得点の変化

($M=3.05$）にかけて得点が低下することが示された。

学校生活の諸領域との関係の良さと重要度認知の相互関係

　1学期における学校生活の諸領域との関係の良さ，諸領域に対する重要度認知が，3学期におけるその領域との関係の良さ，その領域に対する重要度認知にどのように影響しているのかを明らかにするため，交差遅延効果モデルを用いた共分散構造分析を実施した。具体的には，例えば「友人」領域の場合，1学期における「友人関係」「友人に対する重要度認知」得点が，3学期における「友人関係」「友人に対する重要度認知」得点にどのように影響するのかを分析し，同様の分析を「クラス」「他学年」「教師」「学業」「進路」「校則」の各領域に対しても実施した。分析にはAmos4.0を用い，最尤法によりパラメータの推定を行った。各変数間の相関は表7-1-5に示す通りであった。

　共分散構造分析により，図7-1-15の結果が得られた。これにより，全ての領域において，3学期の重要度認知には1学期のその領域に対する重要度認知の他にその領域との関係の良さも影響していることが示された。一方，3学期における関係の良さには，全ての領域において，1学期におけるその領域との関係の良さが影響していたが，1学期におけるその領域に対する重要度認知は影響していないことが示された。

考　　察

　本研究ではまず，学校生活の諸領域との関係の良さや諸領域に対する重要度

第7章 学校への適応過程に関する検討

表7-1-5 学校生活の諸領域との関係の良さと重要度認知の相関

		関係の良さ （1学期）	重要度認知 （3学期）	関係の良さ （3学期）
「友人」領域	重要度認知（1学期）	.44***	.44***	.22***
	関係の良さ（1学期）		.35***	.52***
	重要度認知（3学期）			.61***
「クラス」領域	重要度認知（1学期）	.64***	.40***	.28***
	関係の良さ（1学期）		.39***	.44***
	重要度認知（3学期）			.70***
「他学年」領域	重要度認知（1学期）	.55***	.50***	.38***
	関係の良さ（1学期）		.38***	.61***
	重要度認知（3学期）			.64***
「教師」領域	重要度認知（1学期）	.60***	.42***	.36***
	関係の良さ（1学期）		.41***	.51***
	重要度認知（3学期）			.68***
「学業」領域	重要度認知（1学期）	.52***	.38***	.36***
	関係の良さ（1学期）		.44***	.64***
	重要度認知（3学期）			.56***
「進路」領域	重要度認知（1学期）	.59***	.42***	.35***
	関係の良さ（1学期）		.40***	.54***
	重要度認知（3学期）			.62***
「校則」領域	重要度認知（1学期）	.63***	.37***	.39***
	関係の良さ（1学期）		.38***	.55***
	重要度認知（3学期）			.64***

***$p<.001$

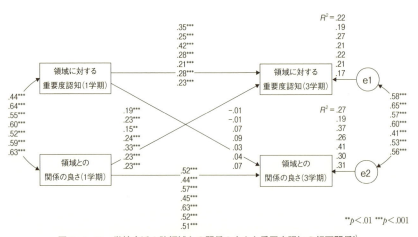

**$p<.01$ ***$p<.001$

図7-1-15 学校生活の諸領域との関係の良さと重要度認知の相互関係[a]

[a] 1段目=「友人」領域, 2段目=「クラス」領域, 3段目=「他学年」領域, 4段目=「教師」領域, 5段目=「学業」領域, 6段目=「進路」領域, 7段目=「校則」領域

第1節 学校生活の諸領域との関係の良さと諸領域に対する重要度認知の相互関係 161

認知がどのように変化するのかについて分析した。そして，諸領域との関係の良さと重要度認知の相互関係について交差遅延効果モデルにより検討した。

学校生活の諸領域との関係の良さ・重要度認知の継時的変化について

ここでは，1学期から3学期にかけての学校生活の諸領域との関係の良さ，重要度認知の変化について注目し考察していく。

まず，全学年に共通した変化が見られた領域についてだが，分析の結果，教師については重要度認知が全学年で低下している一方で，進路については全学年で関係の良さが上昇していることが示された。教師に関して，中井・庄司（2006）は，3年生は1・2年生に比べ教師への信頼が低いことを報告している。この背景には，中学生期は発達に伴い小学校期における教師への安定した態度や絶対視が崩れ（三隅・矢守，1989），教師を批判的に捉えるようになる（中井・庄司，2006，2008）ことが関係していると考えられる。本書においても研究1において教師に対する反感が高まることが示唆されている。こうしたことが教師に対する重要度認知の低下にも関係しているといえるだろう。進路については，都筑（2009）は学年が高い生徒ほど将来目標の渇望は強くなり，中学生では将来目標の渇望が進路意識に正の影響を持つことを示している。そのため，中学生は学年が上がり進路選択が近づくことで将来のことについて考えるようになり，そのことが進路意識の向上にもつながるのだと考えられる。

教師や進路以外の領域における変化について見ると，1年生において特徴的な結果が得られた。1年生ではクラス・他学年・学業といった領域について関係の良さ・重要度認知得点ともに低下しており，また，友人・校則領域でも関係の良さ得点が低下していた。そのため，1年生は全体的に学校生活に対してネガティブな意識を持つようになりやすいと考えられる。この背景には発達的な側面と環境的な側面があると考えられる。発達的な側面については，中学校段階は自律への欲求が高まる時期であるのに対し，学校では教師や校則による管理が厳しくなるため（Eccles et al., 1993），研究1からも示唆されたように学校への反感が高まるのだと考えられる。環境的な側面については，学習内容が難しくなったり受験を意識するようになる（三浦・坂野，1996）など，研究1で示されたように小学校段階に比べ学校環境からの要請が激化することで学

校生活に不満を感じるようになるのだといえよう。

学校生活の諸領域との関係の良さと重要度認知の相互関係について

交差遅延効果モデルによる分析の結果，1学期の諸領域との関係の良さは3学期の諸領域に対する重要度認知に影響していたが，1学期の諸領域に対する重要度認知は3学期の諸領域との関係の良さには影響していないことが明らかになった。つまり，生徒は重視しているからその領域との関係が良くなるのではなく，関係の良い領域を重視するようになるのだといえるだろう。目的部分ではFestinger（1957）の認知的不協和の理論に基づき，ある領域との関係の良さと重要度認知に不協和が生じた場合，領域に対する重要度認知の程度に応じて行動を変化させるという可能性と，うまく振る舞えているかの程度に応じて重要度の認知を変化させるという可能性があることを述べた。しかし，分析結果を踏まえると，生徒はある領域における振る舞い方を変化させるのではなく，重要度認知を変化させることで不協和を低減しやすいと考えられる。以下では，諸領域において良好な状態にあるかどうかによって重要度認知が変化する背景について考察する。

まず，良好な状態にない領域に対する重要度認知が低下するプロセスについてだが，Lazarus & Folkman（1984）のストレスモデルを踏まえると次のように考えられる。このモデルではストレッサーを個人がどのように評価するかという認知的評価によってストレス反応が異なるとされ，認知的評価は更にストレッサーが自分にとって重大かどうかという一次的評価と，ストレッサーに対する対処可能性という二次的評価に区分される。うまく振る舞えない領域を考えると，その領域が自分にとって重要だと認知している（一次的評価）にもかかわらず，適切な対処行動がとれない（二次的評価）場合，生徒はストレスフルな状況に陥ってしまう。こうした状況を回避するためには，適切な対処行動をとって自分とその領域との関係を改善するという選択肢もあるが，関係改善の努力をするよりも領域に対する重要度認知を変容させる方が容易であるため，生徒は重要度認知を低めることで不協和を低減しやすいのだと考えられる。

次に，良好な状態にある領域に対する重要度認知が上昇する背景についてだが，Wapner & Demick（1992）は新たな環境に移行する際には比較的安定し

た準拠点（アンカーポイント）が必要で，人はそれを基礎にして環境との関係を体制化していくことを指摘している。この視点に基づけば，生徒が学校生活に適応していく上ではまずはうまく振る舞える領域のあることが必要だといえ，生徒はそうした領域を基礎として学校生活を過ごしていくため，うまく振る舞える領域が重視されるようになるのだと考えられる。

第2節　学校適応がその後の学校生活の諸領域に与える影響（研究11）

目　的

研究11では，ある時点での学校への適応状態がその後の学校生活の諸領域にどのような影響を与えているのかについて明らかにすることが目的である。具体的には以下のことについて検討を行う。

第5章・第6章では，学校生活に関わる様々な要因が学校適応にどのように影響しているのかについて検討してきた。ここで，学校適応を時間的広がりの中から捉えると，図2-3-1で提示したように，ある時点での学校への適応状態がその後の学校生活の諸領域に影響を与えるという関係も考えられる。しかし，多くの学校適応研究においては適応に関する変数が従属変数とされており，この問題についてはあまり研究がなされていない。そのため，ここでは1学期における学校適応が3学期における学校生活の諸領域との関係の良さにどのような影響を与えているのかについて明らかにする。

方　法

調査協力者・時期

研究10の調査協力者と同じ338名のデータを分析に用いた。

質問紙の構成

①学校生活の諸領域との関係の良さ　　研究2で作成した学校生活の諸領域

との関係の良さ尺度を用いた。実施方法は研究6と同様。

②学校への心理的適応 研究3で作成した学校への心理的適応尺度を用いた。実施方法は研究3と同様。

③学校への社会的適応 反社会的傾向の指標として学校への不適応傾向尺度（酒井ら，2002）の下位尺度である反社会的傾向尺度，孤立傾向の指標としていじめ被害・学級不適応児童発見尺度（河村・田上，1997）の下位尺度である被侵害尺度を用いた。実施方法は研究5と同様。

結　果

1学期の学校適応が3学期の学校生活の諸領域に与える影響

1学期の学校適応が3学期の学校生活の諸領域に与える影響を検討するために重回帰分析を行った（表7-2-1）。

その結果，心理的適応について見ると，「要請対処」は「友人関係」「クラスへの意識」「教師との関係」「学業への意欲」「進路意識」「校則への意識」に正の影響を与えていることが示された。「欲求充足」については「友人関係」「クラスへの意識」「他学年との関係」「教師との関係」「進路意識」に正の影響を与えていた。

社会的適応について見ると，「孤立傾向」は「友人関係」のみに負の影響を与えていることが示された。「反社会的傾向」については「学業への意欲」「校則への意識」に負の影響を与えていることが明らかになった。

表7-2-1　1学期の学校適応が3学期の学校生活の諸領域に与える影響[a]

		3学期						
		友人関係	クラスへの意識	他学年との関係	教師との関係	学業への意欲	進路意識	校則への意識
1学期	要請対処	.12*	.22***		.27***	.40***	.21***	.26***
	欲求充足	.29***	.22***	.38***	.22***		.15*	
	孤立傾向	-.17**						
	反社会的傾向					-.12*		-.20***
	R^2	.19***	.14***	.15***	.16***	.17***	.09***	.11***

[a] 値は標準偏回帰係数　　　　　　　　　　　　　　　　　　*$p<.05$ **$p<.01$ ***$p<.001$

考 察

　本研究では，ある時点での学校への適応状態がその後の学校生活の諸領域にどのような影響を与えているのかについて検討を行った。

　分析の結果から，1学期の学校適応は3学期の学校生活の諸領域に影響を与えており，第5章・第6章の分析も踏まえると，学校生活の諸領域が学校適応を規定するとともに，学校適応がその後の学校生活の諸領域に影響を与えるという循環的な関係のあることが示された。以下では，心理的適応・社会的適応が学校生活の諸領域に影響を与えていた理由について考えていく。

　心理的適応について見ると，まず1学期に周囲からの要請に対処できていると感じていることが，3学期の様々な領域における良好な状態につながることが示された。このことに関して，先行研究では承認欲求が高い子どもは達成動機が高いことが指摘されている（藤村・秋葉，1998；Lobel & Bempachat, 1993）。学校環境からの要請に応えられていると認知している生徒は承認されているという感覚も得やすいといえるが，こうした生徒はその状態を維持するために周囲の期待に応えようと動機づけられることから，様々な領域においてうまく振る舞えるようになるのだと考えられる。また，1学期に学校生活の中で欲求を充足できていることも，3学期の様々な領域における良好な状態につながっていた。先行研究では生徒と学校社会との社会的絆が強いほど生徒は学校に動機づけられることが指摘されているが（本間，2000；森田，1991），学校生活を過ごす中で欲求が満たされている生徒ほど学校との絆が強まり，向学校的な態度や行動が強化されるため，様々な領域においてポジティブな関係を築けるようになるのだといえよう。

　社会的適応について見ると，1学期に孤立傾向にある生徒は3学期において友人関係に困難を抱えやすいことが示された。中学校段階は同性・同世代の少人数の友人関係であるチャムグループを形成する時期とされ（保坂・岡村，1986；須藤，2003），同調傾向が強い（Brown et al., 1986；石本ら，2009；宮島・内藤，2008）ことが指摘されている。そのため，この時期の友人集団は閉鎖的で同じような振る舞いをすることが求められるといえるが，こうした状況

の中で一度集団から外れてしまった場合，もとの集団に戻ることや，他の友人集団に新たに入ることは容易ではないと考えられる。そのため，孤立することが後の友人関係にもネガティブな影響を与えてしまうのだと推察される。反社会的傾向については，1学期に反社会的傾向が高いことが3学期における学業への意欲や校則への意識の低さにつながることが示された。小保方・無藤(2005)は，逸脱した友人の存在が生徒の非行傾向につながることを示している。また，反社会的な問題行動を起こすことがその生徒が所属する集団内での人気の高さにつながる場合もあることが指摘されている（加藤・大久保，2006）。これらのことを踏まえると，反社会的な行為をする生徒は同じように逸脱的な生徒と集団を形成するため規範意識が低下しやすく，そうした集団内では逸脱することに価値が置かれるためそれとは対極の活動である学業に対して前向きになれなくなってしまうのだと推察される。

● 第3節　学校生活の諸領域と学校適応の循環的な関係
―縦断データを用いたモデルの検討（研究12）[13]

目　的

　研究12では，学校生活の諸領域を生徒関係的側面と教育指導的側面の2側面から捉えた上で，これらの側面と学校適応の循環的な関係について明らかにすることが目的である。具体的には以下のことについて検討する。

　研究6からは，学校生活の諸領域が生徒関係的側面と教育指導的側面の2側面に区分できることが示され，これら2つの側面から学校適応にアプローチすることで，様々な領域を含みこんだ上で学校適応との関係を検討することが可能になったといえる。また，研究11からは，ある時点での学校適応がその後の学校生活の諸領域に影響を与えていることが確認され，学校生活の諸領域と学校適応には循環的な関係のあることが示された。

　これらの知見を踏まえ，本研究では図7-3-1の仮説モデルを設定し，学校

13）本節は岡田（2012a）の一部を基に再分析および加筆修正したものである。

第3節 学校生活の諸領域と学校適応の循環的な関係

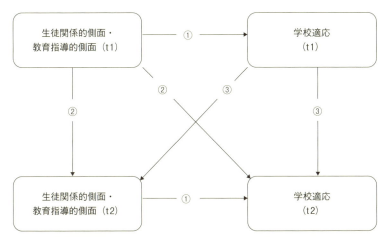

図7-3-1　生徒関係的側面・教育指導的側面と学校適応の循環的な関係に関する仮説モデル

生活の様々な領域を含みこんだ上で，学校生活の諸領域と学校適応の循環的な関係について総合的に検討していく。このモデルでは，それぞれの時点（t1，t2）において生徒関係的側面・教育指導的側面を学校への適応を説明するものとして位置づけている（矢印①）。また，t1の生徒関係的側面・教育指導的側面がt2の生徒関係的側面・教育指導的側面と学校適応に（矢印②），t1の学校適応がt2の生徒関係的側面・教育指導的側面と学校適応に（矢印③）影響を与えることを想定している。

　なお，本研究では縦断データを用いてこれらの関係について検討するが，先行研究では学校適応の継時的な変化については研究が蓄積されていない。そのため，はじめにこの問題について分析した上で，上述したモデルの検証を行い，生徒関係的側面・教育指導的側面と学校適応の循環的な関係について明らかにしていく。

方　　法

調査協力者・時期

　研究10の調査協力者と同じ338名のデータを分析に用いた。

質問紙の構成

①学校生活の諸領域との関係の良さ 研究2で作成した学校生活の諸領域との関係の良さ尺度を用いた。実施方法は研究6と同様。

②学校への心理的適応 研究3で作成した学校への心理的適応尺度を用いた。実施方法は研究3と同様。

③学校への社会的適応 反社会的傾向の指標として学校への不適応傾向尺度（酒井ら，2002）の下位尺度である反社会的傾向尺度，孤立傾向の指標としていじめ被害・学級不適応児童発見尺度（河村・田上，1997）の下位尺度である被侵害尺度を用いた。実施方法は研究5と同様。

結　果

学校生活の諸領域との関係の良さに対する2次的因子分析

学校生活の諸領域が研究6と同様に「生徒関係因子」と「教育指導因子」に分かれるのかを確認するため，下位尺度得点を用いた2次的因子分析を行った。因子数を2に設定し固有値1以上を基準に因子分析（主因子法・プロマックス回転）を行ったところ，1学期・3学期ともに研究6と同様の2つの因子が抽出された（表7-3-1）。α係数を求めたところ，「生徒関係因子」（1学期=.69，3学期=.69），「教育指導因子」（1学期=.66，3学期=.65）となっており，一定

表7-3-1　1学期・3学期における2次的因子分析結果

	1学期			3学期		
	F1[a]	F2[a]	共通性	F1[a]	F2[a]	共通性
〈F1：生徒関係〉						
友人関係	.82	-.09	.60	.82	-.17	.53
他学年との関係	.63	-.04	.37	.66	-.06	.39
クラスへの意識	.50	.20	.42	.61	.10	.46
〈F2：教育指導〉						
校則への意識	-.16	.62	.30	-.22	.64	.27
学業意欲	.08	.61	.44	.08	.55	.37
教師との関係	.06	.59	.40	.34	.51	.59
進路への意識	.17	.39	.27	.23	.31	.24
因子間相関	F1			F1		
F2	.61			.65		

[a] 値は因子負荷量

の内的一貫性が確認された。

学校適応の継時的変化

　学校適応がどのように変化するのかを検討するため，時期×性別×学年の3要因の分散分析を行った（表7-3-2；表7-3-3）。

　「要請対処」については，時期と学年の主効果が検出された（図7-3-2）。そのため，1学期（M=2.80）から3学期（M=2.86）にかけて得点が上昇することが示された。学年について多重比較（TukeyのHSD法）を行った結果，1年生（1学期M=2.91，3学期M=2.94）の得点が3年生（1学期M=2.70，3学期M=2.80）よりも高くなっていた。

表7-3-2　時期・性別・学年による学校適応の違い

	1学期						3学期					
	男子			女子			男子			女子		
	1年	2年	3年	1年	2年	3年	1年	2年	3年	1年	2年	3年
N	64	59	42	53	68	52	64	59	42	53	68	52
要請対処	2.86	2.73	2.75	2.97	2.79	2.65	2.95	2.77	2.85	2.93	2.89	2.76
SD	0.53	0.55	0.63	0.55	0.53	0.50	0.57	0.62	0.69	0.57	0.55	0.45
欲求充足	2.88	2.77	2.80	2.97	2.82	2.77	2.83	2.82	2.81	2.76	2.71	2.63
SD	0.64	0.68	0.69	0.60	0.88	0.54	0.71	0.72	0.79	0.70	0.85	0.55
孤立傾向	1.51	1.74	1.79	1.25	1.55	1.42	1.65	1.58	1.64	1.48	1.53	1.40
SD	0.58	0.79	0.69	0.38	0.55	0.53	0.63	0.66	0.65	0.59	0.57	0.41
反社会的傾向	1.19	1.47	1.31	1.07	1.17	1.14	1.21	1.34	1.30	1.10	1.16	1.17
SD	0.33	0.66	0.55	0.12	0.26	0.28	0.41	0.43	0.39	0.23	0.28	0.25

表7-3-3　学校適応の変化に関する分散分析結果

| | F | | | | | | |
	時期	性	学年	時期×性	時期×学年	性×学年	時期×性×学年
要請対処	5.30*	0.05	3.44*	0.06	0.72	0.94	1.08
SD							
欲求充足	3.79	0.34	0.89	4.23*	0.55	0.26	0.01
SD							
孤立傾向	0.01	12.81***	1.80	4.84*	12.82***	0.80	0.09
SD							
反社会的傾向	0.43	22.34***	6.09**	2.33	2.20	1.12	0.62
SD							

*p<.05　**p<.01　***p<.001

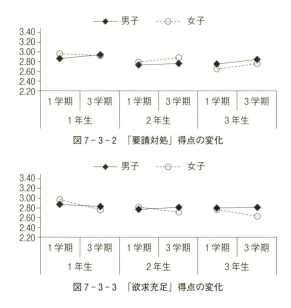

図7-3-2 「要請対処」得点の変化

図7-3-3 「欲求充足」得点の変化

「欲求充足」については，時期×性の交互作用が検出された（図7-3-3）。単純主効果検定の結果，女子では1学期（$M=2.85$）から3学期（$M=2.70$）にかけて得点が低下することが示された。

「孤立傾向」については，時期×性と時期×学年の交互作用が検出された（図7-3-4）。単純主効果検定の結果，男子・女子で時期による変化はなく，1学期・3学期ともに男子（1学期$M=1.66$，3学期$M=1.62$）の得点が女子（1学期$M=1.42$，3学期$M=1.48$）よりも高かった。また，1年生は1学期から3学期にかけて得点が上昇していた一方で（1学期$M=1.39$，3学期$M=1.58$），2年生は得点が低下していた（1学期$M=1.64$，3学期$M=1.55$）。

「反社会的傾向」については，性と学年の主効果が検出された（図7-3-5）。そのため，男子の方が得点が高いことが示された（男子1学期$M=1.32$，3学期$M=1.28$；女子1学期$M=1.13$，3学期$M=1.15$）。学年について多重比較（TukeyのHSD法）を行った結果，2年生（1学期$M=1.31$，3学期$M=1.25$）の得点が1年生（1学期$M=1.14$，3学期$M=1.16$）よりも高くなっていた。

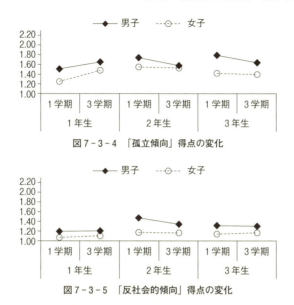

図7-3-4 「孤立傾向」得点の変化

図7-3-5 「反社会的傾向」得点の変化

生徒関係的側面・教育指導的側面と学校適応の循環的関係

　生徒関係的側面・教育指導的側面と学校適応の循環的な関係について検討するため，想定された仮説モデルに基づき共分散構造分析を実施した。分析にはAmos4.0を用い，最尤法によりパラメータの推定を行った。有意確率5%以上のパスを削除してモデルを修正した結果，最終的に図7-3-6の結果が得られた。モデルの適合度は $\chi^2(36)=47.38(n.s.)$，$GFI=.98$，$AGFI=.95$，$CFI=.99$，$RMSEA=.03$であり，十分な値が得られた。1学期の「生徒関係因子」「教育指導因子」から3学期の学校適応には直接的なパスは引かれなかったが，それ以外の変数間では有意なパスが引かれ，縦断データに基づく生徒関係的側面・教育指導的側面と学校適応の循環的な関係が示された。

　以下では，学校適応が他の変数からどのような影響を受けていたのかに注目して結果を記述する。まず心理的適応についてだが，「要請対処」についてみると，1学期の「要請対処」には1学期の「生徒関係（$\beta=.32$）」「教育指導（$\beta=.44$）」が影響していた。そして，1学期の「要請対処」から3学期の「教育指導（$\beta=.13$）」に正のパスが引かれ，3学期の「要請対処」は3学期の「生徒関係（$\beta=.15$）」「教育指導（$\beta=.44$）」から影響を受けていた。1学期の「生

172　第7章　学校への適応過程に関する検討

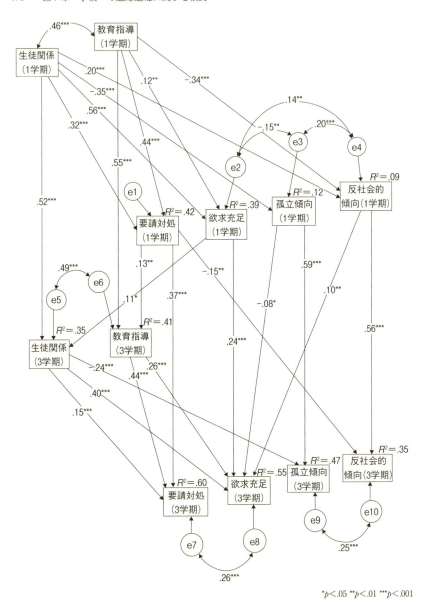

図7-3-6　生徒関係的側面・教育指導的側面と学校適応の循環的関係

第3節　学校生活の諸領域と学校適応の循環的な関係　173

徒関係」「教育指導」は3学期の「要請対処」に直接的な影響は与えていなかったが，間接効果を見ると「生徒関係」が.22,「教育指導」が.43となっており，「教育指導」の間接効果の方が大きいことが示された。

　「欲求充足」について，1学期の「欲求充足」にも「生徒関係（$\beta=.56$）」「教育指導（$\beta=.12$）」の両側面が正の影響を与えていた。そして，1学期の「欲求充足」から3学期の「生徒関係（$\beta=.11$）」に正のパスが引かれた。3学期の「欲求充足」は3学期の「生徒関係（$\beta=.40$）」「教育指導（$\beta=.26$）」から正の影響を受けていた他，1学期の「孤立傾向（$\beta=-.08$）」からは負の，1学期の「反社会的傾向（$\beta=.10$）」からは正の影響を受けていた。1学期の「生徒関係」「教育指導」から3学期の「欲求充足」に直接的なパスは引かれなかったが，間接効果は「生徒関係」が.43,「教育指導」が.16となっており，「生徒関係」の間接効果の方が大きいことが示された。

　社会的適応について見ると，1学期の「孤立傾向」には1学期の「生徒関係（$\beta=-.35$）」のみが影響していた。1学期の「孤立傾向」から3学期の「生徒関係」「教育指導」には有意なパスは引かれず，3学期の「孤立傾向」は3学期の「生徒関係（$\beta=-.24$）」から負の影響を受けていることが示された。1学期の「生徒関係」「教育指導」から3学期の「孤立傾向」への直接的な影響は見られなかったが，間接効果を見ると「生徒関係」が-.35,「教育指導」が.00となっており，1学期の「生徒関係」が間接的に負の影響を与えていることが明らかになった。

　「反社会的傾向」について見ると，1学期の「反社会的傾向」には1学期の「生徒関係（$\beta=.20$）」から正のパス，「教育指導（$\beta=-.34$）」からは負のパスが引かれた。1学期の「反社会的傾向」から3学期の「生徒関係」「教育指導」には有意なパスが引かれず，また，3学期の「生徒関係」「教育指導」も3学期の「反社会的傾向」に影響を与えていなかったが，1学期の「要請対処」が3学期の「反社会的傾向（$\beta=-.15$）」に負の影響を与えていることが示された。1学期の「生徒関係」「教育指導」から3学期の「反社会的傾向」に直接的なパスは引かれなかったが，間接効果は「生徒関係」が.07,「教育指導」が-.26となっており，間接的に影響を受けていた。

　以上の結果から，生徒関係的側面と教育指導的側面では学校適応に対する影

響の仕方が異なっており，学校生活において両側面が異なる役割を担っていることが示された。また，1学期における生徒関係的側面・教育指導的側面は，1学期の学校適応や3学期の生徒関係的側面・教育指導的側面を介して，3学期における学校適応にも間接的な影響力を持っていたことから，1学期の学校生活の状況が3学期の学校適応をある程度予測するといえる。

考　察

本研究ではまず1学期から3学期にかけての学校適応の継時的な変化について分析した。そして，生徒関係的側面・教育指導的側面と学校適応の循環的な関係について，仮説モデルに基づき検討を行った。

学校適応の継時的変化について
　ここでは，1学期から3学期にかけての学校適応の変化について考察する。まず心理的適応に関してだが，分析から要請対処については1学期から3学期にかけて上昇することが示された。1学期は，1年生では小学校から中学校への環境移行を経験する時期であり，2年生・3年生においてもクラス替えによりクラスメイトや担任教師が変わるという環境の変化を経験する。近藤(1994)は教師や生徒からの要請に対処できることが学校生活を過ごす上で重要であることを指摘しているが，上述した環境移行により生徒は新たな対人関係を再構築する必要に迫られ，それに伴い周囲からの要請も変化するといえる。そのため，1学期の時点では周囲からの要請は不安定であり対応することが難しいが，対人関係が再構築される過程で周囲からの要請も安定し対処しやすくなることから，3学期になると要請に応えられているという意識が高まるのだと考えられる。次に，欲求充足については女子では1学期から3学期にかけて低下することが示された。このことに関して，先行研究では女子は男子よりも周囲からの評価を気にしやすく,自己主張が抑制されやすい可能性が指摘されている(奥野・小林，2007)。上述のように要請対処が全体的に上昇していたことも踏まえると，女子は周囲を気にすることで要請に応えられているという意識は高まる一方，自己主張ができず自分の欲求が満たせなくなってしまい，過剰適応に

陥りやすい傾向にあると考えられる。

　社会的適応については，まず反社会的傾向については時期による変化は見られなかった。ここからは，一部の逸脱的な生徒が継続して反社会的な行動を起こしているという可能性が考えられよう。孤立傾向について見ると，1年生では孤立傾向が上昇する反面，2年生では低下していることが示された。この結果の解釈は難しいが，研究1で示唆されたように1年生では当初は人間関係が流動的であるが，徐々に関係が安定しグループが形成される過程で，そうしたグループに入れずに孤立する生徒が固定されてきてしまう可能性がある。しかし，2年生になりクラスが変わることで，1年生の頃に孤立傾向にあった生徒も新たなグループに参入するチャンスが生じるため，孤立傾向が低下するのだと推察される。ただし，本研究のサンプル数を考慮すると，学年差の検討に必ずしも十分であるとはいえず，その学年に固有の要因が上述の結果に表れている可能性もあるだろう。

生徒関係的側面・教育指導的側面と学校適応の循環的関係について

　仮説モデルに基づき生徒関係的側面・教育指導的側面と学校適応の循環的な関係について検討した結果，以下の知見が得られた。

　まず心理的適応について見ると，1学期・3学期ともに生徒関係的側面・教育指導的側面の双方が要請対処・欲求充足に影響していることが示された。近藤（1994）は学校生活に適応する上で教師からの要請，生徒からの要請の両方に応えられることが重要だと指摘しているが，本研究の結果はこの指摘を支持するものといえる。一方，要請対処と欲求充足がその後の生徒関係的側面・教育指導的側面に与える影響は異なっており，要請対処では1学期の要請対処の高さが3学期の教育指導的側面での良好な状態につながり，欲求充足では1学期の欲求充足の高さが3学期の生徒関係的側面での良好な状態につながっていた。このことを踏まえると，要請対処についてはある時点での要請対処の高さがその後の教育指導的側面を改善し更に要請対処が上昇する，欲求充足についてはある時点での欲求充足の高さがその後の生徒関係的側面を改善し更に欲求充足が上昇するという，循環的な関係が存在すると考えられる。

　また，欲求充足については1学期に反社会的傾向の高いことが3学期の欲求

充足の高さにつながるという結果も得られた。加藤・大久保(2005，2006)は，教師から見れば反社会的な行動であっても生徒から見れば適応的な行動である場合があることを指摘しているが，本研究の知見はこうした指摘を支持するものといえ，反社会的な行動を起こすことで欲求を満たしている生徒が存在することを示唆しているといえよう。

　社会的適応について見ると，孤立傾向に関しては1学期・3学期ともに生徒関係的側面でうまくいかないことが孤立傾向の高さにつながっていた。また，1学期の生徒関係的側面での困難が3学期の孤立傾向の高さにも間接的に影響していることが示された。そのため，1学期の時点で他生徒との関係形成につまずくことが，後の時点においても孤立するリスクを高めてしまうといえるだろう。このことに関して，一般的に中学生はチャムグループを形成しやすく(保坂・岡村，1986；須藤，2003)，生徒は少人数の親密な友人関係を形成する傾向にあるといえる。そのため，早期の段階でそうした関係をつくれなかった場合，後の時点では周囲が既に親密な関係を形成しているため，更に他生徒と関係を築くことが難しくなり，一度孤立してしまうとその状態から脱することが困難になってしまうのだと考えられる。

　反社会的傾向について見ると，1学期においては生徒関係的側面が良好である一方で教育指導的側面でうまくいかないことが反社会的傾向の高さにつながっていた。これについては，研究6や研究11でも述べたように，教育指導的側面でうまくいっていない逸脱的な生徒同士が結びつくことが反社会的行動の多さにつながるのだと考えられる。また，1学期に要請対処の低いことが3学期の反社会的行動の多さにつながることも示された。平田・渡部・相馬(1998)は，非行少年は一般少年に比べて教室で受ける疎外感が高いことを示しているが，このことを踏まえると反社会的行動をおこす生徒は周囲からの要請に応えられているという意識を持てず疎外感を感じやすい傾向にあり，そのことが更なる反社会的な行動につながるのだと考えられる。

　以上の考察をまとめると，生徒関係的側面で良好な状態にあることはその時点での生徒の欲求の充足や孤立のリスクの低さにつながるだけでなく，そのことが後の生徒関係的側面でのより良い状態をもたらすとともに，更なる欲求の充足や孤立のリスクの低減につながるといえるだろう。一方，教育指導的側面

で良好な状態にあることはその時点での要請対処の意識の高さや反社会的行動の少なさにつながるだけでなく，そのことが後の教育指導的側面でのより良い状態をもたらすとともに，更なる要請対処の意識の向上や反社会的行動の減少につながると考えられる。先行研究ではこのように学校生活の諸領域と学校適応の循環的な関係について検討したものは少ないが，こうした問題を明らかにすることで，学校生活のある側面で困難を抱えている生徒の適応の予後について見通しを持ったり，適応上の問題を抱えている生徒への対応を考える際に，有益な知見を提供できるといえるだろう。

第4節　学校生活の諸領域における変化と学校適応
―変化パターンの違いに注目して（研究13）

目　　的

　研究13では，生徒関係的側面，教育指導的側面でのポジティブ・ネガティブな変化が，学校適応のポジティブ・ネガティブな変化とどのような関係にあるのかについて検討することが目的である。具体的には以下のことについて検討を行う。

　研究12からは，生徒関係的側面，教育指導的側面でうまく振る舞えることが学校適応にポジティブな影響を与え，そのことが両側面におけるより良い状態をもたらし学校への適応が更に促されるという，循環的な関係のあることが示された。このようにして，生徒は学校生活により適応的になっていくものと考えられるが，全ての生徒が順調に学校に適応していけるわけではなく，学校生活を過ごす中ではそれまで良好な状態にあった領域においてうまく振る舞えなくなってしまうという事態も生じ得る。この場合，そのままでは学校への適応も低下してしまうと考えられるが，その領域によって生じた学校適応に関わる喪失（loss）を別の領域が補うことができれば，適応は維持される可能性があるだろう。

　この問題について検討するため，本研究では生徒関係的側面と教育指導的側面におけるポジティブ，ネガティブな変化に注目する。上記のことを踏まえ

と，もし一方の側面で困難が生じたとしても，もう一方の側面でうまく振る舞えるようになれば，学校への適応は維持されると考えられる。そこで，ここでは両側面における変化に基づき生徒を分類し，生徒の学校適応がどのように変化するのかについて明らかにしていく。

方　　法

調査協力者・時期
　研究10の調査協力者と同じ338名のデータを分析に用いた。

質問紙の構成
　①**学校生活の諸領域との関係の良さ**　研究2で作成した学校生活の諸領域との関係の良さ尺度を用いた。実施方法は研究6と同様。
　②**学校への心理的適応**　研究3で作成した学校への心理的適応尺度を用いた。実施方法は研究3と同様。
　③**学校への社会的適応**　反社会的傾向の指標として学校への不適応傾向尺度（酒井ら，2002）の下位尺度である反社会的傾向尺度，孤立傾向の指標としていじめ被害・学級不適応児童発見尺度（河村・田上，1997）の下位尺度である被侵害尺度を用いた。実施方法は研究5と同様。

結　　果

「生徒関係因子」「教育指導因子」得点の変化による群分けと各群の特徴
　同じサンプルで分析を行った研究12において，学校生活の諸領域が「生徒関係因子」「教育指導因子」に分かれることが確認されていることから，各下位尺度の得点を合成し「生徒関係因子」得点・「教育指導因子」得点を算出した。そして，3学期の「生徒関係因子」得点・「教育指導因子」得点から，1学期の「生徒関係因子」得点・「教育指導因子」得点を引いて，得点の変化量を求めた。次に，「生徒関係因子」得点・「教育指導因子」得点の変化量に基づき，両因子の得点がともに上昇していた「学校生活改善群」(80名)，「生徒関係因子」

第4節　学校生活の諸領域における変化と学校適応　179

得点が上昇し「教育指導因子」得点が低下した「生徒関係上昇・教育指導低下群」（49名；以下，生徒上昇・教育低下群），「教育指導因子」得点が上昇し「生徒関係因子」得点が低下した「教育指導上昇・生徒関係低下群」（50名；以下，教育上昇・生徒低下群），両因子の得点が低下していた「学校生活悪化群」（109名）の4群に生徒を分類した。分類の際に，「生徒関係因子」得点・「教育指導因子」得点のいずれかにおいて得点に変化がなかった生徒については除外した。

4つの群によって男女・学年の比率が異なるのかについて検討するため，χ^2検定を行った（表7-4-1）。その結果，男女の比率については有意な差はなかった（$\chi^2(3)$=3.45, n.s.）。学年の比率については有意に異なり（$\chi^2(6)$=21.02, $p<.01$），残差分析からは「学校生活改善群」では1年生が少ない一方で2年生が多く，「学校生活悪化群」では1年生が多い一方で2年生が少ないことが示された。

次に，4つの群において1学期と3学期の生徒関係因子得点，教育指導因子得点がどのように変化していたのかを確認するため，時期×群の分散分析を実施した（表7-4-2）。「生徒関係因子」「教育指導因子」ともに時期×群の交互作用が検出されたため，単純主効果検定を行った。その結果，「生徒関係因子」得点については「学校生活改善群」「生徒上昇・教育低下群」は1学期から3学期にかけて得点が上昇しており，「学校生活悪化群」「教育上昇・生徒低下群」は得点が低下していることが確認された。「教育指導因子」得点については，「学校生活改善群」「教育上昇・生徒低下群」は1学期から3学期にかけて得点が上昇し，「学校生活悪化群」「生徒上昇・教育低下群」は得点が低下していることが確認された。

表7-4-1　各群における男女・学年の人数と割合

	学校生活改善群（%）	生徒上昇・教育低下群（%）	教育上昇・生徒低下群（%）	学校生活悪化群（%）	合計（%）
男	48（32.40）	24（16.20）	25（16.90）	51（34.50）	148（100.00）
女	32（22.90）	25（17.90）	25（17.90）	58（41.40）	140（100.00）
計	80（27.80）	49（17.00）	50（17.40）	109（37.80）	288（100.00）
1年	17（16.00）	15（14.20）	18（17.00）	56（52.80）	106（100.00）
2年	38（36.90）	16（15.50）	19（18.40）	30（29.10）	103（100.00）
3年	25（31.60）	18（22.80）	13（16.50）	23（29.10）	79（100.00）
計	80（27.80）	49（17.40）	50（17.00）	109（37.80）	288（100.00）

表7-4-2 各群における生徒関係因子得点・教育指導因子得点の変化

	学校生活改善群		生徒上昇・教育低下群		教育上昇・生徒低下群		学校生活悪化群		時期	群	時期×群
N	80		49		50		109				F
	1学期	3学期	1学期	3学期	1学期	3学期	1学期	3学期			
生徒関係	9.48	10.59	9.11	9.98	10.22	9.26	10.33	8.98	2.45	1.97	179.07***
SD	1.34	1.23	1.55	1.31	1.35	1.53	1.17	1.38			
教育指導	11.23	12.86	12.20	11.24	11.16	12.15	12.51	11.09	0.99	0.72	183.18***
SD	1.70	1.56	2.14	2.13	1.70	1.55	1.61	1.81			

***$p<.001$

各群における学校適応の変化

4つの群において1学期と3学期の学校適応がどのように変化していたのかを検討するため，時期×群の分散分析を実施した（表7-4-3）。その結果，「要請対処」「欲求充足」「孤立傾向」において時期×群の交互作用が検出されたため，単純主効果検定を行った。「要請対処」については「学校生活改善群」では1学期から3学期にかけて得点が上昇していたが，「学校生活悪化群」では低下していた。「欲求充足」についても「学校生活改善群」では1学期から3学期にかけて得点が上昇していたが，「学校生活悪化群」では低下しているこ

表7-4-3 各群における心理社会的適応の変化

	学校生活改善群		生徒上昇・教育低下群		教育上昇・生徒低下群		学校生活悪化群		時期	群	時期×群
N	80		49		50		109				F
	1学期	3学期	1学期	3学期	1学期	3学期	1学期	3学期			
要請対処	2.71	3.06	2.71	2.74	2.88	2.91	2.90	2.75	5.43*	1.29	18.69***
SD	0.50	0.53	0.58	0.58	0.49	0.49	0.57	0.62			
欲求充足	2.89	3.15	2.59	2.68	2.72	2.65	2.99	2.55	0.82	5.35**	20.52***
SD	0.65	0.68	0.68	0.71	0.75	0.77	0.62	0.69			
孤立傾向	1.54	1.47	1.59	1.54	1.54	1.54	1.48	1.63	0.04	0.20	3.66*
SD	0.56	0.57	0.66	0.57	0.72	0.55	0.56	0.65			
反社会的傾向	1.28	1.26	1.22	1.17	1.30	1.24	1.16	1.17	1.70	2.22	0.53
SD	0.44	0.35	0.53	0.28	0.56	0.40	0.22	0.29			

*$p<.05$ **$p<.01$ ***$p<.001$

とが示された。「孤立傾向」については，「学校生活悪化群」では1学期から3学期にかけて得点が上昇していることが示された。以上のことから，「学校生活改善群」と「学校生活悪化群」については学校適応が変化していたが，「生徒上昇・教育低下群」「教育上昇・生徒低下群」に関しては変化していないことが示された。

考　察

　本研究では，生徒関係的側面，教育指導的側面でのポジティブ・ネガティブな変化が，学校適応のポジティブ・ネガティブな変化とどのような関係にあるのかについて検討した。

　それによりまず，生徒関係的側面，教育指導的側面の両側面においてポジティブな変化が見られた「学校生活改善群」の生徒は心理的適応が上昇することが示された。つまり，生徒関係的側面，教育指導的側面の双方が強化され，両方の側面が学校適応の支えとなることで，生徒の適応が促進されたといえるだろう。また，この群は2年生に多くなっていた。研究10では1年生において様々な領域との関係が悪化することが示されたが，このことを踏まえると2年生は当初は諸領域との関係が良好でない傾向にあると考えられる。しかし，このことは諸領域との関係が改善される余地が相対的に大きくなることにもつながるため，この群に2年生が多くなっていたのだと推察される。

　「生徒上昇・教育低下群」「教育上昇・生徒低下群」について見ると，これらの群の生徒は学校適応に変化が見られなかった。Baltesら（Baltes，1987，1997；Baltes et al., 1998）のSOCモデルによれば，人はある活動の場を選択し，そこでポジティブな状態にいたるように振る舞う。そして，現状のやり方でうまくいかなくなり何らかの喪失が生じた場合には，別のやり方でその喪失を補償できることが重要になるとされる。このモデルに従えば，こうした生徒は一方の側面でうまくいかなくなったことにより生じた喪失を，もう一方の側面で補うことで学校生活に適応しようとしていると捉えられる。そして，第6章からは適応を支える領域の重要性が指摘されているが，一方の側面が学校適応の支えとして機能しなくなっても，別の側面を支えとすることができれば，適応

は維持されるのだと考えられる。

「学校生活悪化群」に関しては心理的適応が低下するだけでなく、孤立傾向も高まることが示された。この群の生徒は両方の側面でうまく振る舞えなくなることで、それらが適応を支えるものとして十分に機能できなくなっているのだといえる。そして、上述のSOCモデルを踏まえれば、こうした生徒は適応の支えが弱化することで生じた喪失を別の手段で補償することができず、適応の支えとなるものを学校生活の中に見出せないという困難な状況に置かれているものと考えられる。この群には1年生が多くなっていたが、中学1年生において不登校が増加する（保坂、2000）ことを考慮すると、こうした困難な状況から不登校に移行してしまうという危険性もあるだろう。

第5節　本章のまとめ

第7章では、学校適応の時間的側面である学校への適応過程に焦点をあて、学校生活の諸領域と学校適応の関係を時間的広がりの中から明らかにすることが目的であった。研究10～13より以下の知見が得られた。

第1節では、まず学校生活の諸領域との関係の良さと諸領域に対する重要度認知の継時的な変化について検討した。その結果、全体的に教師に対する重要度認知が低下すること、進路への意識が高まることが示された。また、1年生は様々な領域においてネガティブな意識を持つようになることも示された。次に、諸領域との関係の良さと重要度認知の相互関係について検討され、1学期の諸領域との関係の良さは3学期の諸領域に対する重要度認知に影響していたが、1学期の諸領域に対する重要度認知は3学期の諸領域との関係の良さには影響していないことが明らかになった。そのため、生徒は重視しているからその領域との関係が良くなるのではなく、関係の良い領域を重視するようになることが示された。

第2節では、1学期の学校適応が3学期の学校生活の諸領域にどのような影響を与えているのかについて検討を行った。その結果、1学期の心理的適応の高さが3学期の様々な領域における良好な状態につながっていることが示された。また、1学期の孤立傾向の高さは3学期における友人関係の悪さに、1学

期の反社会的傾向の高さは3学期における学業への意欲や校則への意識の低さにつながっていることが明らかになった。これらの知見から，ある時点での学校適応がその後の学校生活の諸領域に影響を及ぼすことが確認された。

第3節では，まず学校適応の継時的な変化について検討した結果，心理的適応の要請対処については全体的に上昇するのに対し，欲求充足については女子において低下することが明らかになった。また，社会的適応に関しては，孤立傾向は学年により変化のパターンに違いのあること，反社会的傾向については全体的にあまり変動しないことが示された。次に，仮説モデルに基づき生徒関係的側面・教育指導的側面と学校適応の循環的な関係について検討した。それにより，生徒関係的側面でうまく振る舞えることはその時点での生徒の欲求の充足や孤立のリスクの低さにつながるだけでなく，そのことが後の生徒関係的側面でのより良い状態をもたらし，更なる欲求の充足や孤立傾向の低減につながることが示された。一方，教育指導的側面でうまく振る舞えることはその時点での要請対処の意識の高さや反社会的行動の少なさにつながるだけでなく，そのことがその後の教育指導的側面でのより良い状態をもたらし，更なる要請対処の意識の向上や反社会的行動の減少につながることが示唆された。

第4節では，生徒関係的側面，教育指導的側面でのポジティブ・ネガティブな変化が，学校適応のポジティブ・ネガティブな変化とどのような関係にあるのかについて検討した。その結果，生徒関係的側面，教育指導的側面の双方でポジティブな変化が生じた生徒では学校適応が上昇し，逆に両側面でネガティブな変化が生じた生徒は学校適応が低下することが示された。また，一方の側面でネガティブな変化が生じても，もう一方の側面でポジティブな変化が生じた生徒では，学校適応は維持されることが明らかになった。これらのことから，ある側面でうまく振る舞えなくなることで生じた適応に関わる喪失は，別の側面によって補償され得ることが示された。

以上のことから，まず，生徒は学校生活の中でうまく振る舞える領域を重視するようになることが示された。そして，生徒関係的側面・教育指導的側面でうまく振る舞えることが学校適応を高め，そのことが後のそれぞれの側面でのより良い状態につながり，更に学校への適応が促されるという循環的な関係が明らかにされた。また，ある側面でうまく振る舞えなくなった場合には，それ

によって生じた喪失を別の側面で補償できることが適応を維持する上で重要であることが示された。このように，学校適応の時間的側面である適応の過程について検討することで，生徒が何を基礎としてどのように学校に適応していくのか，学校生活で困難が生じた場合にどのように適応が維持されるのかという，適応の全体的なプロセスが明らかになった。

第 8 章

「適応の支え」に基づく学校適応の理解

本書では，心理的適応における要請対処と欲求充足を区分するとともに，社会的適応における孤立傾向と反社会的傾向を区分し，心理的適応・社会的適応の両側面から包括的に学校適応を捉えた。その上で，学校適応の空間的側面である適応状態について検討し「生徒がどのように学校に適応しているのか」を明らかにするとともに，学校適応の時間的側面である適応過程について検討し「生徒がどのように学校に適応していくのか」を明らかにすることが目的であった。そして，この問題を検討するために，具体的には以下の4つの課題を設定した。

課題1　心理的適応・社会的適応の双方から包括的に学校適応を測定する尺度を構成し，信頼性・妥当性について検討する。
課題2　学校適応の空間的側面である学校への適応状態について検討し，生徒による適応の在り方の違いについて明らかにする。
課題3　学校適応の時間的側面である学校への適応過程について検討し，適応の全体的なプロセスを明らかにする。
課題4　学校への適応状態と適応過程に関する研究に基づき，学校適応が空間的・時間的広がりの中からどのように理解されるのかについてモデル化し，総合的に検討する。

これらの課題に応えるため，第4章から第7章では，約3,000名の中学生を対象に研究（研究1～13）を行い得られた知見について示してきた。本章ではこれまでの研究の知見をまとめ，上記の本書の研究課題に照らし合わせながら，学校適応に関して明らかにされた問題について考察していく。

第1節　本書における学校適応を捉える枠組みの意義[14]

　本書における一つ目の課題は，心理的適応・社会的適応の双方から包括的に学校適応を測定する尺度を構成し，信頼性・妥当性について検討することであった。この課題に関して，理論的研究，実証的研究から以下の知見が得られた。
　まず，第1章において適応に関する理論的視点を概観し，それらが①個人の内的環境における適応，②個人の外的環境に対する適応，③システムにおける個人の適応，の3つに大きく整理できることを示した。そして，こうした3つの理論的視点に基づき，心理的適応における要請対処と欲求充足を区分するとともに，社会的適応における孤立傾向と反社会的傾向を区分し，心理的適応と社会的適応の両側面から包括的に学校適応を捉える枠組みを提示した（p.19；図1-4-1）。第5章では第4章の面接調査（研究1）で得られた探索的な知見も踏まえ，上述の枠組みで学校適応を捉える尺度が構成された。そこでは，適応の諸側面を測定する尺度の内的一貫性，基準関連妥当性，因子的妥当性について確認されたとともに（研究2・3・4），関連要因の検討からそれぞれの適応の側面の差異についても明らかにされた（研究4・5）。以上のことから，本書で提示された学校適応を捉える枠組みは，文献研究から理論的に導出されただけでなく，実証研究によってもその根拠が与えられており，中学生の学校適応を包括的に捉えるための信頼性と妥当性を有する独自の方法が開発されたといえよう。
　第1章や第2章で述べたように，学校適応のある側面のみが取り上げられたり，様々な測定方法が存在することで混乱が生じている学校適応研究において，こうした枠組みで包括的に学校適応を捉えていくことは，今後の学校適応研究を発展させる上で有益だと考えられる。それでは，本書で提示した枠組みを用いることで，こうした学校適応研究における混乱をどのように整理できるのだろうか。以下では，いくつかの具体的な問題を取り上げ論じていきたい。
　学校適応の捉え方を巡る混乱の1つとしては，過剰適応の問題が挙げられる

14）本節は岡田（2010a）の一部を基に加筆修正したものである。

だろう。過剰適応については，それが適応的でないという見方（石本ら，2009）がある一方で，適応的な面と適応的でない面があるという指摘（石津・安保，2008）がなされている。このように，過剰適応に関しては矛盾的な見方があるが，過剰適応は本書の枠組みに基づけば次のように理解できるだろう。過剰適応の生徒は他者の評価を気にしたり期待に応えようとするため，社会的にはトラブルを抱えにくく，また，周囲からの要請に対処できているという意識も高いと考えられる。しかし，要請に応えようとするあまり内的な欲求を満たすことができないため，この点においては適応的でないといえるだろう。つまり，本書の枠組みに則していえば，孤立傾向や反社会的傾向は低く社会的適応には問題がないが，心理的適応においては要請対処が高い一方で欲求充足は低い状態にあると捉えられる（図8-1-1）。

次に，反社会的行動について考えてみると，教師からすれば不適応だが生徒から見れば適応的な行動である場合もあるという議論がなされており（加藤・大久保，2005・2006），ここにも相反する見方が存在する。反社会的な行動を起こす生徒が，自分が所属する友人集団からの評価を高めるためにそうした行動を起こしていた場合（加藤・大久保，2006），その生徒は集団から孤立するリスクが低くなるといえよう。そして，研究12で示唆されたように，仲間とこうした行動を起こすことに楽しさを見出しているケースもあると考えられる。一方で，逸脱的な行動をとる彼らは，周囲からの要請に応えられているという意識は持ちにくいといえる。つまり，本書の枠組みに従えば，反社会的傾向が高く要請対処は低くなりがちであるが，孤立傾向は低く欲求充足もある程

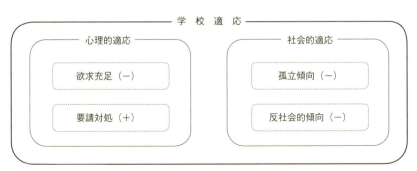

図8-1-1　過剰適応傾向にある生徒の学校適応の理解

度高い状態にあると捉えられよう（図8-1-2）。もちろん，加藤・大久保（2006）が指摘するように一般生徒が逸脱的な生徒に対して肯定的な態度を持っている場合には，要請対処の意識も高まる可能性がある。また，単独で反社会的行動を起こす生徒の学校適応についてはこの限りではないだろう。

　最後に非社会的な問題についてだが，人とうまく関われない，周囲から孤立するといったことは基本的に不適応とされるが，ある生徒にとっては必ずしもそのことがネガティブなこととは言い切れない。例えば，高機能自閉症の生徒の中には，様々な生徒と交流しなければならない状況が苦痛である者がいる。こうした生徒は孤立しがちで周囲からは非社会的な問題を抱えているとみなされるが，本人にとっては一人でいることが心の安寧につながっていることも多い。しかし，学校では集団での活動が要請されることが多いために，それにうまく対処できない自分に不全感を抱きやすいといえる。本書の枠組みに即せば，孤立傾向が高く要請対処は低くなりがちであるが，反社会的傾向は低く，一人でいることで欲求充足を一定の水準に保っていると理解できよう（図8-1-3）。ただし，高機能自閉症の生徒の中にも積極的に他者との交流を求める者もおり，こうした生徒の場合には一人でいることが欲求充足を高めることにはつながらないだろう。

　以上のように，学校適応にはいくつかの側面があり，単に適応・不適応というだけでは混乱が生じてしまう。この混乱を乗り越えるためには，どの側面で適応的なのか，そうでないのかといった問題に目を向ける必要がある。本書で提示した学校適応を捉える枠組みを用いることで，上述のような学校適応に対

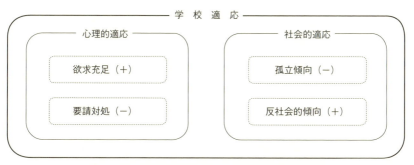

図8-1-2　反社会的行動を起こす生徒の学校適応の理解

190　第8章 「適応の支え」に基づく学校適応の理解

図8-1-3　一人でいることを好む生徒の学校適応の理解

する様々な見方を一つの枠組みの中に位置づけて理解することが可能になるといえよう。

第2節　生徒による適応の在り方の違い

　本書における二つ目の課題は，学校適応の空間的側面である学校への適応状態について検討し，生徒による適応の在り方の違いについて明らかにすることであった。第2章で述べたように，本書では学校適応を空間的広がりの中で捉え，Bronfenbrenner（1979）の生態学的視点に基づき，学校生活というマイクロシステムの水準だけでなく，学校生活を学校の周辺的な文脈との関連の中で捉えるというメゾシステムの水準にも注目した（p.30;図2-2-1）。そして，第6章ではこうした観点から生徒による適応状態の違いについて明らかにしてきた。それにより以下の知見が得られた。
　まず，マイクロシステムの水準では学校生活の諸領域を学校適応を説明するものとして位置づけ，はじめに学校生活における一般的な領域と学校適応がどのような関係にあるのかについて検討を行った（研究6）。そこからは，学校生活の諸領域は生徒関係的側面と教育指導的側面に区分することができ，これら2つの側面から諸領域を捉えなおすことで，様々な領域を含みこみながら学校適応にアプローチできることが示された。そして，一方の側面でうまく振る舞えなくてももう一方の側面で良好な状態にある生徒では，社会的適応においては部分的に困難が残るものの，うまく振る舞える側面が学校適応を支えてい

ることが示された。また，生徒はうまく振る舞える学校生活の領域を重視していることも明らかになった。次に，全ての生徒が経験するわけではない学校生活における特殊な領域についても検討を行い，本書では部活動と学内相談室に注目して学校適応との関係について分析を行った。それにより，部活動については積極的に参加している生徒にとって部活動が学校適応の支えになっていることが明らかになった（研究7）。相談室については，クラスにおいて困難を抱えている生徒にとって相談室が学校適応の支えとして機能し得ることが示された（研究8）。

　ここで，第2章で言及したBaltesら（Baltes, 1987, 1997；Baltes et al., 1998）のSOCモデルを振り返ると，そこでは，人生を通した発達は選択的適応の連続であると捉えられており，選択（selection），最適化（optimization），補償（compensation）という3つの機能により，獲得（gain）を最大化し喪失（loss）を最小化することがサクセスフルな発達とされていた。このモデルに従うと，生徒は学校という活動の場を選択している状態にあり，自分なりのやり方で学校生活を最適化し，適応しようとしているといえる。そして，うまく振る舞えない領域や困難が生じた領域があった場合には，それによる適応に関わる喪失を補うための手段を見出そうとするものと考えられる。以下ではこうした視点から生徒による適応の在り方の違いについて考えていく。

　上述のように，学校には友人や教師，学業など全ての生徒が経験する一般的な領域があり，それらは生徒関係的側面と教育指導的側面から捉えることができる。学校に適応する上では双方の側面でうまく振る舞えることが理想だが，実際には研究6でも検討されたように，両方の側面で良好な状態にある生徒ばかりではない。生徒関係的側面・教育指導的側面の一方の側面のみで良好な状態にあった生徒について考えてみると，彼らは両方の側面で困難を抱えている生徒よりも学校適応が高く，自分がうまく振る舞える側面に含まれる領域を重視していた。このことを踏まえると，彼らは自分がうまく振る舞える領域を支えとしながら学校に適応していると考えられる。すなわち，自分が有能であれる領域を軸として，彼らなりに学校生活を最適化しているのだと捉えられる。それでは，両方の側面でうまく振る舞うことが難しい生徒についてはどうだろうか。こうした生徒についても，学校生活における特殊な領域に目を向ければ，

一般的な領域でうまく振る舞えないことにより生じた学校適応に関わる喪失を補える余地があるといえる。本書では特殊な領域として部活動と学内相談室を取り上げたが，そこでは部活動への積極的な参加や学内相談室における活動が生徒の学校適応にポジティブに作用していることが示された。このように，一般的な領域以外に生徒がうまく振る舞える領域があることは，不適応傾向の生徒にとっては特に重要だといえる。様々な特殊な領域があることは，生徒に別の領域で生じた喪失を補償する機会を多くもたらすことにつながるだろう。もちろん，特殊な領域の存在は不適応傾向にない生徒にとっても有益だといえる。Hirschi (1969) は社会との絆の要素として愛着，コミットメント，巻き込み，規範観念の4つを挙げているが，特殊な領域の中にもこれらの要素は含まれている。そのため，特殊な領域も含め学校生活の中に適応の支えとなる領域が多くあるほど，生徒と学校社会との社会的絆は強くなり（森田, 1991），生徒はいっそう学校生活に動機づけられるようになるだろう。

次に，メゾシステムの水準では，学校だけでなく家や学校／家以外の場といった学校の周辺的な文脈にも焦点をあて，それぞれの生活空間への志向性と学校適応の関係について検討を行った（研究9）。そこからは，他の生活空間との関連の中で学校への志向性の高い生徒の学校適応が高いことが示された。また，周辺的な文脈における過ごし方が生活空間への志向性に与える影響についても検討され，学校への志向性に影響を与える放課後の活動や放課後に過ごす他者が明らかにされた。

社会的絆という視点をメゾシステムの水準にも適用すると，この知見は次のように考察できよう。まず，上述のように学校生活の中にうまく振る舞える領域のあることは生徒と学校の社会的絆を強めることにつながるが，生徒が学校生活を志向するかどうかは，学校内の要因のみから規定されているわけではなく，学校の周辺的な文脈における要因によっても影響を受けているといえる。研究9では，学校ではなく家や学校／家以外の場を志向する生徒の存在も示されたが，こうした生徒が学校を志向しないのは，学校内に生徒を引きつけるものが少ないというだけではなく，学校以外の生活空間に生徒を強く引きつけるものがあるという可能性も考えられる。このことを考慮すると，学校への志向性を捉えるためには，何が生徒を学校社会につなぎとめているのかという視点

（森田，1991）だけでなく，生徒が学校以外の生活空間とどのような社会的絆を形成しているのかという問いについても考えていくことが必要だといえよう。そして，学校や学校の周辺的な文脈において様々な経験をする中で，学校にいたいと感じている生徒ほど，向学校的な態度や行動がとられやすくなり学校に適応的になるのだと考えられる。先のSOCモデルを踏まえると，こうした生徒は生活の中で学校が居場所となっており，学校生活を支えとすることで生活全体を最適化していると捉えられるだろう。

これまでの学校適応の空間的側面に関する考察をまとめると以下のようになる。まず，学校生活のどの領域でうまく振る舞えるかは生徒によって異なっており，生徒はそれぞれがうまく振る舞える領域を支えとしながら，学校生活を最適化し適応していることが示された。そして，学校生活の中にこうした支えとなる領域が多くあるほど，より学校に適応的になるといえる。また，生活全体の中で生徒がどの生活空間に引きつけられているのかによっても学校への適応の在り方は異なり，学校が生活全体を最適化する際の支えとして機能していることが，学校適応において重要であることが示唆された。以上のことから，生徒による適応の在り方の違いについて検討することで，学校生活や生活全体において何が「支え」となっているのかに注目することの重要性が示された。

第3節　学校への適応過程

本書における三つ目の課題は，学校適応の時間的側面である学校への適応過程について検討し，適応の全体的なプロセスを明らかにすることであった。本書では第2章で示したように学校適応を時間的広がりの中で捉え（p.34；図2-3-1），生徒が何を基礎として学校に適応していくのか，そしてどのようにして学校への適応が促されるのか，更に学校生活の中で困難が生じた場合にどのように適応が維持されるのかという適応の全体的なプロセスに注目した。そして，第7章では縦断データに基づきこれらの問題について検討してきた。それにより以下の知見が得られた。

まず，学校生活の諸領域との関係の良さと諸領域に対する重要度認知の相互関係に関する検討からは，生徒は重視しているからその領域との関係が良くな

るのではなく,関係の良い領域を重視するようになることが明らかにされた(研究10)。また,全体的に1年生は学校生活の様々な領域においてネガティブな意識を持つようになることも示された。次に,ある時点において学校で適応的であることはその後の学校生活の様々な領域に対してポジティブな影響を与えることが明らかにされた（研究11）。そして,研究12では学校生活の様々な領域を含みこんだ上で,学校生活の諸領域と学校適応の循環的な関係について検討された。それにより,生徒関係的側面でうまく振る舞えることはその時点での生徒の欲求の充足や孤立のリスクの低さにつながるだけでなく,そのことが後の生徒関係的側面でのより良い状態をもたらし,更なる欲求の充足や孤立傾向の低減につながることが示された。一方,教育指導的側面でうまく振る舞えることはその時点での要請対処の意識の高さや反社会的行動の少なさにつながるだけでなく,そのことがその後の教育指導的側面でのより良い状態をもたらし,更なる要請対処の意識の向上や反社会的行動の減少につながることが示唆された。研究13では生徒関係的側面,教育指導的側面でのポジティブ・ネガティブな変化が,学校適応のポジティブ・ネガティブな変化とどのような関係にあるのかについて検討した。そこからは,生徒関係的側面・教育指導的側面の両方でネガティブな変化が生じた生徒は学校適応が低下していたが,一方の側面でうまく振る舞えなくなってももう一方の側面でうまく振る舞えるようになった生徒は学校適応が維持されることが示された。以下ではこれらの知見と先行研究の理論的視点を踏まえながら学校への適応過程について考察していく。

　はじめに,生徒が何を基礎として学校に適応していくのかについて考察する。本書では第2章でWapner & Demick (1992, 1998)の理論的視点に言及したが,それに従えば新奇な環境に移行する際には何らかの比較的安定した準拠点（アンカーポイント）が必要で,人はそれを基礎にして環境との関係を体制化していくといえる。中学生の場合,小学校から中学校への環境移行事態を経験し,学校環境との新たな関係を構築していく必要があるが,そのために何らかのアンカーポイントが必要になるといえよう。それでは何がアンカーポイントとなるのかだが,研究10では生徒は重視しているからといってその領域でうまく振る舞えるようになるとは限らず,うまく振る舞える領域を重視するようになることが示された。このことを踏まえると,生徒に重視された領域がアンカー

ポイントとなるのではなく，学校生活の中で自分がうまく振る舞うことができた領域がアンカーポイントとなり，結果的にその領域が重視されるようになるのだと考えられる。つまり，学校への適応プロセスは，生徒があらかじめ重視している領域がありそれに基づいて学校生活が体制化されていくといった予定調和的なものではなく，新奇な環境に入ってみてその中で自分がうまく振る舞える領域を見つけ出しそれが適応の支えとなっていくというように，不確定性を内包したものだと捉えられるだろう。

　次に，どのようにして学校への適応が促されるのかについて考えていく。上述のように，生徒は当初は自らがうまく振る舞える領域を支えとして学校生活を過ごしているが，Wapner & Demick（1992，1998）の視点に基づけばその領域を基礎として徐々に学校環境との関係を体制化し，学校に適応していくと考えられる。研究12からは，ある領域で良好な状態にあることはその時点での学校適応を高めるだけでなく，適応が高まることによって更にその領域においてうまく振る舞えるようになることが示された。こうした学校生活の諸領域と学校適応との循環的な関係によって，適応の支えとなる領域はより確固としたものになっていくと考えられる。また，ある領域でうまく振る舞えることは，それ以外の領域に対してもプラスに作用するといえる。研究11からは，学校で適応的であることがその後の学校生活の諸領域にポジティブな影響を与えていることが示され，特に心理的な適応の高いことが様々な領域での良好な状態につながっていた。研究12の知見も考慮すると，ある領域で良好な状態にあることが，学校全体への心理的適応を高めることを介して，それ以外の領域にもポジティブな波及効果をもたらすのだと考えられる。Hirschi（1969）は一般的に社会との絆のある要素が強くなれば別の絆の要素も強くなると指摘しているが，上記のようなプロセスを経て生徒と学校社会との絆となる領域が確固としたものになり，そうした領域が拡大していくことで，生徒は学校に引きつけられるようになり適応が促されるといえるだろう。

　最後に，学校生活の中で困難が生じた場合に生徒がどのようにして適応を維持しようとするのかについて考察する。これまで述べてきたように，生徒はうまく振る舞える領域を支えとしながら，そしてそうした支えとなる領域を拡大しながら学校に適応していくと考えらえる。ただし，全ての生徒が順調に適応

していけるわけではなく，また，適応のプロセスがこのように常に線形的に進展するわけでもないといえる。むしろ，中学1年生が学校生活の様々な領域に対してネガティブな見方をするようになることを踏まえると，適応の過程においては困難な事態が生じることの方が一般的だろう。そのため，Baltesら（Baltes, 1987, 1997；Baltes et al., 1998）のSOCモデルにおいても重視されているように，困難が生じた際にどのようにして再適応が図られるのかに注目することが重要になるといえる。この問題に関して，研究13からは生徒関係的側面・教育指導的側面の両方で困難が生じた生徒の学校適応は低下していたが，どちらか一方で困難が生じても，もう一方の側面でうまく振る舞えるようになった生徒は学校適応が維持されることが示された。つまり，適応の支えとなっている領域が崩れても，別の領域が適応の支えとなることで学校への適応は維持することができるといえよう。SOCモデルを踏まえれば，生徒はある領域で困難が生じた場合には，うまく振る舞える領域により多くのリソースを配分したり，新たな領域に目を向けたりすることで，学校生活を最適化しようとするものと考えられる。

　これまでの学校適応の時間的側面に関する考察をまとめると以下のようになる。まず，生徒はうまく振る舞える領域をアンカーポイントとして学校に適応していくが，適応の基礎となる領域は事前に予測できるとは限らず，生徒が新たな環境の中で行為する過程で立ち現れてくるものであることが示唆された。そして，うまく振る舞える領域のあることが学校全体への適応を高め，それによって適応を支える個別の領域が更に強化・拡大され適応が促されていくといえる。ただ，適応の過程では困難な事態が生じ適応の支えが崩れる場合もある。その際に再適応がなされるためには，それに代わる適応の支えを見出せることが必要であり，それができない場合には不適応に陥ってしまうといえるだろう。以上のことから，適応の全体的なプロセスを検討することで，いかに適応の支えを築き，拡大し，再構築できるかが学校に適応していく上で重要であることが示された。

第4節　空間的・時間的広がりから捉えた学校適応

　本書における最後の課題は，学校への適応状態と適応過程に関する研究に基づき，学校適応が空間的・時間的広がりの中からどのように理解されるのかについてモデル化し，総合的に検討することであった。

　本書ではLewin（1951）の理論的視点に基づき，学校適応を空間的側面である適応状態と時間的側面である適応過程から捉え，空間的側面についてはBronfenbrenner（1979）のマイクロシステム・メゾシステムの概念も援用しながら，空間的・時間的広がりの中で学校適応にアプローチしてきた。こうした本書における理論的視点と実証研究から得られた知見を統合すると，以下のような学校適応を捉える図式を導くことができるだろう（図8-4-1）。

　まず，空間的広がりの中で捉えた学校適応について見ていく。「学校」というマイクロシステムの水準では，学校生活の諸領域と学校適応の関係が示されている。第6章で検討したように学校生活の諸領域には，学校生活における一般的な領域と，学校生活における特殊な領域が存在し，学校生活における一般的な領域は更に，生徒関係の側面と教育指導的側面に区分して捉えられる。また，第5章で学校適応を測定する尺度が構成されたように，学校適応には心理的適応と社会的適応の両側面があり，心理的適応は更に要請対処と欲求充足に区分され，社会的適応は孤立傾向と反社会的傾向に区分される。そして，本書では学校生活の諸領域を総合することで学校適応を測定する下位領域加算モデルではなく，学校生活の諸領域を学校適応を説明するものとして位置づける階層モデルで学校適応を捉えてきた。学校生活の諸領域から学校適応に引かれた矢印がこのことを表している。こうした枠組みで学校適応について検討したことで，学校生活の中でどのような領域が適応の支えとなるかによって，生徒の学校への適応の在り方は異なることが示された。次に，メゾシステムの水準である「学校の周辺的な文脈」についてみると，第6章で検討したようにそこには家や学校／家以外の場が存在する。そして，学校の周辺的な文脈から学校に向けて引かれた矢印が示しているように，家や学校／家以外の場は学校生活に影響を与えている。同様に，学校から学校の周辺的な文脈に向けて引かれた矢

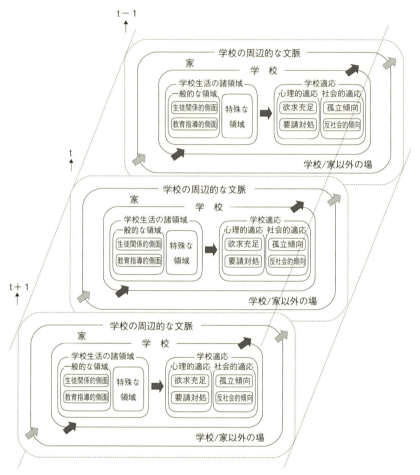

図8-4-1　空間的・時間的広がりの中で捉えた学校適応

印は，学校生活が家や学校／家以外の場にも影響を与えていることを意味している。こうしたメゾシステムの水準にも注目して学校適応について検討したことで，学校の周辺的な文脈との関係の中で学校がどのように位置づけられるのかによって，学校への適応の在り方は異なることが明らかになった。更に，本書では取り上げなかったが，Bronfenbrenner（1979）のエクソシステムやマクロシステムの概念を踏まえると，学校生活の周辺的な文脈の外側には，点線

の枠で示されているように更に周辺的な文脈が存在している。そして，点線の矢印で表されているように，学校生活の周辺的な文脈と更に周辺的な文脈は相互に影響しあっているといえる。このように，ある時点での学校適応は学校生活だけでなくそれを取り囲む文脈も含めた空間的な広がりの中で捉えていく必要があるだろう。

　次に，時間的広がりの中で捉えた学校適応について見ていく。まず，それぞれの時点（t−1，t，t+1）における学校適応は，上述のように空間的広がりの中で捉えられる必要がある。そして，時点tに注目すると，空間的広がりの中で捉えられた時点tの学校適応は，先行する時点t−1における学校適応に規定されており，更に，後続する時点t+1における学校適応を規定している。このように時間的広がりの中で学校適応を捉えることで，生徒が学校生活の中でうまく振る舞える領域を支えとして適応していくこと，学校適応が高まることで適応の支えとなる領域が強化，拡大されていくこと，そして適応の支えが崩れた場合には別の領域がそれによる喪失を補うといった，学校適応の全体的なプロセスが明らかにされた。本書では学校というマイクロシステムの水準に注目し学校適応の時間的側面について検討を行ったが，上述のように学校が周辺的な文脈からも影響を受けていることを踏まえれば，今後は周辺的な文脈も視野に入れ，学校適応を時間的広がりの中で捉えていく必要があるだろう。

　以上のように，心理的適応・社会的適応の両側面から包括的に学校適応を捉えた上でその空間的側面と時間的側面を明らかにすることによって，学校適応研究における混乱を乗り越え，空間的・時間的広がりの中で中学生の学校適応を理解することが可能になると考えられる。

　そして，上述のように空間的・時間的広がりの中で学校適応について検討してきたことで，本書では生徒の学校適応を理解する際には「適応の支え」という視点が重要であることが示された。本書のこれまでの考察を踏まえると，適応の支えには以下のような3つの機能があるといえるだろう。

①学校生活への適応の基礎としての機能
②学校生活に対する動機づけとしての機能
③学校生活において生じた喪失を補償するものとしての機能

まず，学校生活への適応の基礎としての機能について，本書では生徒はうまく振る舞える領域を支えとして学校に適応していき，学校に適応的であることが支えとなっている領域を強化することが示された。Wapner & Demick (1992, 1998) は新奇な環境に移行する際には何らかの比較的安定した準拠点（アンカーポイント）が必要だと指摘しているが，適応の支えはこうしたアンカーポイント，つまり適応の基礎として機能すると考えられる。そして，適応の支えは学校への適応の基礎として機能するとともに，その過程で強化されていくといえよう。

次に，学校生活に対する動機づけとしての機能に関して，本書では学校生活において適応の支えとなる領域が多くあるほど学校に適応的になることが示された。Hirschi (1969) のボンド理論を踏まえると，適応の支えとなる領域には生徒と学校社会との結びつきを強める役割があり，そうした領域が増え学校社会との絆が太くなっていくことで（森田，1991），生徒はより学校生活に動機づけられ適応が促されるのだと考えられる。

最後に，学校生活において生じた喪失を補償するものとしての機能について，本書では学校適応の支えとなっている領域で困難が生じても，別の領域を支えとすることができれば適応は維持されることが示された。Baltesら（Baltes, 1987, 1997 ; Baltes et al., 1998）のSOCモデルに基づけば，ある適応の支えが崩れた場合，生徒はそれによって生じた適応に関わる喪失を別の領域によって補おうとするものと考えられる。そのため，適応の支えとなり得る領域が多くあるほど，喪失を補償できる可能性が高まり不適応に陥るリスクが低くなるといえるだろう。

以上のように，適応の支えに注目することで，生徒が何を基礎として学校に適応するのか，どのようにして学校に動機づけられるのか，学校生活で困難が生じた場合にどのように乗り越えるのかといった学校適応の異なる局面を同時に分析の射程に入れることが可能になると考えられる。

終 章

実践への示唆と今後の課題

第 1 節　実践への示唆

1. 適応の支えに注目した支援

　ここでは，本書で得られた知見が教育実践にどのような示唆を与えられるのかについて論じていく。第8章では生徒の学校適応を理解する際には「適応の支え」に注目することが重要であり，適応の支えには3つの機能があることを述べた。この視点に基づき学校で適応上の困難を抱える生徒を捉えなおしてみると，そこには次のような3つの問題の位相が存在すると考えられる。それは，適応の支えが見つけられないという問題，適応の支えが維持できないという問題，代替の適応の支えがないという問題である。生徒の学校への適応を支援する際に，これらの問題を区分して捉えることは重要だといえる。なぜなら，どこに問題があるのかによって，適応の支えをつくる支援が必要なのか，支えを強化する支援が必要なのか，支えを広げていく支援が必要なのかが異なってくるためである。例えば，不登校の生徒を考えた場合，こうした生徒は学校への適応を支えるものがない状態といえる。そのため，まずは適応の支えとなるものを見つける支援が必要になるだろう。こうした支えとしては相談室や保健室，特定の教師や生徒とのつながりなどが考えられる。次に，適応の支えとなるものができたら，それが支えとして維持されるよう強化する必要がある。先の例でいえば相談室や保健室で安心感を得られるようになることや，教師や生徒との信頼関係が深まることが支えを確固としたものにするといえよう。そして，最終的に学級での活動に参加するためには，支えを広げていく支援が必要になる。具体的には，相談室や保健室から徐々に他の場に行けるように支援することや，他の教師や生徒との関係の構築が支えを広げることにつながるだろう。このように，生徒がどのような問題状況にあるのかを区分して把握することで，目指される課題が明確になるといえる。そして，不登校に限らず適応上の困難を抱える生徒にアプローチする際には，上述のように学校生活全体の中でどのような適応の支えをつくり，強化し，広げていくかという視点が重要だと考えられる。

2. 断片化された生徒像の統合

　それでは，中学校ではこうした生徒の適応の支えを把握し支援する際にどのような課題があるのだろうか。生徒像の断片化という視点からこの問題について考えてみると，次のような課題が見えてくる。

　まず，中学校の現状を見てみると，中学校では教科担任制がとられており，それぞれの教科を担当する教師は自分の担当教科における生徒のパフォーマンスの向上を目指している。また，教科教育以外の領域でも生徒指導や進路指導などの役割が分担され，担当の教師はその領域で生徒がうまくいくよう努力することになる。教育内容が高度になり学校組織が大きくなるほどこうした役割分担の必要性は必然的に生じてくるが，このことは，構造的に教師が断片的な生徒像しか持つことができないという事態にもつながっている。学級担任は存在するが，上記のような役割分担の中で，担当以外の授業場面や休み時間，放課後の様子を含め総合的にそれぞれの生徒を理解することは難しいだろう。そして，このように断片化された生徒像しか持てない中で，それぞれの教師が自分の担当領域において生徒がより良い状態に至るよう努力することは，学校環境全体で見た場合には生徒に全ての領域でうまく振る舞えることを要請することにつながっていくと考えられる。つまり，意図したわけでなくても学校は理想的な生徒を追求していることになるだろう。この状況は，学校生活の諸領域を総合したものとして学校適応を捉えているがゆえに，学校に適応するためには全ての領域でうまく振る舞えなければならないという，第2章で述べた下位領域加算モデルと類似した構造にあるといえる。しかし，現実的には全ての領域でうまく振る舞える生徒は少なく，理想的な生徒を志向することは実際の生徒の学校適応の在り方とは相いれない。図9-1-1は生徒による適応の支えの違いを模式的に示したものであるが，生徒1のような理想的なケースは稀であり，多くの場合生徒2のようにうまく振る舞える領域（ここでは領域b）を軸として学校生活を過ごしているといえよう。あるべき理想の生徒像に照らして目の前の生徒を捉えるのではなく，個々の適応の在り方は異なるという前提に立ち，何が生徒の適応の支えとなっているのかに目を向けていくことが肝要だと考えられる。

　生徒像の断片化は生徒の適応の支えを把握する際にも障壁となる。図

204　終　章　実践への示唆と今後の課題

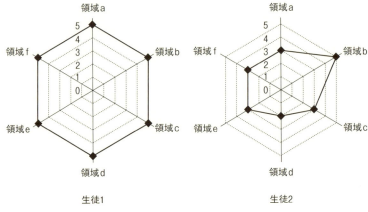

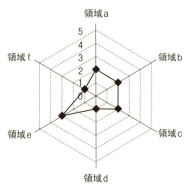

図9-1-1　生徒による適応の支えの違いに関する模式図
ここではa～fの6つの領域が想定され，得点が高くなるほどその領域でうまく振る舞えていることを意味する。

9-1-1からも明らかなように，生徒の適応の支えを把握するためには，特定の領域だけでなく学校生活全体に目を向ける必要がある。複数の領域における生徒像をつなぎ合わせることで，その生徒にとって何が適応の支えとなっているのかが浮かび上がってくるといえよう。そして，このことは図9-1-1の生徒3のようなケースにおいて特に重要になるだろう。例えば，生徒2のように目立ってうまく振る舞える領域（領域b）があるのであれば，その領域を担当する教師としても当該領域が生徒の適応の支えになっていると推測しやすい。

一方，生徒3を見てみると，この生徒は全体的に様々な領域で良好な状態にはない。相対的に領域eがこの生徒の中ではうまく振る舞えている領域ということになる。しかし，領域eのみを担当している教師から見れば，その領域においてこの生徒は平均的で特段目立つ存在ではないため，当該領域が生徒の適応の支えとなっていることに気づきにくいだろう。つまり，他の領域における生徒3の状況を知らなければ，生徒の適応の支えは見過ごされてしまうことになる。こうした生徒は周囲の中で目立ちはしないが，自分なりにうまく振る舞える領域を見出し何とか学校に適応しようとしていると考えられる。ただし，彼らの適応の支えはか細く，それが崩れた場合には学校の中で適応の支えを失い，深刻な不適応に陥ってしまう危険性がある。適応の支援という視点からは，まずは彼らの適応の支えを把握し，その上でそれを維持・強化し，広げていくという働きかけが重要だといえる。そのためには，それぞれの教師が持つ断片化された生徒像を統合していくということが意識的になされる必要があるだろう。

第2節　今後の課題

　最後に，今後の課題について述べていく。学校への適応状態，適応過程に関する検討について，本書では扱いきれなかった以下のような問題が残されている。

　まず，学校への適応状態に関する検討について，本書では学校適応の支えとなる領域が生徒によって異なることが示されたが，なぜ生徒によってうまく振る舞える領域に違いが生じるのかについては明らかにできていない。この問題にアプローチするためには生徒の特性や能力といった個人側の要因とともに，これらの要因と環境条件との組み合わせも考慮する必要があると考えられるが，こうした視点での研究を行うことで適応の多様性が生じる背景について検討していくことが求められよう。また，本書では学校生活だけでなく生徒が関与する学校以外の生活空間にも目を向け，メゾシステムの水準からも学校適応にアプローチを試みた。しかし，学校と学校以外の生活空間の関係について十分に捉えられたとは言い難い。調査研究では生活空間への志向性や放課後の過

ごし方に焦点をあてたが，今後は生活空間同士の相互作用も視野に入れながら別の観点からもメゾシステムと学校適応の問題について研究を蓄積していく必要があるだろう。加えて，本書ではエクソシステム，マクロシステムの水準については検討できなかった。これらの水準に注目した学校適応研究は少ないが，空間的広がりの中から学校適応を理解するためにも今後の研究が待たれる。

　次に，学校への適応過程に関する検討についてだが，本書では適応過程についての量的な検討は，中学校1校の縦断データに基づき行っている。そこからは一定の有意義な知見が得られたが，得られた知見にどこまで一般性があるのかについては，今後更に縦断データを蓄積し検証していく必要がある。また，縦断データは1学期と3学期の2時点のデータであり，中学校入学から卒業までの3年間をトータルに捉えたものではなかった。3年間の学校生活を追跡することは容易ではないが，こうした研究が実施できれば生徒による適応の軌跡の違いといった，本書では十分に明らかにできなかった非線形的な適応のプロセスについても記述することが可能になるといえる。更に，本書では学校以外の生活空間を含めた適応過程の検討はできなかった。第8章で学校適応を空間的・時間的広がりの中で捉える枠組みを提示したが，今後はこの枠組みに基づき，学校を取り囲む生活空間も含みこみながら，総合的に生徒の適応過程にアプローチしていくことが重要だろう。

引用文献

相川充（1996）社会的スキルという概念　相川充・津村俊充（編）社会的スキルと対人関係―自己表現を援助する　誠信書房　pp.3-21.

Allport, G. W. (1937) *Personality: A psychological interpretation*. New York: Henry Holt. (詫摩武俊・青木孝悦・近藤由紀子・堀正（訳）(1982) パーソナリティ―心理学的解釈　新曜社)

浅川潔司・森井洋子・古川雅文・上地安昭（2002）高校生の学校生活適応感に関する研究―高校生活適応感尺度作成の試み　兵庫教育大学研究紀要, 22, 37-40.

浅川潔司・尾崎高弘・古川雅文（2003）中学校新入生の学校適応に関する学校心理学的研究　兵庫教育大学研究紀要, 23, 81-88.

Baltes, P. B. (1987) Theoretical propositions of life-span developmental psychology: On the dynamics between growth and decline. *Developmental Psychology*, 23, 611-626.

Baltes, P. B. (1997) On the incomplete architecture of human ontogeny: Selection, optimization, and compensation as foundation of developmental theory. *American Psychologist*, 52, 366-380.

Baltes, P. B., Lindenberger, U., & Staudinger, U. M. (1998) Life-span theory in developmental psychology. In W. Damon (Series Ed.) & R. M. Lerner (Vol. Ed.), *Handbook of child psychology* (5th ed.): Vol. 1. *Theoretical models of human development*. New York: Wiley. pp.1029-1143.

Barnett, L. A. (2007) "Winners" and "Losers" : The effects of being allowed or denied entry into competitive extracurricular activities. *Journal of Leisure Research*, 39, 316-344.

Bateson, G. (1972) *Steps to an ecology of mind*. New York: The estate of Gregory Bateson. (佐藤良明（訳）(2000) 精神の生態学（改訂第2版）　新思索社)

ベネッセ教育研究所（1997）学校内の人間関係　モノグラフ・中学生の世界 Vol.57　ベネッセコーポレーション

ベネッセ教育研究所（1998）閉塞状況の中の生徒たち　モノグラフ・中学生の世界 Vol.59　ベネッセコーポレーション

Berndt, T. J., & Keefe, K. (1995) Friends' influence on adolescents' adjustment to school. *Child Development*, 66, 1312-1329.

Berndt, T. J., & Keefe, K. (1996) Friends' influence on school adjustment: A motivational analysis. In J. Juvonen & K. R. Wentzel (Eds.), *Social motivation: Understanding children's school adjustment* (Cambridge studies in social and emotional development). Cambridge University Press. pp.248-278.

Birch, S. H., & Ladd, G. W. (1996) Interpersonal relationships in the school environment and children's early school adjutment: The role of teachers and peers. In J. Juvonen & K. R. Wentzel (Eds.), *Social motivation: Understanding children's school adjustment* (Cambridge studies in social and emotional development). Cambridge University Press. pp.199-225.

Bronfenbrenner, U. (1979) *The ecology of human development: Experiments by nature and design*. Harvard University Press. (磯貝芳郎・福冨護（訳）(1996) 人間発達の生態学：発達心理学への挑戦　川島書店)

Bronfenbrenner, U., & Morris, P. (1998) The ecology of developmental processes. In W. Damon (Series Ed.) & R. M. Lerner (Vol. Ed.), *Handbook of child psychology* (5th ed.): Vol. 1. *Theoretical models of human development.* New York: Wiley. pp.992-1028.

Brown, B. B., Clasen, D. R., & Eicher, S. A. (1986) Perceptions of peer pressure, peer conformity dispositions, and self-reported behavior among adolescents. *Developmental Psychology,* **22**, 521-530.

Buss, D. M. (1997) Evolutionary foundations of personality. In R. Hogan, J. Johnson, & S. Briggs (Eds.), *Handbook of personality psychology*. San Diego: Academic Press. pp.317-344.

Byrne, B. M. (2000) *Structural equation modeling with Amos: Basic concepts, applications, and programming.* Lawrence Erlbaum.

Caldwell, L. L., & Darling, N. (1999) Leisure context, parental control, and resistance to peer pressure as predictors of adolescent partying and substance use: An ecological perspective. *Journal of Leisure Research,* **31**, 57-77.

Cole, M. (1996) *Cultural psychology: A once and future discipline.* Harvard University Press.(天野清(訳)(2002) 文化心理学：発達・認知・活動への文化―歴史的アプローチ　新曜社)

Crick, N. R., & Dodge, K. A. (1994) A review and reformulation of social information-processing mechanisms in children's social adjustment. *Psychological Bulletin,* **115**, 74-101.

Darden, C. A., Ginter, E. J., & Gazda, G. M. (1996) Life-skills development scale-adolescent form: The theoretical and therapeutic relevance of life-skills. *Journal of Mental Health Counseling,* **18**, 142-163.

Darling, N., Caldwell, L. L., & Smith, R. (2005) Participation in school-based extracurricular activities and adolescent adjustment. *Journal of Leisure Research,* **37**, 51-76.

Dodge, K. A., Lansford, J. E., Burks, V. S., Bates, J. E., Pettit, G. S., Fontaine, R., & Price, J. M. (2003) Peer rejection and social information-processing factors in the development of aggressive behavior problems in children. *Child Development,* **74**, 374-393.

DuBois, D. L., Burk-Braxton, C., Tevendale, H. D., Swenson, L. P., & Hardesty, J. L. (2002) Race and gender influences on adjustment in early adolescence: Investigation of an integrative model. *Child Development,* **73**, 1573-1592.

Eccles, J. S., & Barber, B. L. (1999) Student council, volunteering, basketball, or marching band: What kind of extracurricular involvement matters? *Journal of Adolescent Research,* **14**, 10-43.

Eccles, J. S., Midgley, C., Wigfield, A., Buchanan, C. M., Reuman, D., Flanagan, C., & Iver, D. M. (1993) Development during adolescent: The impact of stage-environment fit on young adolescent's experience in schools and in families. *American psychologist,* **48**, 90-101.

江口圭一・戸梶亜紀彦 (2007) 労働価値観測定尺度の因子的妥当性に関する検討　広島大学マネジメント研究, **7**, 37-47.

Ellis, E. G., Nel, E. M., & Van Rooyen, J. (1991) Conformity behavior of Afrikaans- and English-speaking adolescents in South Africa. *The Journal of Social Psychology,* **131**, 875-879.

遠藤由美 (1992) 自己認知と自己評価の関係―重みづけをした理想自己と現実自己の差異スコアからの検討　教育心理学研究, **40**, 157-163.

Festinger, L. (1957) *A theory of cognitive dissonance.* Evanston: Row, Peterson. (末永俊郎 (監訳) (1965) 認知的不協和の理論　誠信書房)

藤村美子・秋葉英則 (1998) 親子関係認知と承認欲求,達成動機との関わりについて　大阪教育

大学紀要IV教育科学, 46, 167-179.
藤野京子（1996）非行少年のストレスについて　教育心理学研究, 44, 278-286.
古市祐一・玉木弘之（1994）学校生活の楽しさとその規定要因　岡山大学教育学部研究集録, 96, 105-113.
Garton, A. F., & Pratt, C. (1991) Leisure activities of adolescent school students: Predictors of participation and interest. *Journal of Adolescence*, 14, 305-321.
Goffman, E. (1963) *Behavior in public places: Notes on the social organization of gatherings*. New York: The Free Press.（丸木恵祐・本名信行（訳）（1980）集まりの構造―新しい日常行動論を求めて　誠信書房）
Graham, S., & Juvonen, J. (2002) Ethnicity, peer harassment, and adjustment in middle school: An exploratory study. *The Journal of Early Adolescence*, 22, 173-199.
Hamilton, W. D. (1964) The genetical evolution of social behavior I, II. *Journal of Theoretical Biology*, 7, 1-52.
半田一郎（2003）中学生がもつスクールカウンセラーへのイメージ―学校の日常生活での活動を重視するスクールカウンセラーに関連して　カウンセリング研究, 36, 140-148.
Higgins, E. T. (1987) Self-discrepancy: A theory relating self and affect. *Psychological Review*, 94, 319-340.
樋口一辰・鎌原雅彦・大塚雄作（1983）友人関係場面における原因帰属様式と社会的地位　教育心理学研究, 31, 141-145.
平田乃美・渡部正・相馬一郎（1998）非行少年の学校環境認知とローカス・オブ・コントロール　犯罪心理学研究, 36, 1-18.
Hirschi, T. (1969) *Causes of delinquency*. Berkeley: University of California Press.（森田洋司・清水新二（監訳）（2010）非行の原因―家庭・学校・社会のつながりを求めて（新装版）文化書房博文社）
本間友巳（2000）中学生の登校を巡る意識の変化と欠席や欠席願望を抑制する要因の分析　教育心理学研究, 48, 32-41.
堀薫夫（2009）ポール・バルテスの生涯発達論　大阪教育大学紀要第IV部門教育科学, 58, 173-185.
保坂亨（2000）学校を欠席する子どもたち―長期欠席・不登校から学校教育を考える　東京大学出版会
保坂亨・岡村達也（1986）キャンパス・エンカウンター・グループの発達的・治療的意義の検討―ある事例を通して　心理臨床学研究, 4, 15-26.
Hymel, S., Rubin, K. H., Rowden, L., & LeMare, L. (1990) Children's peer relationships: Longitudinal prediction of internalizing and externalizing problems from middle to late childhood. *Child Development*, 61, 2004-2021.
飯田順子・石隈利紀（2002）中学生の学校生活スキルに関する研究―学校生活スキル尺度（中学生版）の開発　教育心理学研究, 50, 225-236.
飯田順子・石隈利紀（2006）中学生の学校生活スキルと学校ストレスとの関連　カウンセリング研究, 39, 132-142.
飯田都（2002）教師の要請が児童の学級適応感に与える影響―児童個々の認知様式に着目して　教育心理学研究, 50, 367-376.
石隈利紀（1999）学校心理学―教師・スクールカウンセラー・保護者のチームによる心理教育的援助サービス　誠信書房
石本雄真・久川真帆・齊藤誠一・上長然・則定百合子・日潟淳子・森口竜平（2009）青年期女子

の友人関係スタイルと心理的適応および学校適応との関連　発達心理学研究, 20, 125-133.
石津憲一郎（2007）中学生の学校環境に対する主観的重みづけと学校適応―心身の適応との関係から　カウンセリング研究, 40, 225-235.
石津憲一郎・安保英勇（2008）中学生の過剰適応傾向が学校適応感とストレス反応に与える影響　教育心理学研究, 56, 23-31.
石津憲一郎・安保英勇・大野陽子（2007）過剰適応研究の動向と課題―学校場面における子どもの過剰適応　学校心理学研究, 7, 47-54.
伊藤美奈子（1993）個人志向性・社会志向性に関する発達的研究　教育心理学研究, 41, 293-301.
Jones, W. H., Hobbs, S. A., & Hockenbury, D.（1982）Loneliness and social skill deficits. *Journal of Personality and Social Psychology*, 42, 682-689.
亀田達也・村田光二（2000）複雑さに挑む社会心理学―適応エージェントとしての人間　有斐閣
上長然（2007）思春期の身体発育のタイミングと抑うつ傾向　教育心理学研究, 55, 21-33.
狩野素朗・田崎敏昭（1990）学級集団理解の社会心理学　ナカニシヤ出版
粕谷貴志・河村茂雄（2004）中学生の学校不適応とソーシャル・スキルおよび自尊感情との関連―不登校群と一般群との比較　カウンセリング研究, 37, 107-114.
加藤弘通・大久保智生（2005）学校の荒れと生徒文化の関係についての研究―〈落ち着いている学校〉と〈荒れている学校〉では生徒文化にどのような違いがあるのか　犯罪心理学研究, 43, 1-16.
加藤弘通・大久保智生（2006）〈問題行動〉をする生徒および学校生活に対する生徒の評価と学級の荒れとの関係―〈困難学級〉と〈通常学級〉の比較から　教育心理学研究, 54, 34-44.
河地和子（2003）自信力はどう育つか―思春期の子ども世界4都市調査からの提言　朝日新聞社
河村茂雄（1999）楽しい学校生活を送るためのアンケートQ-U（中学生用）実施・解釈ハンドブック　図書文化
河村茂雄（2003）学級適応とソーシャル・スキルとの関係の検討　カウンセリング研究, 36, 121-128.
河村茂雄・國分康孝（1996）教師にみられる管理意識と児童の学級適応感との関係についての調査研究　カウンセリング研究, 29, 55-59.
河村茂雄・田上不二夫（1997）いじめ被害・学級不適応児童発見尺度の作成　カウンセリング研究, 30, 112-120.
菊池章夫（1988）思いやりを科学する―向社会的行動の心理とスキル　川島書店
菊池章夫（1998）また/思いやりを科学する―向社会的行動の心理とスキル　川島書店
北村晴朗（1965）適応の心理　誠信書房
小泉令三（1992）中学校進学時における生徒の適応過程　教育心理学研究, 40, 348-358.
小泉令三（1995）中学入学時の子どもの期待・不安と適応　教育心理学研究, 43, 58-67.
小泉令三（1997）小・中学校での環境移行事態における児童・生徒の適応過程―中学校入学・転校を中心として　風間書房
近藤邦夫（1994）教師と子どもの関係づくり―学校の臨床心理学　東京大学出版会
高坂康雅（2008）自己の重要領域からみた青年期における劣等感の発達的変化　教育心理学研究, 56, 218-229.
久木山健一（2005a）青年期の社会的スキルの生起過程に関する研究―アサーションの社会的情報処理に着目して　カウンセリング研究, 38, 66-75.
久木山健一（2005b）青年期の社会的スキル改善意欲に関する検討　発達心理学研究, 16, 59-71.
Kupersmidt, J. B., & Coie, J. D.（1990）Preadolescent peer status, aggression, and school adjustment as predictors of externalizing problems in adolescence. *Child Development*, 61,

1350-1362.

Ladd, G. W., & Burgess, K. B. (2001) Do relational risks and protective factors moderate the linkages between childhood aggression and early psychological and school adjustment? *Child Development*, 72, 1579-1601.

Ladd, G. W., & Troop-Gordon, W. (2003) The role of chronic peer difficulties in the development of children's psychological adjustment problems. *Child Development*, 74, 1344-1367.

Lamborn, S. D., Brown, B. B., Mounts, N. S., & Steinberg, L. (1992) Putting school in perspective: The influence of family, peers, extracurricular participation, and part-time work on academic engagement. In F. M. Newmann (Ed.), *Student engagement and achievement in American secondary schools.* New York: Teachers College Press. pp.153-181.

Larson, R. (1994) Youth organizations, hobbies, and sports as developmental context. In R. K. Silbereisen & E. Todt (Eds.), *Adolescence in context: The interplay of family, school, peers, and work in adjustment.* New York: Springer-Verlag. pp.46-65.

Larson, R. W. (1997) The emergence of solitude as a constructive domain of experience in early adolescence. *Child development*, 68, 80-93.

Larson, R., Kubey, R., & Colletti, J. (1989) Changing channels: Early adolescent media choices and shifting investments in family and friends. *Journal of Youth and Adolescence*, 18, 583-599.

Larson, R., & Verma, S. (1999) How children and adolescents spend time across the world: Work, play and developmental opportunities. *Psychological Bulletin*, 126, 701-736.

Lazarus, S., & Folkman, S. (1984) *Stress, appraisal, and coping.* New York: Springer.（本明寛・春木豊・織田正美（監訳）(1991) ストレスの心理学—認知的評価と対処の研究　実務教育出版）

Lerner, J. V. (1983) The role of temperament in psychosocial adaptation in early adolescents: A test of a "goodness of fit" model. *Journal of Genetic Psychology*, 143, 149-157.

Lerner, J. V., Lerner, R. M., & Zabski, S. (1985) Temperament and elementary school children's actual and rated academic performance: A test of a "goodness of fit" model. *Journal of Child Psychology and Psychiatry*, 26, 125-136.

Lerner, R. M., Freund, A. M., De Stefanis, I., & Habermas, T. (2001) Understanding developmental regulation in adolescence: The use of the selection, optimization, and compensation model. *Human Development*, 44, 29-50.

Lewin, K. (1951) *Field theory in social science: Selected theoretical papers.* New York : Harper & Brothers.（猪股佐登留（訳）(1979) 社会科学における場の理論（増補版）　誠信書房）

Lobel, T. E., & Bempachat, J. (1993) Children's need for approval and achievement motivation: An interactional approach. *European Journal of Personality*, 7, 37-46.

Loeber, R., & Hay, D. (1997) Key issues in the development of aggression and violence from childhood to early adulthood. *Annual Review of Psychology*, 48, 371-410.

Loeber, R., & Stouthamer-Loeber, M. (1998) Development of juvenile aggression and violence: Some common misconceptions and controversies. *American Psychologist*, 53, 242-259.

前田健一 (1995) 児童期の仲間関係と孤独感—攻撃性，引っ込み思案および社会的コンピタンスに関する仲間知覚と自己知覚　教育心理学研究，43, 156-166.

前田健一 (1998) 子どもの孤独感と行動特徴の変化に関する縦断的研究—ソシオメトリック地位

維持群と地位変動群の比較　教育心理学研究, 46, 377-386.
Mahoney, J. L.（2000）School extracurricular activity participation as a moderator in the developmental antisocial patterns. *Child development*, 71, 502-516.
Mahoney, J. L., & Cairns, R. B.（1997）Do extracurricular activities protect against early school dropout? *Developmental Psychology*, 33, 241-253.
Mahoney, J. L., & Stattin, H.（2000）Leisure activities and adolescent antisocial behavior: The role of structure and social context. *Journal of Adolescence*, 23, 113-127.
松原敏浩（1990）部活動における教師のリーダーシップ・スタイルの効果―中学校教師の視点からのアプローチ　教育心理学研究, 38, 312-319.
松岡弥玲（2006）理想自己の生涯発達―変化の意味と調節過程を捉える　教育心理学研究, 54, 45-54.
松岡弥玲・加藤美和・神戸美香・澤本陽子・菅野真智子・詫間里嘉子・野瀬早織・森ゆき絵（2006）成人期における他者視点（子ども，配偶者，両親，友人，職場の人）の理想－現実自己のズレが自尊感情に及ぼす影響―性役割観との関連から　教育心理学研究, 54, 522-533.
松山安雄・倉智佐一（1969）学級におけるスクール・モラールに関する研究　大阪教育大学紀要第Ⅳ部門教育科学, 18, 19-36.
Maynard Smith, J.（1986）*The problems of biology*. Oxford University Press.（木村武二（訳）（1990）生物学のすすめ　紀伊國屋書店）
Maynard Smith, J.（1993）*The theory of evolution*. Cambridge: Cambridge University Press.
McHale, S. M., Crouter, A. C., & Tucker, C. J.（2001）Free-time activities in middle childhood: Links with adjustment in early adolescence. *Child Development*, 72, 1764-1778.
三島浩（2006）階層型学級適応感尺度の作成―小学校高学年用　カウンセリング研究, 39, 81-90.
三隅二不二・矢守克也（1989）中学校における学級担任教師のリーダーシップ行動測定尺度の作成とその妥当性に関する研究　教育心理学研究, 37, 46-54.
三浦正江（2006）中学校におけるストレスチェックリストの活用と効果の検討―不登校の予防といった視点から　教育心理学研究, 54, 124-134.
三浦正江・福田美奈子・坂野雄二（1995）中学生の学校ストレッサーとストレス反応の継時的変化　日本教育心理学会大36回総会発表論文集, 555.
三浦正江・坂野雄二（1996）中学生における心理的ストレスの継時的変化　教育心理学研究, 44, 368-378.
宮島裕嗣・内藤美加（2008）間接圧力による中学生の同調―規範的および情報的影響と課題重要性の効果　発達心理学研究, 19, 364-374.
宮本信也（2000）通常学級にいる軽度発達障害児への理解と対応―注意欠陥多動障害・学習障害・知的障害　発達障害研究, 21, 262-269.
溝上慎一（1999）自己の基礎理論―実証的心理学のパラダイム　金子書房
水間玲子（1998）理想自己と自己評価及び自己形成意識の関連について　教育心理学研究, 46, 131-141.
水間玲子（2002）自己評価を支える要因の検討―意識構造の違いによる比較を通して　梶田叡一（編）　自己意識研究の現在　ナカニシヤ出版　pp.115-152.
文部科学省（2012）平成23年度「児童生徒の問題行動等生徒指導上の諸問題に関する調査」について（http://www.mext.go.jp/b_menu/houdou/24/09/1325751.htm，2014年3月参照）
Moreno, J. L.（1953）*Foundations of sociometry, group psychotherapy and socio-drama*（2nd ed.）. Beacon, NY: Beacon House.
Moretti, M. M., & Higgins, E. T.（1990）Relating self-discrepancy to self-esteem: The

contribution of discrepancy beyond actual-self ratings. *Journal of Experimental Social Psychology*, **26**, 108-123.
森川貞夫・遠藤節昭 (1999) 必携スポーツ部活動ハンドブック　大修館書店
森下剛 (2004) 中学生の非行行動に関連する要因についての探索的検討―学校における非行予防プログラムの開発に向けて　カウンセリング研究, **37**, 135-145.
森田洋司 (1991)「不登校」現象の社会学　学文社
森田洋司 (2003) 不登校―その後　不登校経験者が語る心理と行動の軌跡　教育開発研究所
村瀬孝雄 (1978) ロジャーズとジェンドリン　詫摩武俊 (編著)　性格の理論 第2版　誠信書房　pp.227-248.
長根光男 (1991) 学校生活における児童の心理的ストレスの分析―小学4, 5, 6年生を対象にして　教育心理学研究, **39**, 182-185.
長尾圭造 (2007) 通常の学級において不適応を来たす境界知能・軽度知的障害 (1) ―学習上の問題　現代のエスプリ, **474**, 138-145.
長尾圭造・北畑歩 (2007) 通常の学級において不適応を来たす境界知能・軽度知的障害 (2) ―クラスメートとの問題　現代のエスプリ, **474**, 146-153.
永作稔・新井邦二郎 (2005) 自律的高校進学動機と学校適応・不適応に関する短期縦断的検討　教育心理学研究, **53**, 516-528.
中井大介・庄司一子 (2006) 中学生の教師に対する信頼感とその規定要因　教育心理学研究, **54**, 453-463.
中井大介・庄司一子 (2008) 中学生の教師に対する信頼感と学校適応感との関連　発達心理学研究, **19**, 57-68.
中村尚子 (1994) 通常の学級に在籍する障害児の教育に関する調査・研究の動向　障害者問題研究, **22**, 58-69.
根ヶ山光一 (1999)「適応」　中島義明・安藤清志・子安増生・坂野雄二・繁桝算男・立花政夫・箱田裕司 (編)　心理学辞典CD-ROM版　有斐閣
根本橘夫 (1987) 学級集団の独自性からみた学級集団の規範，構造および風土　心理科学, **11**, 1-16.
Newcomb, A. F., Bukowski, W. M., & Pattee, L. (1993) Children's peer relations: A meta-analytic review of popular, rejected, neglected, controversial, and average sociometric status. *Psychological Bulletin*, **113**, 99-128.
日本青少年研究所 (2000) 日常生活に関する調査 (http://www1.odn.ne.jp/youth-study/reserch/index.html，2008年4月参照)
日本青少年研究所 (2002) 中学生の生活と意識に関する調査 (http://www1.odn.ne.jp/youth-study/reserch/index.html，2008年4月参照)
小保方晶子・無藤隆 (2005) 親子関係・友人関係・セルフコントロールから検討した中学生の非行傾向行為の規定要因および抑止要因　発達心理学研究, **16**, 286-299.
落合良行・佐藤有耕 (1996a) 親子関係の変化からみた心理的離乳への過程の分析　教育心理学研究, **44**, 11-22.
落合良行・佐藤有耕 (1996b) 青年期における友達とのつきあい方の発達的変化　教育心理学研究, **44**, 55-65.
小口孝司 (1991) 母親の自己開示と養育態度が子どもの自己開示と学級集団への適応に及ぼす効果　社会心理学研究, **6**, 175-183.
岡田佳子 (2002) 中学生の心理的ストレス・プロセスに関する研究―二次的反応の生起についての検討　教育心理学研究, **50**, 193-203.

岡田有司（2006a）中学1年生における学校適応過程についての縦断的研究　心理科学, 26, 67-78.
岡田有司（2006b）該当カテゴリー直接測定法による包括的学校適応感尺度の作成　中央大学大学院研究年報（文学研究科篇）, 36, 149-152.
岡田有司（2007）通常学級に在籍する軽度知的障害の生徒における相談室の役割―2つの事例の検討から　中央大学大学院研究年報（文学研究科篇）, 37, 143-151.
岡田有司（2008）学校生活の下位領域に対する意識と中学校への心理的適応―順応することと享受することの違い　パーソナリティ研究, 16, 388-395.
岡田有司（2009）部活動への参加が中学生の学校への心理社会的適応に与える影響―部活動のタイプ・積極性に注目して　教育心理学研究, 57, 419-431.
岡田有司（2010a）包括的に学校適応を捉える枠組み構築の試み　日本教育心理学会第52回総会発表論文集, 148-149.
岡田有司（2010b）中学生の学校適応と性差　日本教育心理学会第52回総会発表論文集, 108-109.
岡田有司（2011）放課後の時間使用と中学校への心理社会的適応（1）―放課後の活動における性差・学年差　日本教育心理学会第53回総会発表論文集, 477.
岡田有司（2012a）中学校への適応に対する生徒関係的側面・教育指導的側面からのアプローチ　教育心理学研究, 60, 153-166.
岡田有司（2012b）放課後の時間使用と中学校への心理社会的適応（2）―放課後の活動と生活空間への志向性　日本教育心理学会第54回総会発表論文集, 175.
岡田有司（2012c）学校生活の諸領域に対する適応と重要度認知の因果関係―交差遅延効果モデルによる検討　パーソナリティ研究, 21, 186-189.
岡田有司（2013a）学級における環境要請への適応と学校適応―要請特性と要請特性に対する自己評価のズレに注目して　日本教育心理学会第55回総会発表論文集, 53.
岡田有司（2013b）放課後の時間使用と中学校への心理社会的適応（3）―メゾシステムの違いによる適応の差異　日本発達心理学会第23回総会発表論文集, 265.
岡安孝弘・嶋田洋徳・坂野雄二（1993）中学生におけるソーシャル・サポートの学校ストレス軽減効果　教育心理学研究, 41, 302-312.
奥野誠一・小林正幸（2007）中学生の心理的ストレスと相互独立性・相互協調性との関連　教育心理学研究, 55, 550-559.
小野寺正己・河村茂雄（2002）中学生の学級内における自己開示が学級への適応に及ぼす効果に関する研究　カウンセリング研究, 35, 47-56.
大久保智生（2005）青年の学校への適応感とその規定要因―青年用適応感尺度の作成と学校別の検討　教育心理学研究, 53, 307-319.
大久保智生・加藤弘通（2005）青年期における個人－環境の適合の良さ仮説の検証―学校環境における心理的欲求と適応感との関連　教育心理学研究, 53, 368-380.
大西佐一・松山安雄（1967）SMT・学級適応診断検査手引き　日本文化科学社
大対香奈子・大竹恵子・松見淳子（2007）学校適応アセスメントのための三水準モデル構築の試み　教育心理学研究, 55, 135-151.
Parker, J. G., & Asher, S. R. (1993) Friendship and friendship quality in middle childhood: Links with peer group acceptance and feelings of loneliness and social dissatisfaction. Developmental Psychology, 29, 611-621.
Perry, K. E., & Weinstein, R. S. (1998) The social context of early schooling and children's school adjustment. Educational Psychology, 33, 177-194.
Posner, J. K., & Vandell, D. L. (1999) After-school activities and the development of low-

income urban children: A longitudinal study. *Developmental Psychology*, 35, 868-879.
Rogers, C. R. (1959) A theory of therapy, personality and interpersonal relationships as developed in the client-centered framework. In S. Koch (Ed.), *Psychology: A study of a science*, Vol. 3. *Formulation of the person and the social context*. New York: McGraw-Hill. pp.184-256.
Rosenberg, M. (1965) *Society and adolescent self-image*. Princeton, NJ: Princeton University Press.
Russell, B. (1919) *Introduction to mathematical philosophy*. London: George Allen & Unwin. (平野智治 (訳) (1954) 数理哲学序説 岩波書店)
坂井明子・山崎勝之 (2004) 小学生における3タイプの攻撃性が攻撃反応の評価および結果予期に及ぼす影響 教育心理学研究, 52, 298-309.
酒井厚・菅原ますみ・木島伸彦・菅原健介・眞榮城和美・詫摩武俊・天羽幸子 (2007) 児童期・青年期前期における学校での反社会的行動と自己志向性―短期縦断データを用いた相互影響分析 パーソナリティ研究, 16, 66-79.
酒井厚・菅原ますみ・眞榮城和美・菅原健介・北村俊則 (2002) 中学生の親および親友との信頼関係と学校適応 教育心理学研究, 50, 12-22.
佐々木掌子・尾崎幸謙 (2007) ジェンダー・アイデンティティ尺度の作成 パーソナリティ研究, 15, 251-265.
佐藤典子 (2001) 音楽大学への進学理由の認知と進学後の適応について 教育心理学研究, 49, 175-185.
瀬戸瑠夏 (2006) オープンルームにおけるスクールカウンセリングルームという場の構造―フィールドワークによる機能モデルの生成 教育心理学研究, 54, 174-187.
嶋田洋徳 (1997) 子どものストレスとその評価 竹中晃二 (編著) 子どものためのストレス・マネジメント教育―対症療法から予防措置への転換 北大路書房 pp.10-16.
嶋田洋徳・三浦正江・坂野雄二・上里一郎 (1996) 小学生の学校ストレッサーに対する認知的評価がコーピングとストレス反応に及ぼす影響 カウンセリング研究, 29, 89-96.
島本好平・石井源信 (2006) 大学生における日常生活スキル尺度の開発 教育心理学研究, 54, 211-221.
神藤貴昭 (1998) 中学生の学業ストレッサーと対処方略がストレス反応および自己成長感・学習意欲に与える影響 教育心理学研究, 46, 442-451.
須藤春佳 (2003) 前青年期の「chumship体験」に関する研究―自己感覚との関連を中心に 心理臨床学研究, 20, 546-556.
杉本希映・庄司一子 (2006a) 中学生の「居場所環境」と学校適応との関連に関する研究 学校心理学研究, 6, 31-39.
杉本希映・庄司一子 (2006b) 「居場所」の心理的機能の構造とその発達的変化 教育心理学研究, 54, 289-299.
角谷詩織 (2005) 部活動への取り組みが中学生の学校生活への満足感をどのように高めるか―学業コンピテンスの影響を考慮した潜在成長曲線モデルから 発達心理学研究, 16, 26-35.
角谷詩織・無藤隆 (2001) 部活動継続者にとっての中学校部活動の意義―充実感・学校生活への満足度との関わりにおいて 心理学研究, 72, 79-86.
Symonds, P. M. (1946) *The dynamics of human adjustment*. New York: Appleton-Century. (畠山忠 (訳) (1979) 人間適応の心理―適応機制 風間書房)
竹中晃二 (1997) 予防措置としてのストレス・マネジメント教育 竹中晃二 (編著) 子どものためのストレス・マネジメント教育―対症療法から予防措置への転換 北大路書房 pp.1-8.

竹内常一（1987）子どもの自分くずしと自分つくり　東京大学出版会
谷村圭介・渡辺弥生（2008）大学生におけるソーシャルスキルの自己認知と初対面場面での対人行動との関係　教育心理学研究, **56**, 364-375.
戸川行男（1956）適応と欲求　金子書房
都筑学（2001）小学校から中学校への進学にともなう子どもの意識変化に関する短期縦断的研究　心理科学, **22**, 41-54.
都筑学（2008）小学校から中学校への学校移行と時間的展望―縦断的調査にもとづく検討　ナカニシヤ出版
都筑学（2009）中学校から高校への学校移行と時間的展望―縦断的調査にもとづく検討　ナカニシヤ出版
Wapner, S., & Demick, J.　鹿島達哉（訳）（1992）有機体発達論的システム論的アプローチ　山本多喜司・S. ワップナー（編著）　人生移行の発達心理学　北大路書房　pp.25-49.
Wapner, S., & Demick, J.（1998）Developmental analysis: A holistic, developmental, systems-oriented perspective. In W. Damon（Series Ed.）& R. M. Lerner（Vol. Ed.）, *Handbook of child psychology* (5th ed.): Vol. 1. *Theoretical models of human development*. New York: Wiley. pp.761-805.
渡部麻美（2008）4要件理論に基づく主張性と社会的情報処理および精神的適応との関連　パーソナリティ研究, **16**, 185-197.
Wentzel, K. R.（2002）Are effective teachers like good parents? Teaching styles and student adjustment in early adolescence. *Child Development*, **73**, 287-301.
Wentzel, K. R.（2003a）Sociometric status and adjustment in middle school: A longitudinal study. *The Journal of Early Adolescence*, **23**, 5-28.
Wentzel, K. R.（2003b）School adjustment. In W. M. Reynolds, G. J. Miller, & I. B. Weiner (Eds.), *Handbook of psychology*, Vol.7. *Educational Psychology*. New Jersey: John Wiley & Sons. pp.235-258.
Wenz-Gross, M., Siperstein, G. N., Untch, A. S., & Widaman, K. F.（1997）Stress, social support, and adjustment of adolescents in middle school. *The Journal of Early Adolescence*, **17**, 129-151.
World Health Organization: Division of Mental Health（1994）*Life skills education in schools*. Ann Arbor, MI: University Microfilms International.（川畑徹朗（監訳）（1994）ライフスキル教育　大修館書店）
山田剛史（2004）理想自己の観点からみた大学生の自己形成に関する研究　パーソナリティ研究, **12**, 59-72.
山岸明子（1998）小中学生における対人交渉方略の発達及び適応感との関連―性差を中心に　教育心理学研究, **46**, 163-172.
山口正二・岡本貴行・中山洋（2004）高等学校における部活動への参加と学校適応度との関連性に関する研究　カウンセリング研究, **37**, 232-240.
吉村斉（1997）学校適応における部活動とその人間関係のあり方―自己表現・主張の重要性　教育心理学研究, **45**, 337-345.
吉澤寛之・吉田俊和（2007）社会的情報処理の適応性を促進する心理教育プログラムの効果―中学生に対する実践研究　犯罪心理学研究, **45**, 17-36.

付　録

本書で新たに作成した尺度

本書で新たに作成した尺度の項目を示す。

①学校生活の諸領域との関係の良さ尺度（研究2，6，7，10，11，12，13）
回答は「とてもあてはまる～まったくあてはまらない」の4件法で求めた。

「友人関係」
1. 自分は友だちとはうまくいっている
2. たよりにできる友だちがいる
3. 学校内には気軽に話せる友だちがいる
4. クラス内には色々な活動やおしゃべりに誘ってくれる友だちがいる
5. 人と仲よくしたり友人関係をよくする方法を知っている
6. 友だちとの付き合いは自分の成長にとって大切だと思う

「クラスへの意識」
1. クラスの中にいると，ほっとしたり，明るい気分になる
2. クラスで行事に参加したり，活動するのは楽しい
3. 自分もクラスの活動に貢献していると思う
4. 自分のクラスは仲のよいクラスだと思う

「教師との関係」
1. 先生にしたしみを感じる
2. 学校内には気軽によく話をする先生がいる
3. 自分を認めてくれる先生がいる
4. 担任の先生とはうまくいってると思う
5. 学校内には自分の悩みを相談できる先生がいる
6. 先生の前でも自分らしくふるまっている

「他学年との関係」
1. 先ぱいや後はいにしたしみを感じる
2. 自分は先ぱいや後はいとはうまくいっている
3. 先ぱいや後はいと話していて楽しい
4. 先ぱいや後はいに受け入れられていると思う
5. 先ぱいや後はいと気軽に話せる

「進路意識」
1. 自分の進みたい職業の分野については自分から調べている
2. 私は自分にあった進路を考えている
3. 私は自分の将来や夢に希望を持っている
4. 進路について仲のよい友人などと話し合うことがある

「学業への意欲」
1. 学校の勉強には自分から自主的に取り組んでいる

2. 勉強してよい成績をとろうと努力している
3. 学習内容をより理解するための，自分なりの学習の仕方がある
4. 授業の内容は理解できている

「校則への意識」
1. 学校の規則はやぶってもいいと思う（逆転項目）
2. 校則はあったほうがいい
3. 校則はあまり気にならない（逆転項目）
4. 学校の規則はちゃんと守っている

「部活動への傾倒」
1. 部活をやることにやりがいを感じる
2. 自分は部活でうまくいっている
3. 部活には自主的に参加している
4. 自分は部活の中で自分をだせていると思う
5. 自分の部は希望していた部である
6. 自分の部は仲のよい楽しい集団である

②学校への順応感尺度（研究2，7）

回答は「とてもそう思う～ぜんぜんそう思わない」の4件法で求めた。

1. 今のところ自分の学校生活は順調だと思う
2. これから先，学校になじんでいけると思う
3. 学校ではうまくやっていると思う
4. 自分は学校になじめていると思う
5. 学校での生活はとても安定していると思う
6. 学校の中で自分は受け入れられていると思う
7. 学校の中に自分の居場所はあると思う
8. 今の自分の学校生活には全くトラブルはないと思う
9. 自分は学校生活を何の問題もなく過ごせていると思う
10. 学校生活でトラブルが起きても何とかできると思う

③学校への心理的適応尺度（研究3，4，5，6，9，11，12，13）

回答は「とてもそう思う～ぜんぜんそう思わない」の4件法で求めた。

「要請対処」
1. 学校生活の中で求められていることはできていると思う
2. 学校の中で周囲から認められるようなことをできていると思う
3. 学校の中ではまわりの期待にこたえられていると思う
4. 学校で言われたことはちゃんとできていると思う

5. 学校ではまわりに気をくばることができていると思う
6. 学校では自分をまわりにあわせることができていると思う

「欲求充足」
1. 学校では自分の気持ちを素直に出せていると思う
2. 学校ではあまり気を使わずにすごせていると思う
3. 学校では自分の言いたいことを言えていると思う
4. 学校では自分のやりたいことができていると思う
5. 学校の中ではリラックスできていると思う
6. 学校では自分の望んだ関係をつくれていると思う

④学校環境における要請認知尺度（研究4）
　「あなたのクラスではどんなことが重視されていますか」と教示し，「とてもそう思う〜ぜんぜんそう思わない」の4件法で回答を求めた。

「ユーモア」
1. 笑いをとれることが重視されている
2. 面白いことをいえることが重視されている
3. ノリがいいことが重視されている
4. 場をもりあげられることが重視されている
5. 個性的なことが重視されている

「やさしさ」
1. やさしいことが重視されている
2. 思いやりがあることが重視されている
3. だれにでも親切なことが重視されている

「同調」
1. 周囲の人に話題を合わせることが重視されている
2. 人に文句を言わないことが重視されている
3. 周りの人の意見に反対しないことが重視されている
4. 場の雰囲気をみださないことが重視されている

「流行外見」
1. 服のセンスがいいことが重視されている
2. ルックスがいいことが重視されている
3. 流行にくわしいことが重視されている

「利発」
1. 勉強ができることが重視されている
2. 頭がいいことが重視されている

「明朗」
1. はっきり意見をいうことが重視されている
2. がんばりやなことが重視されている
3. 積極的に行動することが重視されている

⑤放課後の活動に関する尺度（研究9）

「下校してから寝るまでの間に次のことをどのくらいしますか」と教示し，「かなりする〜ぜんぜんしない」の6件法で回答を求めた。

「社交的活動」
1. 電話をする
2. 店でものを買う
3. 携帯のメールをする
4. おしゃべりをする
5. まちなかをぶらぶらする

「構造化されていない活動」
1. 家でごろごろする
2. マンガを読む
3. テレビを見る
4. 何もせずボーっとする
5. ゲームをする

「勤勉的活動因子」
1. 家で勉強する
2. 読書をする
3. 家の手伝いをする

あとがき

　私が中学生の学校適応に関心を持ち始めたのは，大学3年生の時に発達心理学のゼミに入ったことがきっかけであった。卒業論文の研究テーマを模索する中で思春期の経験が自己を形成する上で重要だと感じ，漠然と中学校段階を対象にしたいと考えていた。一方，その頃は増え続ける不登校が社会問題となっており，学校の外ではこうした子どもの受け皿となるフリースクールや適応指導教室が広まりを見せていた。そして，中学校段階に興味のあった私は，ゼミの先輩に誘われフリースクールに関わるようになり，それから8年近く不登校や引きこもりの児童・青年と接することになった。

　フリースクールでは，小・中学生については基本的に学校生活に戻すことを目指していたが，家庭や学校，関係機関とも連携をとりながら子どもと接する中で，様々な困難や子どもの苦悩に直面した。そして，多くの子どもが学校に戻っていったが，一部の子どもは学校に戻らずフリースクールにとどまった。こうした経験から，なぜ学校に適応できず不登校になるのかという問題に関心を持つようになり，以来，大学院の博士課程を修了するまで一貫して学校適応について研究を行ってきた。

　しかし，研究を発表していく中で，何人かの方から「どうしても今の学校に適応しなければいけないのか？」という問いを投げかけられた。子どもは一日の大半を学校で過ごしており，学校では基本的な学力，体力を身につけるとともに，友人関係も形成する。学校には身体的・認知的・社会的コンピテンスを高められる機会が豊富にあり，そこで適応的に過ごせる子どもにとっては，有意義な場となるだろう。一方，子どもの生活の中で学校の比重があまりに大きいために，学校に適応できない子どもにとってはそのことが生活全体にも影を落としてしまう。学校に行けない，あるいは行かないことで子どもたちが抱える困難をフリースクールで見てきた。そのため，不登校の予防的な視点は重要であると考えた。しかし，逆に考えればこうした子どもたちの苦悩は，学校の中に様々な発達の機会が集中しており，学校の外にそうした場が乏しいことが

原因になっているともいえる。上述の指摘は，学校の外にも目を向けた上で学校生活を捉えなおす必要のあることを示唆する，重要な指摘である。本書では学校の周辺的な文脈についても考慮して検討を行ったが，この問題について考えるにはまだまだ不十分であり，学校適応以外の観点からもアプローチしていく必要があるだろう。本書を書き上げたところで再び新たな問題が研究へといざなっているが，ここではそれらを遠望しつつ，ひとまず筆をおくことにしたい。

　本書は2010年3月に中央大学に提出した博士論文を加筆修正したものである。学部の卒業論文として調査を行った研究1に始まり，修士論文，博士論文と20代の研究を学校適応というテーマに費やしてきたことの集大成になる。しかし，それゆえに研究方法や先行研究の読み込みなどまだまだ未熟な点もあるかと思う。読者の皆様からの忌憚のないご意見，ご批判を頂戴できればと思う。なお，本書を出版するにあたって高千穂大学より出版助成をいただいた。ここに感謝の意を表する。

　最後になったが，押し付けがましい調査であったにもかかわらず協力してくださった中学校の生徒の皆さん，先生方にまず感謝申し上げたい。協力していただいた方々に報いるためにも，研究が有意義なものとなるよう，より一層の努力をしていかなければと思う。そして，学部から大学院修了まで10年近くにわたって指導をしてくださった都筑学先生（中央大学）に心よりお礼を申し上げる。先生からは研究に関して貴重なアドバイスをいただいただけでなく，自分でも気づかぬうちに，研究の姿勢や方向性について多くのことを学ばせてもらった。また，フリースクールに関わるきっかけと研究の刺激を与えていただいた加藤弘通先生（北海道大学），研究だけでなくそのほかの面でも助言をいただいた大久保智生先生（香川大学），半澤礼之先生（北海道教育大学），ゼミや飲みの席で様々なヒントをくださった都筑ゼミの皆さんにも感謝申し上げる。私が研究者を目指そうと思ったのも，研究者としてなんとか独り立ちできたのも，こうした方々との出会いによるところが大きい。フリースクールKOPPIEの前田かおり代表やスタッフの皆さんにも大変お世話になった。フリースクールの実践からは研究への示唆だけでなく，研究を進めるための原動

力もいただいた。ナカニシヤ出版の山本あかねさんにもお礼を申し上げたい。初めての単独での出版で戸惑う中，的確なアドバイスをいただきようやく形にすることができた。私生活の面で私に付き合ってくれた友人たちにも感謝したい。容易な道のりばかりではない研究をここまで続けてこられたのも，ともに体験や感情を共有でき，楽しい時間を過ごせる彼らがいたからこそである。最後に，長い長い学生生活を送ることになってしまった私を寛大に見守ってきてくれた両親，院生時代から今に至るまで私の心の支えとなってくれている妻に感謝を述べたい。いうまでもなく彼らの理解と協力なしには今の私はなかった。

2014 年 11 月
杉並の研究室にて

人名索引

A

Asher. S. R. 87
上里一郎 12
相川充 13
秋葉英則 165
天羽幸子 93
安保英勇 15, 188
新井邦二郎 26, 28
浅川潔司 22, 51, 67

B

Baltes, P. B. 9, 27, 28, 35, 181, 191, 200
Barber, B. L. 31, 110, 119, 121, 145
Barnett, L. A. 120
Bates, J. E. 12
Bateson, G. 23
Bempachat, J. 165
Berndt, T.J. 24, 25, 28
Birch, S. H. 24, 25
Bronfenbrenner, U. 9, 29, 190, 197, 198
Brown, B. B. 89, 120, 165
Buchanan, C. M 2
Bukowski, W. M. 14
Burgess, K. B. 24, 29
Burk-Braxton, C. 12
Burks, V. S. 12
Buss, D. M. 6
Byrne, B. M. 102

C

Cairns, R. B. 28, 31, 145
Caldwell, L. L. 28, 143
Clasen, D. R. 89
Coie, J. D. 14, 28
Cole, M. 29
Colletti, J. 143
Crick, N. R. 12, 17, 37
Crouter, A. C. 134

D

Darden, C. A. 13
Darling, N. 28, 31, 110, 119, 120, 143
De Stefanis, I. 9, 27
Demick, J. 9, 34, 62, 162, 194, 195, 200
Dodge, K. A. 12, 17, 37
Dubois, D. L. 12

E

Eccles, J. S. 2, 31, 76, 93, 110, 119, 121, 144, 145, 161
江口圭一 100
Eicher, S. A. 89
Ellis, E. G. 93
遠藤節昭 120
遠藤由美 11

F

Festinger, L. 150, 162
Flanagan, C. 2
Folkman, S. 7, 9, 12, 17, 162
Fontaine, R. 12
Freund, A. M. 9, 27

藤村美子 165
藤野京子 12
福田美奈子 51
古市祐一 26, 75
古川雅文 22

G

Garton, A. F. 143, 144
Gazda, G. M. 13
Ginter, E. J. 13
Goffman, E. 18, 80
Graham, S. 28

H

Habermas, T. 9, 27
半田一郎 32, 123
Hardesty, J. L. 12
Hay, D. 120
日潟淳子 15
Higgins, E. T. 11
樋口一辰 14
平田乃美 176
Hirschi, T. 32, 35, 192, 195, 200
Hobbs, S. A. 13
Hockenbury, D. 13
本間友巳 142, 165
堀薫夫 27
保坂亨 2, 146, 165, 176, 182
Hymel, S. 14

I

飯田順子 12, 13, 28
飯田都 14

石津憲一郎　15, 17, 22, 23, 30, 188
石隈利紀　4, 12, 13
石井源信　13
石本雄真　15, 89, 165, 188
伊藤美奈子　16, 93, 143
Iver, D. M.　2

J
Jones, W. H.　13
Juvonen, J.　28

K
鎌原雅彦　14
亀田達也　6
上地安昭　51
上長然　2, 15
神戸美香　11
狩野素朗　14, 22, 28
粕谷貴志　13
加藤弘通　14, 16, 109, 166, 176, 188, 189
加藤美和　11
河村茂雄　13, 22, 28, 51, 81, 88, 91, 99, 111, 135, 168, 178
河地和子　74
Keefe, K.　24, 25, 28
木島伸彦　93
菊池章夫　13, 68
北畑歩　123, 129
北村晴朗　6, 8, 9, 87
北村俊則　26
小林正幸　15, 174
小泉令三　2, 22, 33, 36
國分康孝　28
近藤邦夫　4, 9, 14, 18, 22, 30, 75, 80, 98, 107, 174, 175
高坂康雅　17, 89

Kubey, R.　143
久川真帆　15
久木山健一　12, 13
Kupersmidt, J. B.　14, 28
倉智佐一　22, 51

L
Ladd, G. W.　24, 25, 28, 29
Lamborn, S. D.　120
Lansford, J. E.　12
Larson, R.　120, 121, 143, 144
Lazarus, S.　7, 9, 12, 17, 162
LeMare, L.　14
Lerner, J. V.　14
Lerner, R. M.　9, 14, 27
Lewin, K.　9, 197
Lindenberger, U.　9
Lobel, T. E.　165
Loeber, R.　93, 120

M
前田健一　14, 28
眞榮城和美　26, 93
Mahoney, J. L.　28, 110, 143, 145
松原敏浩　122
松見淳子　31
松岡弥玲　11
松山安雄　22, 51
Maynard Smith, J.　6, 7
McHale, S. M.　134, 135, 143, 144
Midgley, C.　2
三島浩　26
三隅二不二　74, 161
三浦正江　12, 51, 62, 76,

93, 108, 161
宮島裕嗣　89, 93, 165
宮本信也　130
溝上慎一　2, 10, 23
水間玲子　11
Moreno, J. L.　13
Moretti, M. M.　11
森口竜平　15
森井洋子　51
森川貞夫　120
森下剛　4, 87
森田洋司　3, 32, 35, 142, 145, 165, 192, 193, 200
森ゆき絵　11
Morris, P.　9
無藤隆　28, 31, 109, 119, 121, 166
Mounts, N. S.　120
村瀬孝雄　10
村田光二　6

N
長根光男　12
長尾圭造　123, 129
永作稔　26, 28
内藤美加　89, 93, 165
中井大介　28, 74, 161
中村尚子　123, 130
中山洋　28
根ヶ山光一　7, 8
Nel, E. M.　93
根本橘夫　14, 30, 98
Newcomb, A. F.　14
則定百合子　15
野瀬早織　11

O
小保方晶子　166
小口孝司　88
岡田有司　6, 22, 50, 98,

109, 122, 150, 187
岡田佳子　12
岡本貴行　28
岡村達也　2, 165, 176
岡安孝弘　12, 76
奥野誠一　15, 174
小野寺正己　88
大久保智生　14, 16, 22, 23, 26, 75, 109, 166, 176, 188, 189
大西佐一　22
大野陽子　16
大竹恵子　31
大対香奈子　31
大塚雄作　14
落合良行　2, 75, 89, 142, 144
尾崎幸謙　100
尾崎高弘　22

P
Parker, J. G.　87
Pattee, L.　14
Perry, K. E.　25
Petit, G. S.　12
Posner, J. K.　143, 144
Pratt, C.　143, 144
Price, J. M.　12

R
Reuman, D.　2
Rogers, C. R.　10, 11
Rosenberg, M.　11
Rowden, L.　14
Rubin, K. H.　14
Russell, B.　23

S
齊藤誠一　15
坂井明子　12

酒井厚　26, 75, 81, 91, 93, 99, 108, 111, 135, 143, 145, 168, 178
坂本雄二　12, 51, 62, 76, 93, 108, 161
佐々木掌子　100
佐藤典子　28
佐藤有耕　2, 75, 89, 142, 144
澤本陽子　11
瀬戸瑠夏　32, 123, 129, 131, 132
嶋田洋徳　12, 23
島本好平　13
神藤貴昭　12, 28
Siperstein, G. M.　12
Smith, R.　28
相馬一郎　176
Stattin, H.　110, 143
Staudinger, U. M.　9
Steinberg, L.　120
Stouthamer-Loeber, M.　93
須藤春佳　2, 146, 165, 176
菅野真智子　11
菅原健介　26, 93
菅原ますみ　26, 93
杉本希映　32, 133, 142, 146
角谷詩織　28, 31, 109, 119, 121
Swenson, L. P.　12
Symonds, P. M.　6
庄司一子　28, 32, 74, 133, 142, 146, 161

T
竹中晃二　4
竹内常一　2
詫間里嘉子　11

詫摩武俊　93
玉木弘之　26, 75, 111
谷村圭介　13
田上不二夫　22, 81, 91, 99, 111, 135, 168, 178
田崎敏昭　14, 22, 28
Tevendale, H. D.　12
戸梶亜紀彦　100
戸川行男　6, 7, 9
Troop-Gordon, W.　28
Tucker, C. J.　134
都筑学　2, 3, 36, 62, 93, 120, 161

U
Untch, A. S.　12

V
Van Rooyen, J.　93
Vandell, D. L.　143, 144
Verma, S.　144

W
Wapner, S.　9, 34, 62, 162, 194, 195, 200
渡部麻美　12
渡部正　176
渡辺弥生　13
Weinstein, R. S.　25
Wentzel, K. R.　14, 24, 25, 28
Wenz-Gross, M.　12, 24
Widaman, K. F.　12
Wigfield, A.　2

Y
山田剛史　11
山岸明子　13, 93
山口正二　28, 31, 119, 120, 122

山崎勝之　12
矢守克也　74, 161
吉田俊和　12

吉村斉　28, 31, 88, 119
吉澤寛之　12

Z

Zabski, S.　14

事項索引

あ

adjustment　6
adaptation　6
アンカーポイント（anchor point）　34, 62, 163, 194, 200
居場所　32, 131-133, 193
エクソシステム　29, 198

か

階層モデル　25, 26, 197
外的環境　8, 11, 17
下位領域加算モデル　22, 26, 197, 203
学業達成　24, 25
獲得（gain）　27, 191
学内相談室　31, 122, 192
過剰適応　15, 16, 174, 187, 188
学校システム　18, 80
学校生活における「一般的な領域」　29, 30, 190
学校生活における「特殊な領域」　29, 31, 191
学校生活の諸領域　23-25, 66, 98, 163
学校適応　15, 40, 93, 95, 187, 197, 198
　　──感　15
　　──を捉える枠組み

15, 19, 187
学校の周辺的な文脈　29, 30, 32, 133, 193
環境移行（environmental transition）　2, 28, 34, 36, 174, 194
環境からの要請　8, 16, 17, 62, 80, 161, 165
絆の要素　35, 192, 195
教育指導的側面　31, 98, 102, 166, 167, 177, 191, 194
享受感　51, 66, 72, 77, 115
現実自己（actual self）　10
孤立傾向　18, 80, 82, 90, 187
コントロール可能性　62, 76

さ

最適化（optimization）　27, 35, 191, 193, 196
自己乖離（self discrepancy）理論　11
システムと個人の適合（matching）　14
自尊感情　11
社会的絆　32, 141, 165, 192

社会的情報処理モデル　12, 37
社会的適応　19, 79, 187
重要度認知　30, 36, 66, 108, 150, 193
自由来室活動　32, 123
循環的な関係　37, 165-167, 195
順応　6, 8
　　──感　50, 66, 72, 77, 115
承認欲求　87, 165
状況適合性　18, 80
諸領域との関係の良さ　30, 36, 66, 68, 100, 108, 150, 193
自律への欲求　2, 76, 161
心理的適応　19, 76, 78, 79, 187
スクール・モラール　22
　　──・テスト（SMT）　22, 24
スクールカウンセラー　3, 31, 123
ストレス理論　12
生活空間（life space）　9, 29, 133, 192
　　──への志向性　33, 133, 136, 192
生徒関係的側面　31, 98,

102, 166, 167, 177, 191, 194
選択（selection）　27, 191
　——的適応　27
喪失（loss）　27, 28, 35, 37, 177, 191, 192, 199
ソーシャル・スキル　13, 68, 130
ソシオメトリー　13
ソシオメトリックテスト　14

た

対処（coping）　12, 162
対症療法的なアプローチ　4
断片化された生徒像　203
チャムグループ　2, 176
適応
　——概念　6, 8
　——過程　10, 33, 40, 50, 182, 193
　——状態　9, 10, 26, 40, 147, 190
　——の空間的側面　10, 147
　——の支え　147, 148, 182, 191, 195, 199, 202-204
　——の支援　4, 205
　——の時間的側面　10, 182
　——の指標　7, 19, 22, 24
　——の定義　8, 9
適合　6, 14, 79
　——の良さ（goodness of fit）　14
当為自己（ought self）　11

な

内的環境　8, 10, 16
認知された環境要請　17
認知的評価（cognitive appraisal）　12, 162
認知的不協和の理論　150, 162

は

発達的変化　2, 36
反社会的傾向　18, 80, 82, 90, 187
反社会的行動　16, 19, 87, 108, 176, 188, 189
非社会的な問題　18, 189
部活動　31, 109, 144, 192
　——への積極性　109
不適応　16, 188, 189, 192, 196
不適合（mismatch）　14, 88
不登校　3, 182, 202
放課後　33, 133, 135
補償（compensation）　27, 28, 132, 181, 191, 192, 199
　——を伴う選択的最適化モデル（selective optimization with compensation model ; SOCモデル）　27, 28, 35, 181, 191, 196, 200
ボンド理論　32, 200

ま

マイクロシステム　29, 30, 190, 197
マクロシステム　29, 198
メゾシステム　29, 30, 32, 190, 192, 197

や

要請対処　17, 18, 76, 78, 80, 82, 90, 187
要請特性（demand quality）　14, 18, 80
要請の激化　61
欲求充足　17, 18, 76, 78, 80, 82, 90, 187
予防的なアプローチ　4

ら

ライフ・スキル　13
理想自己（ideal self）　10
論理階型理論　23

著者紹介
岡田有司（おかだ　ゆうじ）
1979年埼玉県生まれ。2010年中央大学大学院文学研究科博士課程後期課程修了。同年，立命館大学教育開発推進機構講師，2012年より高千穂大学人間科学部准教授。博士（心理学）。
専門は教育心理学，発達心理学。
主著に，『教職のための心理学』（共著，ナカニシヤ出版，2013），『大学のIR Q&A』（共著，玉川大学出版部，2013）など。

中学生の学校適応
適応の支えの理解

2015年2月10日　初版第1刷発行　　定価はカヴァーに表示してあります

著　者　　岡田　有司
発行者　　中西　健夫
発行所　　株式会社ナカニシヤ出版
〒606-8161　京都市左京区一乗寺木ノ本町15番地
　　　　　　　　Telephone　075-723-0111
　　　　　　　　Facsimile　 075-723-0095
　　　　Website　http://www.nakanishiya.co.jp/
　　　　Email　　iihon-ippai@nakanishiya.co.jp
　　　　　　　　郵便振替　01030-0-13128

装幀＝白沢　正／印刷・製本＝西濃印刷㈱
Printed in Japan.
Copyright © 2015 by Y. Okada
ISBN978-4-7795-0913-1
本書のコピー，スキャン，デジタル化等の無断複製は著作権法上での例外を除き禁じられています。本書を代行業者等の第三者に依頼してスキャンやデジタル化することはたとえ個人や家庭内の利用であっても著作権法上認められておりません。